"大思政"育人理论及实践研究文集

罗贵榕　主　编
宋玉忠　副主编

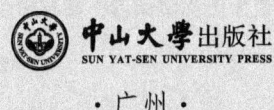

·广州·

版权所有　翻印必究

图书在版编目（CIP）数据

"大思政"育人理论及实践研究文集/罗贵榕主编；宋玉忠副主编.—广州：中山大学出版社，2024.4
ISBN 978-7-306-07967-1

Ⅰ.①大… Ⅱ.①罗…②宋… Ⅲ.①高等学校—思想政治教育—中国—文集 Ⅳ.①G641-53

中国国家版本馆CIP数据核字（2024）第014814号

"DA SIZHENG" YUREN LILUN JI SHIJIAN YANJIU WENJI

出 版 人：	王天琪
策划编辑：	曾育林
责任编辑：	邱紫妍
封面设计：	林绵华
责任校对：	黎海燕
责任技编：	靳晓虹
出版发行：	中山大学出版社
电　　话：	编辑部 020-84111946，84110776，84111997，84110779，84110283
	发行部 020-84111998，84111981，84111160
地　　址：	广州市新港西路135号
邮　　编：	510275　　传　真：020-84036565
网　　址：	http://www.zsup.com.cn　　E-mail：zdcbs@mail.sysu.edu.cn
印 刷 者：	广东虎彩云印刷有限公司
规　　格：	787mm×1092mm　1/16　14.25印张　254千字
版次印次：	2024年4月第1版　2024年4月第1次印刷
定　　价：	68.00元

如发现本书因印装质量影响阅读，请与出版社发行部联系调换

资金资助：本文集获广东海洋大学马克思主义学院重点学科建设经费资助。

基金项目：本文集为广东海洋大学人文社科重点平台建设项目"中国式现代化海洋强国建设研究基地"（030301012302）的中期成果。

目录

序言 /1

第一章 思想政治教育研究

论人工智能赋能高校思想政治教育
.... 韩弘峰 尹 喜 3

高校深化"三全育人"协同机制的路径研究
.... 王旭东 12

"大思政"育人视域下高校校史教育的若干问题
分析 .... 罗贵榕 刘俊显 21

第二章 党团工作研究

新时代高校党建工作与"立德树人"深度融合
机制探析 .... 郭唐梨 韩 英 王旭东 31

党建引领下的高校学生党支部"服务育人"路径
研究 .... 周建元 38

基于党建载体的研究生协同育人实践研究
.... 李育林 51

以师生为中心、以专业建设为抓手的"双带头人"
党建
——广东海洋大学海渔系教工党支部书记工作室
探索与实践 .... 颜云榕 段佳欣 58

浅析新时代高校教师党支部书记"双带头人"的
头雁作用及其建设路径 ..... 谷素军 颜云榕 65

第三章 红色文化育人研究

红色文化资源融入大学生理想信念教育创新研究
.... 郭唐梨 73

长征精神与社会主义核心价值观的培育和践行研究
……………………………………………………… 孙淑秋 81
将红船精神融入新时代高校思想政治工作的路径
　探究 ……………………………………………… 成春艳 89
"三全育人"视域下构建南路革命文化协同育人
　新机制研究
　　——以广东海洋大学学生党建工作为例
………………………………………… 李文河　宋玉忠 95
红色文化资源在大学生思想政治教育中的价值
　实现 ……………………………………………… 韩　英 102
红色文化融入高校思想政治教育之思考 ………… 陈玄德 110

第四章　新时代青年教育研究

红色文化视野下大学生人文精神的培育 ………… 丘有光 119
新时代提振大学生制度自信的探讨 ……………… 吴　琼 136
弘扬红色精神　增强青年大学生文化自信
………………………………………… 王梦婷　林　鹏 146
"强军梦"视域下退役大学生适应性问题研究 …… 王　景 150
高校开展马克思主义新闻出版观培育之路径
　探析 ……………………………………………… 韩弘峰 157

第五章　"大思政"育人的文化传承与创新专题研究

论红色文化的"大德"特质及其在新时代的传承与创新
……………………………………………………… 颜文皎 167
电影《风声》的红色革命叙事特征分析 ………… 莫春艳 183
湛江创文背景下南路革命红色资源价值及开发研究
………………………………………… 梁笑莹　余卓玲 193
红色文化传播视域下的红色旅游发展路径探析 … 李新慧 201
新媒体视角下南路革命精神传播的困境及路径探究
………………………………… 李　琦　刘俊显　罗贵榕 209

后记 /217

序　言

　　立德树人是高校的根本任务。如何完成立德树人的根本任务？以何种思想观念体系为内核？以何种工作方式为依托？又如何检验立德树人工作的成效？这些问题是高校需要回答的普遍性问题，更是马克思主义学院在生存与发展过程中面临的重大问题。立足于新时代背景，立足于"大思政"育人领域，如何实现全员全过程全方位育人，则是当前高校需要回答的实践性问题。思想政治教育是高校立德树人的主渠道，它需要发挥主阵地作用，更需要发挥价值引领的重要作用；党团工作的组织育人功能是中国高校的特色育人渠道，党团工作的组织育人功能只有充分实现马克思主义理论与高校具体实践的结合，方能较好地体现中国高校特色及育人成效；红色文化育人是高校实现立德树人目标的重要途径，也是展现中国高校办学特色的重要方面；红色文化的传承与创新也因此进入"大思政"育人的视野，它可为"大思政"育人理念及实践提供相应的文化支撑；"大思政"育人的研究对象是青年学生，故青年研究也是"大思政"育人理论与实践研究的重要内容。本书因此设立相应的五个板块，尝试多方位、多角度深入推进对"大思政"育人的理论研究与实践探索。

　　思想政治教育的基本理论研究，可为"大思政"育人工作奠定理论基础并拓展研究视野。《论人工智能赋能高校思想政治教育》分析了人工智能高速发展给高校思想政治教育带来的重要影响：一方面，人工智能的发展加速了思想政治教育知识的传播，使思想政治教育的智能化水平大大提升；另一方面，人工智能的赋能也带来了受教育者主体性丢失、教育内容和方式独特性减弱、对教育实践关系的重新审视等挑战。为应对风险挑战，文章提出了提供"人工智能场景"，实现精准化教学、精细化管理和人性化服务的应对措施。《高校深化"三全育人"协同机制的路径研究》提出，应从育人个体激励机制、育人个体间协同机制和党建引领机制出发，构建"点线面"协同育人机制，从而推动高校思想政治工作机制不断完善和发展。《"大思政"育人视域下高校校史教育的若干问题分析》指出，高校校史教育具有典型的立德树人、多元育人的作用与功能；提出了高校校史教育的基本原则与路径、方法。

　　党团工作对于高校的改革与发展，一是体现于党对高校的领导，确保社会主义办学方向；二是体现于立德树人的根本任务之中，即立足于思政育人大格局，以社会主义核心价值观培育为核心，因应全员全方位全过程育人要求，为培养优秀人才、先锋人才提供支持。党团工作与教育工作相通的地方在于，都是面对人的工作，德性目标都是鼓舞、激励人们自觉向善，从而形成积极向上的精神面貌，形成积极进取的行动作风。党团工作育人，一是通过党团组织行为与管理行为，进一步强化"三全"育人过程；二是党员教师群体、辅导员与书记等党政工作人员，通过言传身教，发挥对学生思想与价值观的引导作用。其中，党员教师群体承担教书育人与党建育人的双重任务，是实现立德树人的重要表率。目前高校普遍推行的"头雁"工程，把政治素质高、品行端正、有威信、教学与科研能力强的业务能手尽可能地补充到基层组织中，从而为有效改变党建职能工作与教书育人、立德树人工作的分离状态提供了有效路径。唯有教师们真心投入，采取多种有效措施，才有望达成教书育人与党建育人的良性协同状态。这需要从思想观念的引导、评价机制与激励机制的建立与完善等角度多方面进行探索，还需要从理论与实践、宏观与微观等层面展开深入研究。基于此，《新时代高校党建工作与"立德树人"深度融合机制探析》提出了构建新时代高校党建工作与"立德树人"深度融合机制的设想，《党建引领下的高校学生党支部"服务育人"路径研究》分析了当前高校学生党建工作与院系学生管理工作的契合点，提出了将党建服务工作团队化、具体化、生活化、实践化，让学生党员参与各项基层学生党务管理的思路，探索出有效的党建服务育人模式。《基于党建载体的研究生协同育人实践研究》立足于当前研究生党建工作的实践，提出以党建为载体推动研究生协同育人的新构想。《以师生为中心、以专业建设为抓手的"双带头人"党建——广东海洋大学海渔系教工党支部书记工作室探索与实践》《浅析新时代高校教师党支部书记"双带头人"的头雁作用及其建设路径》则记录了广东海洋大学海渔系教师党支部对党建育人实践工作的理论总结与思考。

与党团工作育人相关联的是红色文化育人。从更为宽泛的角度而言，党团工作育人即包含于红色文化育人范畴之中。针对红色文化的概念、内涵、外延、特点等的相关研究成果已经很多，对其也有相对明确的界定，但是，红色文化的内在结构、动力机制等的相关学理研究需要进一步深化，其外部作用机制、与其他属性文化之间的相互影响与联动关系需要进一步明晰，尤其是红色文化育人的内在机理、红色文化与传统文化及世界先进文化的相互作用机制，是当前红色文化育人研究的重要方向。全球化背景下，任何一种文化都难以在全封闭状态下发挥引导、教化、规约作用。在人类命运共同体视野下，红色文化若要实现立德树人实效，必须确保自身具备足够的现代性、开放性及文化张力。如果红色文化不具备足够的现代性，则终将被时代抛弃。如果红色文化缺乏足够的开放性，呈现明显的封闭性，也终将在自闭状态中沉沦。只有当红色文化充满生机与活力，并带来希望与光明时，才能发挥其文化育人属性。《红色文化资源融入大学生理想信念教育创新研究》《长征精神与社会主义核心价值观的培育和践行研究》《将红船精神融入新时代高校思想政治工作的路径探究》《"三全育人"视域下构建南路革命文化协同育人新机制研究——以广东海洋大学学生党建工作为例》《红色文化资源在大学生思想政治教育中的价值实现》《红色文化融入高校思想政治教育之思考》等文，从不同角度探究了红色文化融入高校思想政治教育的价值、路径、内容与方法。此组文章展示了师生们对于"大思政"育人理论与实践的探索。

新时代青年教育研究，主要是针对"大思政"育人的研究对象——青年学生——而开展的多维研究。《红色文化视野下大学生人文精神的培育》详细探讨了红色文化传承对于推进当代大学生思想道德建设，培育和塑造大学生人文精神的重要意义，并提出了充分利用红色文化教育资源，整合红色文化教育体系，优化育人环境，着力构建"协同一体"红色文化传播模式等推进大学生人文精神培育的有效路径。《新时代提振大学生制度自信的探讨》分析了建立大学生制度自信的重要意义及主要路径。《弘扬红色精神 增强青年大学生文化自信》提出了应大力弘扬红色精神以充实中国精神内涵，进而提升身份认同的建议。《"强军梦"视域下退役大学生适应性问题研究》反映了广东海洋大学作为涉海高校的育人特色。广东海洋大学历年应征入伍的学生数量均在广东省名列前茅，退役大学生回归校园后面临的学业、生活、心理、职业规划等诸多方面的适应性问题也就具备一定的典型性，值得关注。《高校开展马克思主义新闻出版观培育之路径探析》深入分析了马克思主义新闻出版观的思想政治教育功能，提出了高校开展大学生马克思主义新闻出版观培育，以提升思想政治教育工作质量的具体建议。

红色文化的传承与实践创新，作为红色文化育人实践的必然延伸，也就自动进入"大思政"育人研究的视野。《论红色文化的"大德"特质及其在新时代的传承与创新》指出了红色文化内蕴的"大德"特质，呈现出为社会主义中国构筑社会共同思想道德基础和民族共同体共同意识的中国文化风格。《电影〈风声〉的红色革命叙事特征分析》以电影《风声》为例，阐释了红色革命叙事的独有魅力及革命影视文化的育人功能。结合校本文化或属地文化来推进红色文化育人，事半功倍。湛江地区具有优良的革命传统，其中南路革命文化为具有一定典型性的属地红色文化，是粤西地区高校比较重视的红色文化资源。《湛江创文背景下南路革命红色资源价值及开发研究》指出湛江具有众多革命旧址以及可歌可泣的革命事迹，展现了湛江的红色旅游资源所蕴含的重要精神价值和经济价值，进而提出了南路革命红色资源开发的有效建议。《红色文化传播视域下的红色旅游发展路径探析》从宏观角度，提出了提升红色旅游资源开发质量以提高红色文化传播效果的具体建议。《新媒体视角下南路革命精神传播的困境及路径探究》阐释了南路革命精神内蕴的丰富历史价值与新的时代内涵，进而提出新媒体时代破解南路革命精神传播困境的有效路径。

广东海洋大学有着悠久的办学历史，立德树人始终是学校曲折办学历程中不变的初心和使命。广东海洋大学马克思主义学院，为马克思主义理论一级硕士点授权单位，在承担本科生与研究生两个层次的育人重任中，逐渐形成了"大思政"育人视域下的"红+蓝"育人特色。此"红""蓝"二者均为广义的、泛指的育人特色表征。"红"即强调马克思主义理论本位，强调打造红色文化资源及优秀传统文化资源有机融入思想政治教育的育人路径；"蓝"则强调广东海洋大学兴海强国的使命与办学定位，强调思想政治教育应突出具有海洋特色的校本文化。"红+蓝"实为我国涉海高校马克思主义学院育人的基本底色。本文集主要为广东海洋大学马克思主义学院师生（包括在马克思主义学院授课的辅导员及参与相关教学科研活动的师生）近年来教书育人、实践育人及相关实践探索的成果汇编。文集编撰的主要目的，一是为马克思主义理论学科建设及马克思主义理论一级硕士点、学位点建设服务，即通过成果汇编与出版鼓励师生致力于相关研究；二是抛砖引玉，希望通过"大思政"育人视域下的思想政治教育、党团工作、红色文化育人及青年教育研究成果的汇集出版，更有效地与各界人士交流与探讨。

罗贵榕
2023 年 8 月 18 日

第一章
思想政治教育研究

论人工智能赋能高校思想政治教育

韩弘峰* 尹 喜**

摘要：人工智能的发展加速了包括高校思想政治教育在内的知识传播。从人工智能的技术实质来看，大数据、算法、各类应用模块构成人工智能赋能高校思想政治教育的技术基础，多模态学习分析、适应性反馈、人机协同为赋能的实现提供了可能，"数据＋知识＋反馈＋推送＋引导"的工作流程构成了赋能的具体模式，这为两者的深度融合提供了思路。但也应该看到人工智能赋能高校思想政治教育带来的受教育者主体性丢失、教育内容和方式独特性减弱、对教育实践关系的重新审视等挑战。为应对风险挑战，可向高校思想政治教育提供"人工智能场景"，向思想政治理论课教师提供"人工智能助理"，向受教育者提供"人工智能伴学"，以达到精准化教学、精细化管理和人性化服务的目的。

关键词：人工智能；技术赋能；高校思想政治教育；挑战；场景

人工智能（Artificial Intelligence，简称 AI），是人们综合运用计算机、脑科学、心理学等知识，结合一定的场景和载体，实现对人类智能活动的模拟，甚至超越人类智能的一种技术科学。① 人工智能在当前已成为世界前沿技术和关键热点，正如习近平总书记强调的，我们一定要深刻认识加快发展新一代人工智能的重大意义，加强领导，做好规划，明确任务，夯实基础，

---

* 作者简介：韩弘峰，男，广西师范大学马克思主义学院博士研究生，广东海洋大学助理研究员，主要研究方向为思想政治教育。通信方式：hhf007668@163.com。

** 作者简介：尹喜，男，副研究员，广东海洋大学学生工作部（处）长。

① 孙伟平、戴益：《关于人工智能主体地位的哲学思考》，载《社会科学战线》2018 年第 7 期，第 18 页。

促进其同经济社会发展深度融合。① 高校作为青年学生开展思想政治教育的重要阵地，运用人工智能是必然趋势。《高等学校人工智能创新行动计划》的颁布，更是对人工智能在高等教育领域的发展作出了战略性谋划。人工智能利用技术优势赋能高校思想政治教育，可精准提供学生个性化画像，适时研判学生的思想动态和接受思想政治教育的程度，有助于思想政治教育针对性与有效性的增强。突破技术藩篱，遵循人工智能技术逻辑，正视人工智能对高校思想政治教育的机遇与挑战，是高校思想政治教育因事而化、因时而进、因势而新的重要任务。

一、人工智能赋能高校思想政治教育的技术逻辑

教育领域的人工智能，是专业技术人员利用教育规律，对由大数据及相关算法而形成的多种智能应用模块的软硬件集合体的直接运用，实现通过视觉、听觉、触觉多维体验来增强教育感染力。高校思想政治教育的过程是教师与学生的教育与学习、内化与外化、心理活动变化等的综合作用的过程，其特定的教育内容、方法由教育者、受教育者与其他社会交互作用共同决定。当前随着各类人工智能教学系统在教育实践中的运用，高校教育工作者通过认清"大数据＋算法＋各类应用模块"这一赋能基础，把握"多模态学习分析＋适应性反馈＋人机协同"等赋能机遇，接受并熟练运用"数据＋知识＋反馈＋推送＋引导"这一赋能模式，可进一步拓宽其在人工智能应用场景上的建构思路。

（一）赋能基础：大数据＋算法＋各类应用模块

大数据、算法及由相关算法而形成的多种智能应用模块的共同作用，是人工智能应用于高校思想政治教育的基础。首先，大数据技术解决了受教育者行为数据分析的难题，改变了传统思想政治教育仅靠教育者抽样调查或凭主观经验分析大量行为数据，而对网络中无形的行为数据无法把握和分析的状况。借助人工智能平台的大数据分析，可较全面地了解教育对象的思想动态、价值追求和舆情走势，推进高校思想政治教育网络化发展，为"精准思政"提供技术支撑。其次，算法是人工智能驱动高校思想政治教育发展

---

① 《习近平在中共中央政治局第九次集体学习时强调　加强领导做好规划明确任务夯实基础推动我国新一代人工智能健康发展》，载《人民日报》2018年11月1日第1版。

的核心技术要素，是人工智能解决一系列问题的清晰指令。算法具有明确的意义寄托，当符合政治、法律、伦理等主流价值规则的基本算法确立后，可帮助受教育者避免认识偏执、隐私受到侵犯、出现信息茧房等问题，成为抵御不良现象的利器。再者，人工智能的各应用模块，包括语言处理系统、情感识别算法、智能推荐系统以及集以上系统之所成的知识图谱技术等。各应用模块间的相互配合，能够更为全面地刻画出受教育者思想、行为的情况，反映教育效果，在智能反馈环节中完成对教育内容、路径、方式的主动规划与推荐，推进高校思想政治教育理论范式与实践模式的创新发展。知识图谱是"基于知识的内在关联性构建的一个网状知识结构图"[①]，教育者可根据社会要求搭建主流意识形态所指向的思想政治教育内容的静态知识图谱，为接下来的适应性反馈提供素材；受教育者亦可发挥主观能动性，在与教育者、人工智能设施之间的交互中，推动动态事理图谱的构建，瓦解思政教育智能推荐带来的虚拟串联，实现工具理性和价值理性的统一。

（二）赋能机遇：多模态学习分析＋适应性反馈＋人机协同

人工智能实现了人的自由性、创造性以及社会关系的延伸，不断拓展着人的自由而全面发展的实践方式，当前高校思想政治教育领域的人工智能开发应用较多地体现在"多模态学习分析、适应性反馈、人机协同"等方面。[②]

首先，多模态学习分析为教育者获得受教育者思想意识与行为的精准画像提供了可能。受教育者思想政治品德的形成与发展，是知、情、意、信、行等心理要素与行为因素相互矛盾运动的结果。在人工智能世界，受教育者所表现出的特有话语表达、叙事特征、生活气息与现实社会相比，更具灵活性、简洁性和生动性，且"校内层面""校际层面""校地层面"的交流早已不再被视为偶尔发生，受教育者的思想意识、行为动机隐匿于其"现实存在"与"虚拟活动"所形成的动态意义关联之中。高校思想政治教育者只有透过层层迷雾，对受教育者的思想政治意识现状和行为习惯进行精准画

[①] 李振、周东岱、王勇：《"人工智能＋"视域下的教育知识图谱：内涵、技术框架与应用研究》，载《远程教育杂志》2019年第4期，第45页。

[②] 陈凯泉、张春雪、吴玥玥等：《教育人工智能（EAI）中的多模态学习分析、适应性反馈及人机协同》，载《远程教育杂志》2019年第5期，第24页。

像，才能做到有的放矢，提高教育工作的实效性。多模态学习分析可实现对各类人工智能媒介的捕捉，在教育过程中完成对学习数据的全面收集、处理与应用，在准确收集受教育者使用各类人工智能媒介所留下的学习痕迹数据的基础上，对其思想和行为特点进行精准分析，为后期的适应性反馈奠定基础。多模态学习分析以其灵活生动的特点有效激发起受教育者的学习兴趣，能够较好地实现教学、学习、评价、管理和服务间的协同发展。

其次，适应性反馈为教育者精准供给思想政治教育内容提供了条件。在校期间，受教育者居住在相对固定的物理空间，且持续影响着这一空间。同样，受教育者被禁锢于虚拟的网络空间，漫游于现代技术造就的网络生活之中，经历着各种舆论竞争和思想空间的争夺。高校思想政治教育在实际实践过程中的难点之一，就在于如何根据受教育者的知识储备、专业背景、认知能力，因人而异地将合适的教育内容呈现给受教育者，实现精准施教。而人工智能教学中的适应性反馈可通过主动和被动相结合的方式，综合运用受教育者在使用过程中的各类历史数据，实现对受教育者思想政治理论内容掌握水平的评估以及未来学习情况的预测；通过支持受教育者自行搭建知识图谱，精准指导其掌握自身的学习状况，推荐合理的学习规划，投递合适的学习内容等。这些均为思想政治教育内容的精准"投喂"提供了优越的条件。

再者，人机交互为教育者即时反思与调整具体教育实践活动提供了机会。思想政治教育的过程是教育者根据一定社会的思想品德要求和受教育者思想品德形成发展的规律，对受教育者施加有目的、有计划、有组织的教育影响，促使受教育者产生内在的思想矛盾运动，以形成一定社会所期望的思想品德的过程。① 这表明思想政治教育并非简单的教与学的单向过程，而是教育者与受教育者共同参与、互动的过程，它需要教育者在从事教育活动时，适时反思突显的问题，灵活调整课堂内容、教育方法和教学进度。但由于受教育者内心情感的隐匿性，有可能使教育者错过发现、回应、解决问题的最佳时机，造成对问题反思与审视的滞后性，不利于思想政治教育活动的开展。人工智能赋能高校思想政治教育，除了通过以智能算法为基础的助教系统收集资料或完成部分简单的教学操作外，还将在智能系统中融合机器智能与人类智能，② 将受教育者在学习过程中的掌握情况及时向教育者反馈，使教育者在人机交互中适时掌握受教育者的各种状况，帮助教育者准确发现

---

① 陈万柏、张耀灿：《思想政治教育学原理》，高等教育出版社2015年第3版，第132页。
② 陈凯泉、张春雪、吴玥玥等：《教育人工智能（EAI）中的多模态学习分析、适应性反馈及人机协同》，载《远程教育杂志》2019年第5期，第31页。

受教育者在知识理解上的困惑，灵活调整教学内容、方式与进度，有效解决教学难题。

（三）赋能模式：数据＋知识＋反馈＋推送＋引导

追求实效是思想政治教育发展的实质。[①] 人工智能赋能高校思想政治教育，需要特有的模式作为支撑。首先，这一运行模式在于利用算法对受教育者海量的数据进行处理，以快、准、稳的特点赋能思想政治教育者、教育对象、教育方法、教育过程、教育管理等方面，彰显思想政治教育网络化、数字化、可视化、智能化的特点，形成"数据＋知识＋反馈＋推送＋引导"的智能思想政治工作模式，带来教学方法、内容、载体、育人模式等方面的新变革，增强高校思想政治教育的针对性和实效性。其次，经由人工智能"数据＋知识＋反馈＋推送＋引导"模式赋能的高校思想政治教育，以人的本质实现和自由解放为指向，既增加了受教育者自由支配的接受教育的时间，又清晰地表露出思想政治教育学科的境域性特征，给思想政治教育的内容创新提供了新契机，为理论传播创造了新条件。再者，这一赋能模式通过数据的精准算法实现情景化学习空间的当场构建，用精准的知识触动受教育者的内心，使其在原有思想观念的基础上产生认同，进而反馈出新的思想观念和价值观，并外化于实践。因此，思想政治教育经由人工智能的赋能，可有效拓展施展空间，丰富活动场景。当虚拟场景与所映射的现实境域浑然一体时，受教育者更易于在虚拟空间中进入物我两忘的境界，这有利于高校思想政治教育亲和力、精准性的生成。

二、人工智能赋能高校思想政治教育的风险挑战

在人工智能时代，人们收集信息的范围已拓宽至虚拟世界，这意味着现实边界的诸多现象在现代科技的推动下拥有了新的"坐标"。它一方面加速了信息交往的开放和流动，另一方面也将现实世界的人和信息世界的网民共同束缚在虚拟的世界，使其难以摆脱，给包括高校思想政治教育在内的实践活动带来了新的挑战。

[①] 邱柏生、董雅华：《思想政治教育学新论》，复旦大学出版社2012年版，第258页。

（一）人工智能的主动干预性反馈导致受教育者主体性的丢失

人工智能的主动干预性反馈，是指在由智能媒介主导、以纷繁复杂的网络虚拟空间为背景的高校思想政治教育活动中，在受教育者提出或表现出疑问前，智能媒介根据受教育者的学习情况、知识偏好定制、推送合适的教育内容的过程。在高校思想政治教育实践中，受教育者良好的思想政治品德规范的形成和发展，离不开教育者在教育过程中准确的语言表达、丰富的知识储备和敏锐的思维判断。这需要受教育者投入较多的时间、智力甚至体力去消化吸收，无疑对受教育者提出了更高的要求。但由于人工智能系统的介入带来的主动性反馈，挤占了受教育者主体性发挥的空间，无形中剥夺了受教育者结合自身实际，冲破网络迷雾，理性判断、挑选自己需要的内容的权利，使受教育者对人工智能媒介产生过度依赖，甘愿将自身广泛阅读、深入学习思考的实践任务让位于对系统指令的接受，逐渐丧失主体性。同时，智能媒介对高校思想政治教育的干预性反馈，很可能使受教育者沉浸于虚拟空间里的学习与表达，回避与现实他人的理论研讨，这在一定程度上限制了受教育者产生思想政治品德发展的需求与动力。

（二）人工智能的"智能效应"带来教育内容和方式独特性的减弱

思想政治教育的意识形态性，决定着其教学内容是马克思主义指导下的一系列富含辩证思维和广阔学科论域的完整的综合性知识体系，是对现实困境和个人发展难题的解答与探索，实现了知识性与价值性、理论性与现实性的统一。这种独特性决定着高校的思想政治教育要突破纯粹知识教育的思维范式，通过教育者、教育媒介、受教育者的互动交流，使得受教育者原有的思想和行为①得到充分改造。但是，作为一种智能助手，人工智能在推送丰富信息的同时，却造成受教育者对教育活动参与度的降低，不可避免地减弱了思想政治教育内容和方式的独特性。此外，应该注意到，通过智能媒介所

---

① 董雅华：《思想政治理论课教学坚持主导性与主体性相统一论析》，载《思想理论教育》2020年第3期，第57页。

推送的学习资源，更多是围绕着练习、背诵和测试而展开，导致受教育者机械地点击屏幕的次数增多，而缺乏主动探索的机会，应试教育痕迹明显，不利于受教育者对思想政治教育内容的内化与外化。

（三）人工智能的优势"场景"引发对教育实践关系的重新审视

在高校思想政治教育方面，人工智能的出场使思想政治教育具备了自主感知、自我认知和主动决策的能力，但也带来了包括教育管理者在内的教育主体对人工智能时代科技与教育、教育教学方式关系的深刻思考。人工智能场景下，思想政治教育应呈现为何种智能育人机制，何以研制出精准算法去把握受教育者在校园学习、生活中的困惑和行为特征，何以精准把握受教育者的思想倾向并分析其形成原因；人的主体性和价值意义在人工智能场域里如何更好地表达，智能环境下高校思想政治教育中教育者的地位作用如何体现，教育者"利用数字工具和平台进行批判性沟通、创造性设计、作出明智决策及在预见新问题时解决棘手问题的能力"[①] 如何提升，社会主流意识形态如何占领智能算法研究的政治高地，高校思想政治教育管理服务机制的流程优化与更新问题如何实现，等等，均需要系统地审视。对这些问题的思考，有助于避免教育者主导性的旁落和教育形式的"虚假繁荣"。

三、人工智能挑战下的高校思想政治教育场景构思

传播主导政治意识，引导受教育者的政治行为是思想政治教育的主要政治功能之一。[②] 为应对人工智能的挑战，高校思想政治教育需要克服个体间的差异，围绕着教育的环境、主体、对象和管理服务等要素，从人工智能场景、人工智能助理、人工智能伴学等视角开启实践场景设计。

---

① 兰国帅、郭倩、吕彩杰等：《"智能+"时代智能技术构筑智能教育——〈地平线报告（2019高等教育版）〉要点与思考》，载《开放教育研究》2019年第3期，第25页。
② 陈万柏、张耀灿：《思想政治教育学原理》，高等教育出版社2015年第3版，第70页。

（一）高校思想政治教育的"人工智能场景"

人工智能技术在教育领域的发展，使受教育者的教育和学习环境成为虚实结合的新生场域。在高校思想政治教育的"人工智能场景"中，有边有界的思想观念和有主有次的学科成果，体现的是教育工作的政治气度、思想深度和实践效度。人工智能平台基于受教育者不同的教育、学习需求，提供多种网络学习资源，满足不同场景的应用。基于学生成长成才规律和智能教育规律，跨学科协同探索，推进统计学、计算机科学、认知神经科学等的技术及理论的融合，借助教育学、心理学、社会学、管理学、新闻传播学等学科的力量和智慧，构建包含人工智能课堂教学、个性化内容推送辅导、网络舆情研判等在内的人工智能协同共享合作机制，满足智能场景多元应用的需求。这是高校思想政治教育发展的时代诉求和必然选择。

（二）思想政治理论课教师的"人工智能助理"

智能媒介以其特有的功能协助思想政治理论课教师完成资料搜集、分析学生对知识点的掌握情况、统计学生关注的热点内容等基础性工作，但却不能提供政治和道德方面的抉择。同时，思想政治教育中还涉及如大学生心理健康咨询和就业创业指导等咨询服务类工作，需要人与人之间的直接联系和思维的即时碰撞去开拓受教育者的思路，可见，教师的创造性和示范性作用无法替代，故而要警惕过度追求教育的"智能化"。

此外，从思想政治教育供给方面看，人工智能媒介以"教师助理"的身份，助力教育者从大量重复、单调的常规性工作中解脱出来，根据课程进展和受教育者理解、掌握知识的情况，提前整理好学科在线教学资源，保持教学内容的新颖性，增强课堂教学的吸引力。从思想政治教育教学的需求方面考量，思想政治理论课教师需要重点关注受教育者的发展需求，利用人工智能教学平台精准推送适合学生个体或集体学习掌握的理论知识，根据智能反馈情况有的放矢地调整课程进度和教学重难点，提高教育者的授课质量。这是高校思想政治教育发展的时代选择。

（三）受教育者的"人工智能伴学"

人工智能为受教育者提供高效的智能学习支持服务。首先，基于大数据而建构的各类智能媒介教育平台，可准确记录学习者的知识学习情况，为向学生提供个性化、精准化知识提供了可能，能在很大程度上激发起学生的学习积极性。其次，人工智能精准地"陪伴"受教育者在众多知识模型、情境模型、动静知识图谱中学习，有利于受教育者个人成长规划和自由全面发展。再者，在人工智能赋能的高校思想政治教育境域中，利用满足受教育者个性化需求的智能伴学系统、智能教学管理系统等创新平台，能实现资源合理配置和科学管理，优化高校思想政治教育运行机制。这是高校思想政治教育精准化教学、精细化管理和人性化服务的客观要求。

综上所述，为顺应思想政治教育与人工智能之间深度融合的时代趋势，高校思想政治教育要充分利用人工智能赋能的技术逻辑，直面风险挑战，一方面努力消除思想和技术阻力，引导教育者树立积极的思想政治教育研究意识；另一方面要与各类人工智能媒体建立良好的合作关系，以保证在客观公正和遵循受教育者成长成才规律的前提下深入挖掘和运用受教育者相关信息。同时，教育者还应该主动作为，完成经由人工智能赋能的高校思想政治教育场景布置，让受教育者从中真正获得思想认同的欣悦感和实践运用的效能感。

本文原载《中学政治教学参考》2022年第16期。

高校深化"三全育人"协同机制的路径研究

王旭东*

摘要：高校深化"三全育人"协同机制是服务"两个大局"的战略需要，对于深化高等教育改革和落实立德树人具有重要的现实意义。在当前深化"三全育人"协同机制的过程中，面临着如何增强育人个体的育人意愿，如何增强育人个体间以及育人组织间的协同意愿等关键问题。因此，应从育人个体激励机制、育人个体间协同机制和党建引领机制出发，构建"点线面"协同育人机制，从而推动高校思想政治工作机制不断完善和发展。

关键词：三全育人；综合改革；协同机制

"三全育人"即全员、全程、全方位育人。"三全育人"的育人理念是新时代中国共产党对马克思主义理论的继承和发展，是中国共产党着眼于新的历史方位对高校育人体制机制作出的重要战略部署。党的二十大报告提出"深化教育领域综合改革""健全学校家庭社会育人机制"①，对高校完善协同育人机制提出了新要求。新时代新征程，高校不断完善"三全育人"工作机制是推动党和国家教育事业发展的重要举措，是创新立德树人育人机制的重要实践。党的十八大以来，高校"三全育人"工作机制作为高校思想政治工作实践的重要创新和关键举措，擘画了新时代高校"大思政"育人格局。2018年，全国高校围绕构建"三全育人"机制进行了深入的探索和实践，2020年7月，共有8个省（区、市）25所高校92个二级院系开展试

---

* 作者简介：王旭东，男，河南南阳人，广东海洋大学化学与环境学院讲师，广西师范大学马克思主义学院博士研究生，研究方向为党的建设与思想政治教育。

基金项目：2021年教育部高校辅导员培训和研修基地（华南师范大学）、广东省思想政治研究会开放课题"高校'三全育人'点线面协同机制的构建研究"（项目编号：SCNUKFYB029）；广东海洋大学2022年度校级课题"红色文化提升青年学生志气、骨气和底气的路径研究"（项目编号：C22850）。

① 习近平：《高举中国特色社会主义伟大旗帜　为全面建设社会主义现代化国家而团结奋斗——在中国共产党第二十次全国代表大会上的报告》，人民出版社2022年版，第34页。

点；各高校试点单位在经验交流、互测互评、共建共享方面，切实发挥了典型示范和引领引导作用，推动了高校思想政治工作育人格局向纵深发展。然而，在完善协同育人机制的过程中，来自人员、资源和制度等方面的阻碍，影响了育人功效的发挥。因此，加强对高校"三全育人"协同机制的研究和总结，对于推进高校思想政治工作，完善"三全育人"协同机制，在新时代新征程上赢得更加伟大的胜利，培养和造就大批担当民族复兴大任的时代新人，把教育作为国之大计、党之大计具有重要的实践意义。

一、深化"三全育人"协同机制是完善高校思想政治工作体系的应有之义

党的二十大报告提出，要"深化人才发展体制机制改革，真心爱才、悉心育才、倾心引才、精心用才"①，为新时代人才培养提出新的要求。不断深化"三全育人"协同育人机制是落实党的二十大会议精神，不断提升高校人才培养质量和育人实效的重要措施，对服务"两个大局"战略需要，推动高校教育改革，落实立德树人根本任务具有重要且现实的意义。

（一）深化"三全育人"协同机制是服务"两个大局"的战略需要

教育是国之大计、党之大计。"中华民族伟大复兴战略全局"和"世界百年未有之大变局"是以习近平同志为核心的党中央提出的重大论断。② 新时代党和国家从统筹"两个大局"的战略高度出发，作出加快建设世界一流大学和一流学科的战略决策和部署，为中华民族伟大复兴培养优秀人才，为实现第二个百年奋斗目标提供了方向指引和制度保障。党的二十大报告提出"全党要把青年工作作为战略性工作来抓"③，高校深化"三全育人"协同机制，坚持"为党育人、为国育才"的使命，既是服务"两个大局"的

---

① 习近平：《高举中国特色社会主义伟大旗帜　为全面建设社会主义现代化国家而团结奋斗——在中国共产党第二十次全国代表大会上的报告》，人民出版社2022年版，第36页。
② 陈远章：《新时代中国共产党统筹"两个大局"的世界意蕴》，载《马克思主义研究》2023年第8期。
③ 习近平：《高举中国特色社会主义伟大旗帜　为全面建设社会主义现代化国家而团结奋斗——在中国共产党第二十次全国代表大会上的报告》，人民出版社2022年版，第71页。

现实需要，也是实现中华民族伟大复兴的战略需要。当前，国家的发展面临着前所未有的战略机遇，比任何时期都接近中华民族伟大复兴的宏伟目标；与此同时，我国的改革也步入深水期、改革期，迫切需要培养一大批信念坚定、技术过硬的创新型人才，造就大批德才兼备的高素质人才；只有不断地提供人才支撑，才能促进经济发展、科技进步和民生改善，才能保障国家和民族长远发展。坚持为党育人、为国育才，高校深化"三全育人"协同机制为提高教育自身现代化水平，为服务"两个大局"奠定了人才基础。

（二）深化"三全育人"协同机制是推动教育改革发展的必然选择

教育要不断发展，关键靠不断改革。改革开放40多年的历史证明了"教育既是改革开放的先行者，又是改革开放的受益者，更是改革开放的助力者"①。我国高等教育事业取得了一系列显著成就，其根本原因是坚持党对教育工作的全面领导，不断深化高等教育事业改革，推进人才培养模式创新，提升人才培养质量。深化教育事业改革既是高校不断改革的目标和要求，也是推动高校事业发展的根本动力。只有不断改革，才能破除阻碍人才培养的体制机制、思维模式，尤其是"培养什么人、怎样培养人、为谁培养人"这一时代命题，是高校需要高度重视和着力解决的重要问题。当前，高校需要及时化解人才培养过程中的碎片化困境，构建协同育人机制，推动立德树人机制全面纵深发展。因此，高校深化"三全育人"协同育人机制，对于坚持党对高校的全面领导，落实立德树人根本任务，不断从理论和实践上切合高等教育改革要求，深化新时代高校教育改革具有重要的理论和实践意义。

（三）深化"三全育人"协同机制是落实立德树人根本任务的实践要求

学校是人才培养的主阵地，承担着培养和造就社会主义建设者和接班人的重要使命，这就决定了我国的"人才培养一定是育人和育才相统一的过

---

① 《习近平总书记教育重要论述讲义》编写组：《习近平总书记教育重要论述讲义》，高等教育出版社2020年版，第157页。

程，而育人是本。人无德不立，育人的根本在于立德"①。立德树人是高校的根本任务，是检验高校人才培养工作的重要标准，是高校的立身之本。高校深化"三全育人"协同机制是坚持以立德树人为核心，具体而言，就是以"树人"为核心，以"立德"为目标，构建德才兼备的育人机制。但"育德"的过程是一个长期、系统的工程，具有艰巨性和复杂性等特点，需要育人主体、育人资源和育人机制的协同和贯通。当前，高校在人才培养过程中，在育人格局、育人机制、育人动力等方面还存在现实短板，系统谋划的育人格局有待深化，联动融通的育人机制有待拓展，内引外驱的育人动力有待提振。高校要落实立德树人这一根本任务，就是要推进育人理念、育人机制和保障机制改革，实现育人理念协同、资源协同和行动协同，建立健全立德树人工作机制。因此，深化高校"三全育人"协同，不仅是对当下高校育人工作成效的深刻总结，更是落实高校立德树人这一根本任务的时代要求。

二、高校深化"三全育人"协同机制面临的关键问题

自 2019 年教育部深入推进"三全育人"综合改革以来，部分国内高校成为"三全育人"试点高校，推动思想政治工作不断发展。学术界围绕"三全育人"综合改革中存在的关键问题和推进机制进行了深入研究和探讨。在高校思想政治工作协同机制构建方面，学者们从管理学、政治学、教育学、社会学等的角度，不断加强对高校"三全育人"协同机制的构建进行分析。其中，张睿以协同理论模型来论述高校"三全育人"在资源整合、行动整合、系统优化等方面的实施，提出从"要素协同、关系协同和空间协同三个维度"来构建高校"三全育人"协同效应的理论模型。② 然而，当前的研究大多集中于对宏观层面进行阐释，着重对育人体制进行探讨，对于核心微观层面，尤其是从高校内部育人个体、育人个体间和育人组织的角度出发来系统阐释协同育人的研究相对较少。在具体实践中产生的系列问题，导致了高校在推进"三全育人"中面临着来自微观层面不同程度的阻碍，限制了育人功效的发挥。

---

① 习近平：《在北京大学师生座谈会上的讲话》，载《人民日报》2018 年 5 月 3 日第 2 版。
② 张睿：《协同论视域下高校"三全育人"实施的机理与路径》，载《思想理论教育》2020 年第 1 期，第 101–106 页。

（一）育人个体参与动力不足

育人个体是承担育人责任的主体，是"三全育人"的重要参与者和实施者。西方古典经济学中的"经济人"假设理论认为，人具有完全的理性，具有趋利避害的行为动机，在具体实践中会做出让自己利益最大化的选择。当前高校在深化"三全育人"机制综合改革的过程中，主要重点在于如何促使内部不同组织间集体行动的发生，更多地侧重于对外在影响协同因素的分析和解决，对作为微观育人主体的个人则关注较少，重视不足。现实中，不论是在理论研究还是实践探索中，均预设了育人个体会主动地参与到思想政治教育工作中，会围绕立德树人的目标开展教育实践活动。而现实中育人个体受到各种内外环境影响，尤其是当育人目标和个人利益产生分歧时，不同个体会呈现出不同的思想动机和行为选择。因此，需要从现实出发，探寻育人个体内在的育人动机和行为观念，探讨如何通过制度设计激发其内生原动力，促使不同育人个体间形成集体行动。[①] 完善"三全育人"协同机制，重点是要实现全员主动参与，激发育人个体的内生原动力，形成集体行动，实现个人目标与集体目标的统一。针对思政教师、专业教师、研究生导师、党政干部、辅导员、班主任等各类育人主体，如何破除影响其主动参与协同育人工作的阻碍因素，激励和引领其参与到协同育人中，成为当前高校思想政治工作协同育人面临的重要问题。

（二）育人主体间存在利益差异

在"三全育人"具体实践过程中，主要育人主体包括专业教师、党政管理人员、教辅人员等群体；不同育人个体、不同育人群体间以及群体内部都存在不同的利益取向和行动逻辑。这就导致在具体的育人过程中，实现多元育人个体的利益趋同并非易事，不可避免地会产生矛盾和冲突。原有的传统的高校育人管理模式在推进教育事业发展过程中发挥了重大作用，但其所形成的体制障碍、制度僵化容易导致个体利益、部门利益和群体利益的固化，从而形成排他的、保守的和自利的"小圈子"，导致协同育人功效难以发挥。现有的协同育人模式更加强调通过行政手段来推动个体从"碎片化"

[①] 陈思、王斌伟：《中国高校"三全育人"研究回顾与展望：一个文献综述》，载《湖北社会科学》2021年第8期，第142–150页。

向"整体化"发展，更多地把整体利益作为推进工作的起点。在此基础上通过要素交流、信息互动、资源共享来引导不同育人个体趋向树立共同的价值取向，实现各个育人主体的行为协同，从而实现"利益趋同—价值趋同—行动趋同"。但对不同育人个体之间利益的矛盾和冲突并没有全面地予以考虑，虽然育人个体的长远目标都是育人，但专业教师在育人的过程中，更多地关注科研项目、职称评审、个人荣誉等方面，以此来不断地实现自我价值；党政管理人员的关切点在于如何完成职责内容，如何更加高效地完成工作，从而实现职务晋升；教辅人员作为教学管理的辅助人员，则更关注如何在完成本职工作的过程中，实现职称、职务的晋升。不同育人主体间的利益再平衡就成为推进"三全育人"工作研究的重点。因此，应有效地协调不同主体多元化的利益矛盾，使不同主体以自然、自愿的方式来实现共同目标，使不同利益个体间形成"合作、互动、共享、共建"有效的协同机制，从而建构"三全育人"协同机制。

（三）育人组织间缺少有效协同

党的建设自身具有政治功能、组织功能、引领功能和整合功能。高校应注重挖掘党建在"三全育人"实践中的独特组织功能优势，发挥高校党建组织政治功能①，实现高校党建引领和整合思想政治教育的重要作用，实现两者的高度融合。在高校党建和思想政治教育的关系上，习近平提出"要加强高校党的基层组织建设，创新体制机制，改进工作方式，提高党的基层组织做思想政治工作能力"②，从"大党建"和"大思政"的高度来阐述党的建设和思想政治工作的关系。只有深刻认识到党建和思想政治工作的辩证关系，才能真正地推动高校"三全育人"全面、深入地向前发展。然而在实际工作中，高校党建与思想政治工作结合存在一定问题。一是党建的政治引领作用有待发挥。党建有独特的组织和制度优势，然而现实中存在党建未能有效融入教学、管理、科研、服务等各环节，未能有效对育人过程进行引领、管理和监督，党建和业务相脱节的现象。部分党建工作单纯地停留在党的基层建设方面，未能站在高校办学方向、根本任务的高度，来构建"大党建"和"大思政"的协同育人工作格局。二是党建协调功能有待加强。

---

① 《第二十七次全国高校党的建设工作会议在京召开 王沪宁出席会议并讲话》，载《光明日报》2021年8月18日第3版。

② 习近平：《习近平谈治国理政》第二卷，外文出版社2017版，第379页。

由于高校管理存在条块分割的管理体制，党政部门、教学单位、教辅单位具有不同的工作职责和分工。要根据不同的业务内容和利益诉求，发挥党协调不同个人和组织之间矛盾的作用，搭建育人组织间资源交流与共享的平台。三是党建服务功能有待发挥。全心全意为人民服务是党的宗旨，在推动"三全育人"的过程中，党除了要发挥政治引领功能，还要注意发挥服务广大师生的功能；要将党的服务功能真正落在实处，尤其是要发挥党员干部的先锋模范作用，使党员积极参与到"三全育人"的实际工作中。

三、构建高校"三全育人""点线面"协同育人机制

高校"三全育人"工作机制要在党和国家要求的基础上不断在实践中进行优化，构建"点线面"协同育人机制，形成点、线、面相结合的协同育人的工作格局，实现育人个体、育人组织和育人系统的有机统一，推动协同育人机制发挥实效。

（一）"点协同"：完善育人主体的激励机制

目标和愿景使个人能够看清自身的价值和责任，从而调动个人或群体的积极性，为设定的目标而努力奋斗。明确的育人目标和愿景是激励广大育人个体参与协同育人的基础动力，因此要引导高校教师树立"立德树人"和"为党育人，为国育才"的目标和愿景，激励广大教师积极投身于育德和育才的工作中。高校要不断完善目标激励机制，将组织目标与育人个体的正当需要结合起来，实现个人目标与育人目标的统一，确保育人个体的目标不会完全游离于"立德树人"的目标之外。要不断加强高校育人队伍建设，树立崇高的目标和愿景，提升育人主体的成就感和价值追求。要不断地加强师德师风建设，树立良好的师德师风引领机制；教师自身要牢固树立"有理想信念、有道德情操、有扎实学识、有仁爱之心"的意识，不断地提升自身的道德和修养，解决好育人个体动力不足、意愿不强、成就缺失等问题。此外，要不断提升育人个体的育德意识和育德能力，承担传播真理、塑造灵魂、培育新人的责任，肩负教师的重要使命和责任担当。

（二）"线协同"：构建育人主体间的利益平衡机制

马克思认为，"人们奋斗所争取的一切，都同他们的利益有关"①。现实中的育人个人和育人组织，存在不同个体和群体利益的差异。高校在深化"三全育人"的过程中，要切实考虑育人主体间的不同利益。首先，要厘清不同育人主体的职责。要明确专业教师、党政干部、教辅人员的职责范围和利益诉求；要明确各个部门不同的工作职责与内容，例如党政部门、二级学院、教辅单位的责任清单，尤其是教师工作部和学生工作部的职责范围和权限。其次，围绕"十大育人"体系，在落实不同部门的职责和工作重心，明晰权责的基础上，明确牵头部门和协同部门，使课程、科研、文化、实践、网络、心理、资助、管理、服务、组织等育人子系统各自发挥作用。最后，完善激励和考核机制。要进一步细化专业教师、党政干部和教辅人员的考核机制，将育人的内容和成效与年度考核和职业发展晋升相结合；将各部门年度述职中关于"立德树人"的部分作为考核的重要内容之一，提升各部门参与协同育人的积极性。

（三）"面协同"：发挥党组织的协同整合机制

加强党的建设，是高校思想政治工作的"根"和"魂"；提升党的基层组织建设水平，是高校思想政治工作的"基"和"本"。② 新形势下，要不断发挥高校党组织的政治引领和协同育人机制，发挥高校党建作用以解决高校"三全育人"实践瓶颈。这就需要构建和完善高校纵向和横向的协同育人机制。一是要注重从上到下协同。建立学校党委、二级院系党委、教工党支部三个层面的联通机制，尤其是打通"最后一公里"，避免或减少中间层面的阻滞，构建组织保障。在实际育人工作中，既要保证工作要求、精神内涵的一致性，又要结合实际有所创新，避免形成僵化的工作机制。二是要注重左右协同。高校党委要有效协调不同育人组织之间的关系。一方面，要构建党政管理部门之间的协同机制，确保党委统一领导、党政齐抓共管，共同

---

① 马克思、恩格斯：《马克思恩格斯全集》第1卷，人民出版社1995年第2版，第187页。
② 黄蓉生：《高校党的建设与思想政治工作的辩证统一》，载《光明日报》2017年7月3日第11版。

推进思想政治工作，提升各部门协同育人的成效；另一方面，要实现思政课程与课程思政之间的协同，构建思政教师和专业教师的沟通交流机制，发挥党委引领、协调机制的作用，搭建二者的交流机制，切实提升主阵地的育人功效，推动课程育人不断深化。通过构建学科教学体系与日常教育体系之间的协同机制，发挥党委在理论和实践中的引领作用，构建全方位的育人机制，实现二者的有机融合。三是要通过构建上下、左右的协同育人机制，发挥党委在不同个人和育人主体间的协同作用，从而提升思想政治工作的协同性和整体性，提升思想政治工作育人实效。

四、结语

党的二十大为开启全面建成社会主义现代化国家做好了战略规划，提出"实施科教兴国战略，强化现代化建设人才支撑"[①]。对此，高校要不断深化人才培养的体制机制改革，加强高校全局谋划，系统设计，从微观层面完善"三全育人""点线面"协同育人机制，激发育人个体的目标愿景，搭建育人个体间的协同平台，推动高校思想政治工作机制创新，为培养德智体美劳全面发展的时代新人提供重要的制度保障。

---

① 习近平：《高举中国特色社会主义伟大旗帜　为全面建设社会主义现代化国家而团结奋斗——在中国共产党第二十次全国代表大会上的报告》，人民出版社2022年版，第33页。

"大思政"育人视域下高校校史教育的若干问题分析

罗贵榕* 刘俊显**

摘要：高校校史教育具有典型的立德树人、多元育人的作用与功能。将高校校史教育有机融入思想政治教育，可发挥和增强高校思想政治教育的独特性，为课程思政建设提供新的增长点，优化思想政治教育环境，为高校思想政治教育与专业教学工作、政工工作、社团工作、党建工作及社会实践活动的协同创新提供高效黏合剂。加强高校校史教育，应遵循如下基本原则：坚持以社会主义核心价值观统领校史教育；推进校史教育有机融入专业教育，大力提升高校师生群体的人文素养与社会关怀；推进校史教育有机融入思想政治教育，积极促进知识教育与价值教育的有效融合。完善顶层设计、探索"三全育人"全渗透式教育路径、打造立体多维校史教育模式、融合校史文化与校园文化建设等方式方法可有效强化高校校史教育，充分发挥其立德树人功能。

关键词：高校；校史教育；思想政治教育；功能；原则；路径

高校校史承载着高校独特的发展历程，在某种意义上，也是我国现代化艰辛曲折的发展史在高校的同步演进。高校诞生于清末，兴于民国年间，于抗战烽烟中艰难维持。新中国建立之后，虽然历经较大变化与调整，但伴随着由改革开放带来的市场经济高速发展、文化繁荣，我国高校也进入大众化

---

* 作者简介：罗贵榕，女，广东海洋大学法政学院教授，博士，主要从事马克思主义理论、思想政治教育、政治哲学研究。

通信方式：luoguir@163.com。

** 作者简介：刘俊显，男，安徽大学马克思主义学院博士生，主要研究方向为马克思主义中国化。

教育的兴盛阶段，并成为引领社会发展的重要动力源。高校的象牙塔色彩虽日渐衰减，但高校却日益成为影响社会发展的科研高地与文化高地，高校的价值引领力与文化辐射力日益增长，因此，高校校史的研究、价值凝练与传播不但是高校自身的重要任务，还应成为思想政治教育的重要环节及新的增长点。

一、明晰高校校史教育的本质与特征

高校校史记录着往昔岁月，承载着荣光与悲欢，滋养着未来，这是传承，也是新的开端。因而，校史资源是优质的育人资源，尤其是优质的思想政治教育资源。校史教育具有典型的立德树人、多元育人的作用与意义。

首先，高校校史教育就是思想道德教育。道德教育的根本目标是分辨及践行"善"。在大学阶段对"善"这一德目的要求中，非常关键的一项指标是：对真理的热爱与追求，在此基础上，养成良好的思维方式与行为方式。校史教育通过对学校发展历程的叙述，对重大事件与重要人物的叙述，很好地传达了什么是"善的""好的""对的"，以及什么是"恶的""不好的""错误的"，尤其是对学校的突出成就、优秀师生和优秀校友的感人叙述，更是直观而明确地传达了价值规范。故校史校情教育对大学生具有双重冲击力，是一种强势的教育方法，因为一所高校悠久的办学历史以及它本身承载的厚重的历史文化对每一个置身其中的人而言都具备了一种强大的冲击力。①

其次，高校校史教育就是人格教育。人格教育在于知、情、意、行的养成与实现。校史教育通过让学生充分了解与知晓校史，来培养学生的爱校之情、师生之情，从而培养学生对社会的热爱。这种热爱，将推动学生关注自由、法治、文明等更加高阶的价值尺度，并潜移默化地提升学生的意志力与行动力，从而有助于养成温暖而有人性、坚定而理性的健全人格。有学者指出，在思想道德观念的形成中，人们的感情总是从爱家庭、爱学校、爱故乡，逐渐过渡到更加热爱自己的祖国。通过校史教育培养起来的对学校质朴的情感和对家园的情感一样，是一种自然产生的、刻骨铭心的基础情感，是高层次的爱国情感产生的基础。在这个基础上扩展起来的对民族和国家的归属感和自豪感，逐步树立起来的民族和国家的自信心、自尊心以及责任感、

---

① 李昌祖、郑苏法：《高校校史校情的德育资源及其开发》，载《思想教育研究》2010 年第 6 期，第 87 页。

义务感，才会自觉、稳固、持久。①

最后，高校校史教育就是文化教育。以中国著名高校为例，名校之所以成为名校，必定是因为其办学理念或办学方式等方面具有某种独特性与引领性，从而在办学过程中逐渐形成富有魅力的办学传统与校园文化。正是这些传统与文化，向世人演示了大学的本质，彰显了大学精神，从而培育了与众不同的精神气质。比如，中山大学的办学史上，群星璀璨，其中，孙中山先生的教诲"要立志做大事，不要立志做大官"，陈寅恪先生对"独立之精神，自由之思想"的追求，对中山大学影响深远，不仅成为中山大学独特的校园文化、精神气质的重要内核，更成为岭南文化的重要特质。加强校史教育不但可以有效传承高校优秀而独特的文化传统，而且可以有效发挥大学精神及大学文化对地方文化的价值引领作用。

二、高校校史教育与思想政治教育有机融合的可能性与必要性

高校有着各自独特而精彩的办学历史、办学理念、文化底蕴、管理体制及师生群体，虽然相同类别的高校具有相似性，但因地域、行政隶属关系、社会认同等方面的重大差别，尤其是学科建设及师生群体的差异性，必然导致各高校在发展历程及价值追求、校园文化、精神气质等方面存在重大差异。这种差异及其内存的精神底蕴，对高校自身的发展及社会文化与精神风貌的整体进步，具有较好的推动作用。

1. 高校校史教育的有机融入，可增强高校思想政治教育的独特性，从而加深高校思想政治教育的历史纵深感

21世纪以来，马克思主义理论学科建设及思想政治理论教育都有长足发展，规范性大为提升，这带来多方面的影响。其一，通过统一教材、强化教学纪律等要求，使我国的思想政治教育具有较强的共性，使高校的思想政治教育不具备明显的地域差别、层次差别，甚至名校效应也被弱化。其二，高校思想政治教育学科化、规范化取得更大成效的同时，也在某种程度上造成高校思想政治教育地方性特色欠缺，个性化与特色化不明显的问题。其三，高校思想政治教育与中小学思想政治教育的相似性及重合度颇高。思想政治教育的本质就是价值教育，就是围绕着爱国主义、政治认同、社会主义

---

① 孙永玉：《校史校情：高校德育的宝贵资源和生动教材》，载《中国高教研究》2006年第1期，第64页。

核心价值观培育等开展的育人工程，这就导致整个中国教育系统的思想政治教育存在相当程度的重复性，也就使高校思想政治教育的吸引力有所弱化。校史教育的有机融入，可激活各高校思想政治教育的地方性与特殊性，从而提升思想政治教育的鲜活性。

2. 高校校史教育的有机融入，可为课程思政建设提供新的增长点，并提升课程思政的实效性

课程思政是当前思想政治教育的重要内容。课程思政建设的根本宗旨在于实现各类教育，尤其是专业教育与思想政治教育的同向同行，同步完成专业教育目标与立德树人要求。各高校通过对校史资源的保存与挖掘，不断丰富校史叙事，不但为各高校提供鲜活的思想政治教育资源，也为课程思政奠定了坚实的基础。各高校在艰难曲折的发展过程中仍然坚定不移地培养人才及服务社会，或推进科学技术的进步，或繁荣文化，或发展社会科学，等等，所有这些为社会进步而付出的努力及取得的成就，都将很好地实现高校校史教育的激励功能、导向功能与示范功能，[①]并为课程思政的实施提供素材、指明方向，成为检验课程思政建设成效的根本指标。

3. 高校校史教育的有机融入，可为高校思想政治教育与专业教学工作、政工工作、社团工作、党建工作及社会实践活动的协同创新提供高效黏合剂

相对于专业教育，思想政治教育具有更强的开放性，更加需要相关领域、相关部门、相关教育活动的协同与同向共进。校史教育恰好为所有这些工作与活动提供了结合点。校史的记录、整理与叙事，尤其是各高校发展沿革的特殊历程、共度艰难时光的独特记忆、师生群体勇攀科学高峰的杰出成就、为社会服务的不懈努力、优秀校友的榜样示范，所有这些，既是思政公共课与专业课的共同主题，也是各高校宣传部门与党建工作的内容，当然也是共青团、各类学生社团活动与各类实践活动应重视的主题。比如，具有党团身份且为社会做出突出贡献的优秀师生或校友，就是"牢记初心、不忘使命"的党建主题教育的最佳范例。立足于校史教育的协同创新，可更加有效地推动各高校达成价值共识，强化向心力，提升工作热情。

4. 高校校史教育的有效展开，可提升高校内部的价值共识，优化思想政治教育环境，并产生良好的价值高地的辐射作用

高校内部持之以恒开展的校史教育及校史叙事活动，使广大师生员工基本了解学校发展过程中的重大事件、重要贡献及重要人物，可较好地增强广

[①] 鲁杰：《高校校史思想政治教育的功能定位与实现路径研究》，载《思想教育研究》2019年第3期，第118页。

大师生员工对学校的认同感与热爱。愈是了解，就愈是贴近，就愈愿意参与共同发展，这有助于提升高校内部的价值共识，并进一步明晰学校建设，尤其是学科建设的方向与意义。当潜移默化的教化成为校园常态，自然极大地优化了高校思想政治教育的校园环境。而各高校对重要贡献与重要人物的宣传与推广，不但提高了学校的知名度，也使这些贡献及人物所体现的价值导向产生社会引领作用，从而发挥高校价值高地的社会辐射功能。

三、明确高校校史教育应遵循的基本原则

无论从高校发展的角度还是从高校思想政治教育发展的角度，校史教育都应服从大学教育的基本目标，体现大学教育的基本特征，尤其应体现大学思想政治教育的特质与要求。

1. 坚持以社会主义核心价值观统领校史教育，努力发挥中国高校作为现代文明助推器的功能

中国的大学发展史，就是一部中国现代化历程的活历史。清华大学的建立与发展过程即为典型。清华大学的建立，与八国联军侵华有关，西方国家用洋枪洋炮撞开了古老封建帝国的大门，给国人留下伤痛的历史记忆，但同时，现代文明也因此更广泛地进入中国，促使中国加快了现代化进程。民国时代，以现代大学、现代中小学教育体系的逐步建立与发展为标志，中国现代化进程的思想启蒙、文化更新与生活方式的更替得以全面展开。抗战时期，以西南联大师生为代表的大学师生群体的英雄形象，激励着一代又一代莘莘学子。新中国成立之后，对办学方式进行了一系列调整，更加注重专业化、专科化教育，并通过制度化安排使平等、法治、民主等现代文明准则与行为方式得以推广，尤其在尊重妇女……建立基本的现代民主管理管理体系等方面，高校发挥了良好的示范作用。"文革"时期，高校普遍遭受重大冲击，对知识与教师的蔑视，使国家与社会遭受重大损失，这其中的经验教训，不但各高校需要深刻反思，而且整个社会都需要认真面对，深刻反省，从而为现代文明的持续健康发展提供更清晰的指引。改革开放以来，尤其是经历多次高校扩张，高等教育迈入大众阶段以来，高校在倡导新观念新理念，推进现代文明发展方面，一直发挥着领航作用。可见，中国高校的发展史，其实就是完整的中国现代化历程独特而曲折的历史画卷在高等教育领域的再现。各高校的校史，也就是现代文化的推进史。因此，在开展高校校史叙事与校史教育时，即在对校史进行整理、研究、讲述时，其中包括围绕校史而展开的研究工作、教学工作、宣传工作、文学艺术创作、传播工作等，

都应当坚持以社会主义核心价值观为统领,以自由、平等、法治、文明、和谐等现代社会的基本理念为信条,以推进中国的现代化进程为宗旨。

2. 推动校史教育有机融入专业教育,大力提升高校师生群体的人文素养与社会关怀

在人才培养方面,高等教育的目标有三个层次:一是培养人格健全、心智正常的毕业生,这其实是所有类别、所有层次学校教育的最低目标;二是培养具有较好的专业素质与专业技能的优秀毕业生,这是高等教育的普遍要求;三是培养品学兼优,专业素养与人文素养充分结合,具备深刻洞察力与创造力的高端人才。无论是哪一个层次的要求,加强校史教育均有助于目标的实现。其中,办学历史较为悠久、办学过程较为曲折、办学特色较为鲜明、办学成果较为突出的高校,在进行校史教育时具备天然优势。在学科建设活动与专业教育过程中,就应充分利用这些先天优势,讲好讲足学校发展历史,尤其是优秀师生与优秀校友的先进事迹。在宣传、推广先辈的故事或当代的典范人物时,重点应放在对科学精神的坚守,对学术操守的坚持,对科学和真理孜孜不倦的追求上,从而真正实现专业教育与深厚的人文素养、强烈的社会关怀充分融合的人才培养目标。

3. 推动校史教育有机融入思想政治教育,积极促进知识教育与价值教育的有效融合

推动思想政治教育的过程也应当是培养科学精神、提升理性思维能力、探究新思想新理念的过程。大学思想政治教育与中小学思想政治教育的相似性在于以立德树人为根本教育宗旨,但是,在具体目标上二者存在重大区别,后者的教育目标主要是合规范,而在前者的教育目标中,对新知识、新思想、新观念、新思维的要求较高。高校是生产知识与传播知识的重要机构与场所,如果高校的思想政治教育没能很好地回应这一要求,必然存在缺陷或难以被师生认可。校史教育有机融入思想政治教育,可有效解决这一问题。首先,借助校史资源,塑造师生的科学精神与理性思维的习惯,是校史教育的重要任务。其次,借助各高校校史发展的独特资源,思想政治教育可从中提炼新观念、新思想或新思维,比如借助建党100周年,各高校可深入挖掘与提炼自身的红色基因等。在进行校史叙事的过程中,包括在课堂教育、社会实践、理论宣讲等活动中,应善于从具体的人物、事件或发展历程中发现及提炼出具有地方性的、特殊性的东西,进行系统的归纳总结,从而提出新的概念、理念、表达方式,这样才能满足师生对于思想政治教育的期待,并使他们乐于参与到师生共叙校史的活动中。

四、强化高校校史教育，充分发挥其立德树人功能

虽然高校较为重视校史的记录与整理，重视发挥校史在办学育人中的重要作用，但是，从总体上看，要将各高校的校史系统性地、全面性地渗透、融入教学科研、实践与服务的育人体系中，有效发挥校史教育的立德树人功能，还需进一步加强统筹，稳步推进。

1. 立足"大思政"育人格局，加强统筹，探索"三全育人"全渗透式教育路径

将校史教育有效纳入高校"大思政"育人格局，使校史教育全面进入全员全程全方位的思政育人体系中，可更好地实现校史教育的思政育人功能，提升高校思政育人协同创新的能力与水平。这就需要各高校加强统筹，优化部门协同能力。一方面，需要高校真正重视校史教育的重要性，加强顶层设计。通过加大投入，资助校史研究，壮大校史研究的队伍，挖掘更多校史资源，鼓励校史教育与学校各项工作的有机融合。另一方面，应重视相关部门的协同创新作用。如应积极发挥宣传部门的引导功能、后勤部门的保障功能。还应当特别重视院系二级单位体系在校史育人中的重要作用。因为，优秀人才与优秀成果，最终将于院系单位落地，只有院系中的师生都愿意了解及愿意叙述自身的历史，才能真正实现校史教育的言传身教、潜移默化功能。

2. 结合自身特点，打造立体、多维的校史教育模式

这需要从以下方面入手：一是发挥各层次课堂教育的主渠道作用。比如，开设专门的校史课程，进行系统化的校史教育。高校各层级的开学第一课、新生入学教育、就业教育等，均可有效渗透校史教育。二是在专业教育过程中，专业老师应重视课程思政要求，加强校史教育的有机融入。如通过沉淀师生共同的记忆，塑造师生共同的情感与愿望，共同推进科学研究范式创新历程的叙事，可强化学科与专业发展的人文、价值尺度，从而提升校史教育的水平与实效。三是有机融合校史教育与思想政治教育。借助思想政治教育课程，校史校训等重要元素可广泛而快速地融入校园生活。四是发挥各类社团活动、实践活动、党建团建等活动的重要影响，推进校史教育。五是统筹推进校史资料收集编撰工作，为校史教育奠定坚实基础及确定价值共识。如编撰学校发展全史、校史教育简易读本等资料。借助校史的编辑工作，全面收集、整理、总结办学历史，凝练高校特有的精神内核，进一步提升高校内涵建设及高校文化建设。再者，校史教育简易读本不仅可以放置在

校史馆和图书馆作为重点推荐展览图书，给师生借阅浏览，而且可以作为思想政治教育课程的补充教材，为各层面的校史教育提供素材与参照。

3. 灵活利用多媒体手段，融合校史文化与校园文化建设，培育品牌化特色校园文化以提升高校校史教育启智、铸魂、润心功能

首先，大力推进校史代表性人物或成果的标识化，着力培育高校自身独特的校园文化。将校史故事、校史人物普及化，是校史教育的基础性工作。在此基础上，应将典范性的校史人物标识化。这是因为，标识化的人与物，可增进各高校校园文化的独特性及影响力。一方面，标识化的人与物可提升本校师生及校友的身份认同与价值认同；另一方面，有利于提升学校知名度及影响力。其次，校史馆应加强多媒体建设。有学者指出，建设校史馆就是校史研究成果的一次集中展示，成为通过校史研究提升校园文化品质的典范，如浙江大学校史馆建成开放仅四年，已累计接待来自美国、德国、日本、韩国等国家以及港澳台地区的社会各界人士逾十三万人次，产生了广泛的社会影响。① 但目前我国多数校史馆建设的数字化水平不高，大多以传统的文本、图片为展示模式，人们进入展馆之后，看多少是多少，离开展馆之后，对各种遗漏的、存疑的信息很难再继续深入了解。因此，应积极开展校史馆的多媒体建设，使之成为一座可移动的、具有交互性的校史教育宝库。可设立智能电子展览厅，使用 AI 人工智能机器人进行讲解和答疑，这将使校史馆不仅具有展示功能，而且具有提升情感交互、促进信息交流的作用，从而使观众能比较集中地、直观地感受到学校发展的艰辛、前辈的风采，深刻领略校史校训的内涵与期待。院系等二级单位也应通过灵活多样的手段展示自身发展历程。再次，应充分而灵活地运用多媒体，采用多元方式开展校史宣传、推广及教育工作。比如，短视频是当前最具影响力的传播方式之一。可加强与短视频平台的合作，通过抖音、快手、B站和腾讯微视等人气很高的视频平台进行校史短视频的发布与推广。或者借助各大社交平台，积极开展各类线上线下推广活动，打造校史文化宣传品牌，提升社会公众对校史教育、校史文化的关注度与参与度。总之，借助现代传媒手段，通过各种开放式、体验式的方式传播校史文化，这不但有益于提升广大师生对本校的认知度和认同度，爱国爱校爱家的思想意识，而且有益于增进高校与社会的互动，增强高校先进文化的辐射力，从而推进社会主义先进文化建设。

---

① 朱之平、张淑锵：《大学文化的传承与展示：一个校史研究的视角》，载《浙江大学学报（人文社会科学版）》2011年第4期，第197页。

第二章
党团工作研究

新时代高校党建工作与"立德树人"深度融合机制探析

郭唐梨* 韩 英** 王旭东***

摘要：高校党建是新时代党的建设的重要组成部分，是坚持社会主义办学方向的根本保证。本研究从加强和改进新时代高校党建工作的必要性着手，聚焦如何将"立德树人"融入高校党建工作的全过程，探索行之有效的融合机制，以期实现高校党建与"立德树人"教育根本任务的深度融合。

关键词：高校党建；立德树人；融合机制

一、新时代高校党建工作的必要性

（一）高校党建工作是确保社会主义办学方向的灯塔

习近平总书记在第二十三次全国高校党建工作会议上强调："加强党对高校的领导，加强和改进高校党的建设，是办好中国特色社会主义大学的根

---

* 作者简介：郭唐梨，男，广东海洋大学马克思主义学院讲师，主要研究方向为马克思主义中国化。

** 作者简介：韩英，女，广东海洋大学马克思主义学院讲师，主要研究方向为马克思主义中国化。

通信地址：广东省湛江市麻章区海大路1号 广东海洋大学马克思主义学院。邮政编码：524088。

*** 作者简介：王旭东，男，广东海洋大学化学与环境学院讲师，广西师范大学博士生，主要研究方向为党的建设。

本保证。"① 搞好人才培养、科学研究等是高校肩负着的重要职能和使命，如何确保高校的这些职能始终沿着中国特色社会主义航向前进？如何确保高校培养的人才始终符合党和国家要求？对此，习近平总书记明确指出，最根本的是要全面贯彻党的教育方针，解决好培养什么人、怎样培养人、为谁培养人这个根本问题。②党领导的高校教育事业必须坚持马克思主义的指导地位，必须将中华优秀传统文化、革命文化及社会主义先进文化熔铸于高校教育的全过程，培养出为人民服务、为中国特色社会主义事业服务的高素质人才，坚定社会主义办学方向。

（二）高校党建工作是落实党的教育方针的根本保证

党的十九大报告指出："要全面贯彻党的教育方针，落实立德树人根本任务。"③ 办好人民满意的教育关键在党，党是我国教育事业的领导核心。新时代高校党委通过全面加强党建工作，把"立德树人"作为高校教育的中心环节和根本任务，发挥好第一课堂和第二课堂的协同育人效应，形成思政课主渠道和其他课程思政的育人合力。全面加强高校党委的领导核心作用，发挥基层党组织的战斗堡垒作用以及党员的示范引领作用，用共产主义远大理想、社会主义共同理想、社会主义核心价值观、实现社会主义现代化和中华民族伟大复兴的中国梦浇灌高校师生，团结一切可以团结的力量，凝聚党外人士的聪明才智和广泛共识，寓爱国情、强国志、报国行于日常的教育管理和服务全程，潜移默化般铸魂育人。

（三）高校党建工作是推进党的建设新的伟大工程的关键一环

1939 年，毛泽东同志在《〈共产党人〉发刊词》中指出：党的建设是

---

① 《第二十三次全国高等学校党的建设工作会议发言摘登》，载《中国教育报》2014 年 12 月 31 日第 6 版。

② 《习近平主持召开学校思想政治理论课教师座谈会强调　用新时代中国特色社会主义思想铸魂育人　贯彻党的教育方针落实立德树人根本任务　王沪宁出席》，载《党建》2019 年第 4 期，第 4 页。

③ 习近平：《决胜全面建成小康社会　夺取新时代中国特色社会主义伟大胜利——在中国共产党第十九次全国代表大会上的报告》，载《人民日报》2017 年 10 月 28 日第 5 版。

"伟大的工程"。① 2017 年，习近平总书记在党的十九大报告中强调："我们党正在深入推进的党的建设新的伟大工程""全面推进党的政治建设、思想建设、组织建设、作风建设、纪律建设，把制度建设贯穿其中，深入推进反腐败斗争，不断提高党的建设质量"。② 因此，高校必须通过党委发挥总揽全局、协调各方的领导核心作用，把政治建设摆在首位，发挥党的政治凝聚力；突出思想建设，提升党的凝聚力；按照忠诚干净担当原则选贤任能，培养高素质干部队伍，发挥人才资源优势；以提升组织力为重点，加强基层党组织战斗堡垒作用，发挥坚实的基础作用；另外，还需加强作风纪律建设和党风廉政建设，全面提升高校党组织的引领力、组织力和号召力，确保"立德树人"根本任务得以有效落实，为党的建设新的伟大工程提供强有力的思想基础和人才资源。高校必须清醒认识到，党的建设是一项艰巨而复杂的系统工程，需要长期坚持和全面建设才能确保这一伟大工程的高质量。

二、新时代高校党建工作与"立德树人"的融合基础

习近平总书记关于高校党建的系列重要论述，始终围绕"立德树人"这一根本任务，这为新时代高校党建工作提供了根本依据，二者关系密切。

（一）新时代高校党建工作与"立德树人"具有共同价值追求

高校党建工作是党的建设的重要组成部分，是推动高校事业发展的关键抓手，是确保社会主义办学方向的根本保证。高校党建工作发挥着特殊的育人功能，有着特殊的思想政治教育作用，引领全体师生在社会主义航程中同心同德，同向同行，并担负起培养素质过硬、全面发展的社会主义建设者和接班人的使命；"立德树人"是教育的根本任务，是高校党建工作的思想引领，是高校党建工作蕴含着的根本任务，也是高校党建工作必须始终围绕和践行的育人内核，亦是办好中国特色社会主义大学的基本原则。因此，两者具有共同的育人价值追求。

---

① 《毛泽东选集》第三卷，人民出版社 1991 年版，第 602–606 页。
② 习近平：《决胜全面建成小康社会 夺取新时代中国特色社会主义伟大胜利——在中国共产党第十九次全国代表大会上的报告》，载《人民日报》2017 年 10 月 28 日第 5 版。

（二）新时代高校党建工作是前提，"立德树人"是目标

新时代高校党建是一项关乎党和国家长治久安的战略安排，必须围绕"立德树人"根本任务，将这一理念贯穿于学校工作的各个方面和各个环节，始终坚持高质量的党建引领，加强高校党的建设工作，把党对高校的领导落实到推动内涵式发展、高质量发展和全面提升学校办学质量中来。以高质量党建推进学校的全面深化改革、全面发展，从而助推"立德树人"根本任务扎根高校土壤，继而开花结果，切实发挥育人实效，为党和国家的兴旺发达、中国特色社会主义事业的不断胜利造就一批又一批高素质的社会主义建设者和接班人。不难发现，新时代高校党建工作是确保社会主义办学方向的根本前提和保障，其目的是确保"立德树人"育人目标的实现。

（三）新时代高校党建工作与"立德树人"具有共同的育人目标

党领导下的高校必须全面贯彻党的教育方针，扎根中国大地办好社会主义大学，开展好社会主义核心价值体系教育，大力宣传和弘扬社会主义核心价值观，确保正确的育人方向，为国家富强和中华民族伟大复兴培养爱党爱国拥护社会主义的时代新人，完全承担起为党育人、为国育才的重大使命和重大职责。"立德树人"是党对我国新时代教育发展基本问题的回答，也是对"培养什么人"这一首要问题的高度概括与阐释。"立德树人"的根本任务明确阐释了"培养社会主义建设者和接班人，是中国特色社会主义教育的一贯目的"[1]。"立德树人"育人目标的达成必须以培养拥护中国共产党的领导，拥护社会主义制度，为实现中国梦而努力奋斗的具有正确的世界观、人生观和价值观的时代新人为衡量标准。因此，新时代高校党建工作与"立德树人"根本任务兼具思想引育功能，共同锻造为党和国家事业发展堪担民族复兴大任的时代新人。

---

[1] 冯建军：《立德树人的时代内涵与实施路径》，载《人民教育》2019年第18期，第40页。

三、构建新时代高校党建工作与"立德树人"深度融合机制

(一) 旗帜鲜明讲政治,夯实"立德树人"政治基础

高校党建必须把政治建设摆在首位。"旗帜鲜明讲政治是我们党作为马克思主义政党的根本要求",是区别于其他政党的一个显著标志。党的政治建设是事关我们党的初心和使命能否长久坚持、能否胜利实现的重大问题,是确保党不变质、不褪色的关键一招。高校党建必须用习近平新时代中国特色社会主义思想武装头脑、引领实践,教育引导广大师生树牢"四个意识",坚定"四个自信",做到"两个维护",全面加强高校党委的领导核心地位,确保党在高校始终发挥总揽全局、协调各方的作用,如此才能确保党的教育方针在高校能够全面贯彻落实,"立德树人"思想才能在党的领导下全面融入高校活动,从而筑牢党的教育根基。

(二) 构建大党建工作格局,深化"立德树人"思想基础

习近平总书记指出,当今世界正处于百年未有之大变局,① 这一论断勾勒出当今世界新的时代特征。一方面,世界风云激荡,科技飞速发展,经济全球化让国与国之间的交往更加密切,正逐步发展成为你中有我、我中有你的利益共同体。但逆全球化的现象和行为在一些国家和集团身上愈演愈烈,他们对一些国家的和平发展过度猜忌、过分解读,甚至不惜一切手段极力打压,地区局部摩擦和冲突不断,给世界和平蒙上了一层阴影。另一方面,我国社会主要矛盾在新时代已然发生转化,利益格局正在深刻变革,人们对于美好生活的需要越来越迫切,对办好人民满意的教育的要求越来越迫切,对

---

① 侯丽军:《习近平接见 2017 年度驻外使节工作会议与会使节并发表重要讲话》,载《光明日报》2017 年 12 月 29 日第 1 版。

党带领人民实现中华民族伟大复兴的期望也越来越迫切。面对云谲波诡的国际关系和我国发展新的历史方位，高校党组织必须提高总揽全局、协调各方及抵御来自国际国内各种风险的能力，必须全面从严治党，构建起统揽政治建设、组织建设、思想建设、作风建设、纪律建设、反腐败斗争"六位一体"的大党建工作格局，围绕"立德树人"根本任务不放松，回应新时代高校党建工作的重要关切。

（三）加强党支部建设，筑牢"立德树人"组织基础

党支部建设是高校党建的重要阵地，其建设成效直接关系到高校党建工作的成效。党支部是高校党组织开展党建工作的基础组织，是贯彻落实"立德树人"根本任务的战斗堡垒。《中国共产党支部工作条例（试行）》强调，党支部是"党的全部工作和战斗力的基础，担负直接教育党员、管理党员、监督党员和组织群众、宣传群众、凝聚群众、服务群众的职责"。①为此，高校党建必须围绕"立德树人"根本任务搞好顶层设计，将党的教育方针和"立德树人"根本任务融入高校"人才培养、科学研究、社会服务、文化传承与创新"的职能之中，重视基层党组织建设，将党支部工作主动纳入学校中心、服务大局，全面提升党支部的组织力和号召力，以此强化学校党建工作抓手，推进学校中心工作落实落细。通过狠抓党支部建设，全面提升广大党员师生的党性修养和政治觉悟，激励他们在教学科研、日常管理、学习生活中更加坚定地发挥党员的先锋模范作用，凝聚广大师生员工落实"立德树人"根本任务的广泛共识，从而筑牢高校"立德树人"的组织基础。

（四）建立协同育人机制，破解"立德树人"难题

在全国高校思想政治工作会议上，习近平总书记强调："我们的高校是

---

① 《中共中央印发〈中国共产党支部工作条例（试行）〉》，载《人民日报海外版》2018年11月26日第1版。

党领导下的高校，是中国特色社会主义高校""高校立身之本在于立德树人"。①由此可见，高校党建和"立德树人"的终极目标皆是为党和国家培养全面发展的社会主义建设者和接班人。这也充分表明高校党建和"立德树人"具有深度融合的内在机理。一是高校党委必须始终坚持"立德树人"的思想引领，始终发挥领导核心作用，坚决贯彻落实党委领导下的校长负责制，确保全校党政围绕中心工作、服务大局的良好局面。发扬我们党办学的优良传统，提高始终总揽全局的能力，确保高校的发展方向与国家的发展战略保持高度一致。二是高校必须打造并落实全员全程全方位的育人理念和质量提升体系。通过全面深化教育教学改革，围绕加强和改进高校党建，落实好"立德树人"引领课程、科研及实践不断走向深入，深化育人要素的挖掘，抓好育人资源的统筹②，积极构建"课程、科研、实践、文化、网络、心理、管理、服务、资助、组织'十大'育人体系，完善育人机制，优化评价激励，强化实施保障"③，全面推进"三全育人"，构建起党委领导下的各部门、各层级、各项工作的协同协作、同向同行、互联互通的格局，使"立德树人"切实融入高校人才培养各环节，从根本上增强育人功能，努力开创高等院校教育事业的育人新局面。

四、结语

新时代高校党建工作还面临着诸多难题，想要破解，首要的是围绕"立德树人"根本任务不松懈。坚持"立德树人"思想引领，把从严治党落实到高校党建中，着力建设形成与"立德树人"深度融合的机制，不断加强和改进高校党建工作水平，矢志完成"立德树人"的崇高使命。

本文原载《淮南职业技术学院学报》2021年第2期。

---

① 张烁：《习近平在全国高校思想政治工作会议上强调 把思想政治工作贯穿教育教学全过程 开创我国高等教育事业发展新局面 刘云山讲话 王岐山张高丽出席》，载《人民日报》2016年12月9日第1版。
② 《中共中央国务院印发〈关于加强和改进新形势下高校思想政治工作的意见〉》，见中国共产党新闻网（http://dangjian.people.com.cn/n1/2017/0228/c117092-29111665.html）。
③ 中华人民共和国教育部：《高校思想政治工作质量提升工程实施纲要》，见中华人民共和国教育部网站（http://www.moe.gov.cn/srcsite/A12/s7060/201712/t20171206_320698.html）。

党建引领下的高校学生党支部"服务育人"路径研究

周建元*

摘要：基层党支部是发挥党组织一线"战斗堡垒"作用的基本单元，当前高校学生党建工作与院系学生管理工作存在着很多契合点，也都面临着一些工作上的难点。从立德树人的根本任务出发，发挥党建育人的提挈作用，探索变被动为主动的服务育人党建模式，是高校学生党建工作的重要创新方向。可围绕"以党建促发展，以发展强党建"的整体思路，将党建服务工作团队化、具体化、生活化、实践化，让学生党员参与各项基层学生党务事务管理，培育大学生党员在日常学习生活中的服务意识，促使其发挥先锋带头作用，更深刻地理解党员身份的属性要求，从而促进大学生党员自觉加强党性锻炼，努力践行"全心全意为人民服务"的根本宗旨。

关键词：高校；党建；党支部；服务育人；管理

当前高校学生党建工作面临一定的困境，主要是党建形式单一，党员认知淡薄、缺乏党性锻炼和基层服务环节考验等，同时院系基层工作又面临着事务冗杂，从事一线学生工作的老师身兼多职，无法建立常态化系内工作服务团队等难题，在协助完成院系具体学生工作上存在某种程度的"群众学生累，党员无实践"的颠倒现象，如何让学生党员发挥专业及兴趣特长，参与各项基层学生党务事务管理，培育大学生党员的服务意识，强化学生党员自我教育、自觉提升党性修养，是高校学生党建工作创新亟待解决的问题。

---

* 作者简介：周建元，男，广东海洋大学马克思主义学院讲师，主要研究方向为马克思主义中国化。
通信方式：广东省湛江市麻章区海大路1号 广东海洋大学马克思主义学院。邮政编码：524088。

一、高校学生党支部建设的主要研究趋势

基层党支部是发挥党组织一线"战斗堡垒"作用的基本单元,关于高校学生党支部重要性的研究,目前学术界主要关注以下主要方向。

党支部战斗力培养研究:如林立涛等人从阵地建设方面和学生思想政治工作入手,阐明党支部作为抓手,是开展工作的组织基础,重点强调"三会两制一课"制度,建议高校健全和规范该制度,增强学生党员的政治思想理论水平,贯彻立德树人任务,全方位提高党支部的战斗力和意识形态。①

加强党支部向心力研究:如艾英华、李艳文等人认为高校党建工作在关键阶段要大力发挥全局意识,贯彻以领导层为核心的决策作用,高等院校学生党支部组织在从严治党重大战略,坚决服从党的执政方针,自始至终拥护党的领导权和话语权,从基础层面解决学生工作中现存的问题等方面均占据着重要的位置,发挥着重要的作用。②

基层组织体系建设研究:如滕建勇等在相关研究中表示,探索建立针对不同层面党组织的考核评价办法和指标体系,进一步健全基层党建工作责任体系,加强基层党务工作者队伍建设,强化基层党建工作保障,切实推动高校基层党建工作责任制的落实。③

探索创新型党支部建设或创新型党员管理模式,这也是当前新的研究趋势。如安桐倡导的通过设立高校学生党员评价指标体系对学生党员的党性修养和综合素质进行量化评价,将评价结果转化为每位学生党员的党员积分并在一定范围内进行公示的党员管理模式;④ 梁作甲主张的积极拓展发挥学生党员先锋模范作用的新载体;⑤ 陆琼燕、柯心主张创建新媒体环境下的信息

---

① 林立涛:《健全和规范高校学生党支部"三会一课"制度探究》,载《学校党建与思想教育》2018年第12期,第41–43页。
② 艾英华、李艳文、王继明:《高校学生党支部组织生活常态化研究》,载《学校党建与思想教育》2018第11期,第47–49页。
③ 滕建勇、曹鹏、杨成龙:《高校落实基层党建工作责任制现状分析及对策——基于上海高校的调研》,载《思想理论教育》2016年第12期,第74–79页。
④ 安桐:《基于党员积分制的高校学生党员管理模式探析》,载《决策探索(中)》2021年第7期,第47页。
⑤ 梁作甲:《如何充分发挥高校学生党员的先锋模范作用》,载《求实》2006年第12期,第221页。

化高校学生党支部;① 王鹤、赵天赐希望能将党支部与服务组织进行结合,创建服务型学生党支部。②

综上而言,大部分研究方向偏于传统党建思路,将组织体系作为高校党的建设的重中之重,同时一些学者也开始了对创新型高校学生党支部的探索与构建,虽途径不同,细节各异,但都在努力寻求适应时代发展需要的新型模式,以期更好地发挥党建育人在高校人才培养中的提挈作用。

二、高校开展具有"服务育人"特色的党建工作的重要意义

高校是我国高等教育体系的重要组成部分,是区域内知识积累、生产与传播的主要场所,是科技创新、技术转移和成果转化的重要平台,是社会主义精神文明和文化建设的重要阵地。高校党建是党的建设新的伟大工程的重要组成部分,关系到高校为党育人、为国育才的教育使命。当前高校学生党建工作在某些领域存在着形式单一、学习效果不佳等问题,而践行党性必须通过考验和历练,这是从革命年代得出的宝贵经验之一,让党员冲在前面,让党员参与具体的基层教育管理事务,充分展现学生党员的先锋带头作用,充分检验学生党员"为人民服务"的根本宗旨,这对于党建引领下的高校青年党员发展和深造有着重大意义,同时也有利于改变"谁学习好就发展谁"的错误认知,对青年学生党员自身的成长也大有裨益。

(一) 理论意义

1. 有利于高校落实以生为本,促进学生成长成才

历史与现实反复证明,我党最大的政治优势是密切联系群众,"以人民为中心"落实到高校就是要以学生为中心。一切为了人民、一切依靠人民,是我们党在百年奋斗征程中,带领人民攻坚克难、不断前进的一大法宝,也是中国特色社会主义国家制度的重要优势。同理,高校办学的出发点与落脚点就是大学生,学生教不好,一切都没有意义。在高校学生党支部的创新建

---

① 陆琼燕、柯心:《新媒体环境下创新高校学生党支部建设路径研究》,载《文化创新比较研究》2021年第8期,第120页。
② 王鹤、赵天赐:《高校服务型学生党支部建设路径初探》,载《时代汽车》2021年第8期,第75-76页。

设上，我们要充分肯定学生能力，相信作为青年学生先进分子的大学生党员有能力进行自我管理、自我服务甚至自我主动教育，一切为了学生，一切依靠学生，只有这样才能激发基层党组织的爆发力，才能通过具体实践锻炼党员，以我党的根本宗旨寻找党建工作创新灵感，改变当前高校学生党支部可能存在的组织生活形式单一及被动式说教的不利局面。

2. 有利于坚持教育改革的正确方向，落实立德树人的根本任务

习近平总书记一贯高度重视培养社会主义建设者和接班人，明确要求"要坚持社会主义办学方向，把立德树人作为教育的根本任务"。① 在2016年12月7日至8日全国高校思想政治工作会议上，习近平总书记指出，我国高等教育发展方向要同我国发展的现实目标和未来方向紧密联系在一起，为人民服务，为中国共产党治国理政服务，为巩固和发展中国特色社会主义制度服务，为改革开放和社会主义现代化建设服务，这是新时期我国教育发展的指导方针，阐明了我国高等教育的地位和作用。

在全国教育大会上，习近平总书记站在新时代坚持和发展中国特色社会主义的战略高度，深刻回顾了党的十八大以来我国教育事业发展取得的显著成就，系统总结了推进我国教育改革发展的"九个坚持"，即"坚持党对教育事业的全面领导，坚持把立德树人作为根本任务，坚持优先发展教育事业，坚持社会主义办学方向，坚持扎根中国大地办教育，坚持以人民为中心发展教育，坚持深化教育改革创新，坚持把服务中华民族伟大复兴作为教育的重要使命，坚持把教师队伍建设作为基础工作，深刻回答了培养什么人、怎样培养人、为谁培养人这一根本问题"。

"科学合理的树人机制是高校学生管理工作的重要环节，是全面做好学生工作的基本方针。"②立德树人是高校育人的根本任务，而建设学生党支部则是此任务有效落实的强力保障。学生党支部作为连接学校与学生之间的桥梁，对于充分发挥高校思想政治教育的作用不可或缺，有利于学生始终接受正确价值观的政治导向、价值导向和行为导向，使学生对认识世界和改造世界有正确的认知，以及对党史、党性、党章等内容有深入了解。因此，高校教育改革和基层党建的方向是一致的，我们应深入挖掘二者的联系，建立协同教育机制，探索建设"服务型、学习型、创新型"党组织，这既是高校

---

① 习近平：《在教育文化卫生体育领域专家代表座谈会上的讲话》，载《天津市工会管理干部学院学报》2020年第4期，第1页。

② 盛蓓：《高职院校学生党支部、班级、团支部，三位一体，合力构建树人机制模式研究》，载《智库时代》2019年第47期，第297页。

贯彻落实党的教育方针不可缺少的一部分,也是推动高校学生党支部自身建设和不断发展的重要动力。

3. 有利于丰富课程思政的内涵,以党建统领高校青年工作

课程思政指以构建全员、全程、全课程育人格局的形式将各类课程与思想政治理论课同向同行,形成协同效应,把"立德树人"作为教育的根本任务的一种综合教育理念,是高校以习近平新时代中国特色社会主义思想为指导,以习近平总书记关于教育工作的重要论述为根本依据,落实立德树人根本任务的重要举措。在充分领会习近平总书记在 2019 年召开的全国高校思想政治工作会议中的讲话精神和关于教育工作的系列重要论述精神的基础上,我们应努力探究课程思政建设工作的创新思路和结合模式,进一步扩大课程思政的理论内涵,将课程思政与高校党建有机融合,将党课理论教育、组织生活学习和党性实践历练融进"大思政"协同育人的范畴,探索一系列包括自主学习平台、积分制、志愿实践课程、党支部服务功能细分等新思路。

(二)现实意义

1. 探索党支部功能化建设,实现党务事务互促共进

"高校学生党支部是基层党组织的重要组成部分,是党领导下的阵地建设的重要抓手,为大学生思想政治工作提供了坚实的组织基础。"[①] 党支部作为党的基层组织单位,在革命斗争年代与和平建设时期一直发挥着一线战斗堡垒的作用,这一点从疫情期间党组织的强大动员能力和快速突击战斗能力上都能得以验证。在社会中,基层党支部在各行各业发挥着其特色功能化作用,但相比之下,一些高校学生党支部在功能化建设上则明显不足。一方面学生还处于学习阶段,职业分工尚未建立;另一方面,校内事务已由相关党政部门负责归口管理,学生也很少分配到管理任务。这使学生的服务管理能力被低估,在身份认知上学生党员与群众难有差别,易使部分学生党员缺乏党性实践修养。同时,发展大学生党员的任务基本被安排在学工系统或组织系统线上,一线的辅导员、组织员老师除了需要完成大量的学生事务或行政事务,还要配合完成学生党员发展的整套流程,在所负责院系的具体学工事务上又严重依赖学生会和班委助理等少数同学,造成非常明显的"两头

---

① 林立涛:《健全和规范高校学生党支部"三会一课"制度探究》,载《学校党建与思想教育》2018 年第 12 期,第 41 页。

累"现象。在此基础上，我们需要探索对党支部的党员、预备党员、发展对象、积极分子等向党靠拢人员进行事务服务功能化历练的途径，将院系党务与学工事务进行统一和互相促进的新模式。

2. 凝聚先锋性集体荣誉感，培养党员基层服务热情

无论是心理学中的"罗森塔尔效应"还是马斯洛的自我实现理论都表明，人的精神需要是不分年龄的，每个人都有自我激励与自我肯定的强烈需要，这种需要往往比物质需要更为坚定。中国共产党是"三个代表"的先进政党，加入中国共产党对于青年学生来说无疑是一种莫大的光荣，这种荣耀感的个体内在逻辑是：一个最先进的政党组织认可了一个个体存在，组织集合与个人之间产生了互动关系。而这种荣耀感的长期延续在于个体按照组织的号召与行为准则，在为集体从事具体事务的过程中，获得自我肯定积淀，这样在哲学上才能形成二者的统一，反之，如果无事可做就会有疏离感。因此，让党员及有意加入党组织的先进分子按照党的宗旨忙起来是基本的党性锻炼，具体而言就是"为人民服务"，着眼于高校现实就是为学校服务、为院系基层工作服务、为同学服务。只有这样，青年学生党员才会有身份认同感与先锋荣誉感，才能在良性逻辑的循环下对基层服务更加热情。

3. 重视支部的基层堡垒作用，内化提升先进性和纯洁性

中央组织部党内统计数据显示，截至2021年6月5日，中国共产党党员总数为9514.8万名；35岁及以下党员有2367.9万名，占党员总数的24.9%。在发展党员上，品德要先于成绩，服务重于能力。在培养党员上，要努力给党员创造各种实践条件，鼓励党员去做一切有益于人民的事，奉献自己，服务群众。虽然现在生活条件改善了，大学生党员似乎没有什么艰苦实践的机会，但并不意味着"为人民服务"的宗旨是"无的放矢"，只要发挥主观能动性，依然可以通过具体的实践活动锤炼党性，这同时也便于在此过程中内化出党员的先进性和纯洁性，淘汰只想通过入党"镀金"而不想勤力服务的功利主义者。

三、高校当前基层育人管理工作难点分析

当前高校基层的育人管理工作主要集中在院系辅导员、班主任身上，他们负责的系统主要是学生管理和党员发展。而随着科技办公手段的进步，辅导员等基层从事学生管理工作的老师的工作量非但没有减少，反而因文案生成加快、信息通知便捷而导致"多头"上级同时加压，加上还要同时处理行政性任务甚至学院的管理任务，使很多辅导员叫苦不迭，有的甚至想逃离

这个本来热爱的高尚的育人岗位，造成辅导员（通过岗位调动或读取博士学位等方式）大量流失，然后学校会再次招聘新人，使得有些高校基层育人工作团队总处在一种"生熟参半"的状态。

（一）当前高校学生管理工作的难点

1. 基层学生工作事务繁杂，缺少支援

学生工作千头万绪，当前多数高校辅导员的精力已被严重透支，一名辅导员负责几百名学生的事务管理已是常态，其中除入学教育、新生军训、奖助贷"三金"、日常事务、学生突发事件处理、毕业生档案的整理与邮寄、就业（如统计就业率）等常规工作外，往往还要兼任学生党支部书记，负责学生党员发展的一些具体流程和材料统计工作，因此难免出现工作疏漏。加之当前行政化任务逐年增加，辅导员疲于应对"表山文海"，每每遇到新任务只能靠有限的几名关系好的班团委干部帮忙整理材料，而系内大部分同学很少体会到辅导员老师的辛苦，甚至抱怨辅导员缺乏存在感。这既影响辅导员的工作热情，又让他们难以有空闲时间做学生的思想政治工作，违背了"思想政治辅导员"岗位设置的初衷。

2. 对某些困难学生帮扶无力

高校目前仍有一定数量的因各种原因导致家庭经济困难的同学，学校设立的奖助学金和贷款制度虽然能在很大程度上缓解这种局面，但部分经济困难的学生往往因家庭原因无法开具相关证明，从而无法申请到助学金，所以目前高校仍无法全方位覆盖和根本解决一些学生的生活需要。尤其是在个别专业，经济困难学生的比例相对较高，往往是学生找老师反映，老师只能拿出自己有限的工资收入的一部分进行帮扶，但长此以往并不能从实质上改变这种尴尬的局面。

3. 部分学生生活纪律涣散，缺乏管理

由于大学的开放式教学环境，一部分大学生无法做到严格地自我约束，缺乏自我学习能力，导致出现精神空虚、玩游戏成瘾、逃课缺考等不良学风。尤其是在日常生活中，晚归或夜不归宿，宿舍内聚众饮酒、打麻将等现象也时有发生，严重影响他人作息，仅仅依靠宿管或辅导员老师的管理，作用非常有限，因此亟待一股先进的学生纪律力量来监督维护。

（二）当前高校学生党建工作的难点

1. 部分学生党员服务工作"无的放矢"

当前，部分高校的学生党建形式都以会议为主，形式较单调，缺乏具体实践，加之一些学生的党的理论知识基础比较薄弱，因此，会议效果往往不佳，无法让学生从内心历练党性，增强其先锋模范认知。学生党员和群众同学几乎没有具体学习生活上的差异，学生党员对"为人民服务"的根本宗旨体会不够深刻，甚至有个别学生把入党仅当作一种形式，究其根本原因还是学生党员服务工作"无的放矢"，空有一腔热情，没有安排考验。如何培育在校大学生党员在日常学习生活中的服务意识，同时又避免党建形式的空洞单调，使青年学生在基层真抓实干地为群众服务，是我们要深入思考的一个问题。

2. 党员发展流程难以细致跟踪

发展党员是一项十分严肃的程序性工作，任何流程内的时间节点都不能有差错或疑问，否则可能导致党员发展无效，对学生党员造成决定性影响，且党员发展材料全部会汇总进党员档案，对学生毕业后的工作生活也有很大影响，一个日期或一个数字的涂改都可能导致档案材料作废，而原则上党员材料是无法原样重补的。对于一个几百人的大系而言，仅正式党员可能就有几十人，加上预备党员、发展对象、积极分子等，可能有上百人，这些人的所有材料全部需要学生党支部书记（辅导员）严格审阅、填写，工作十分繁重，需要有专门的学生队伍协助完成，并于适当时间对组织生活进行提醒或策划，否则党员发展流程难以做到细致跟踪，容易产生不可挽回的错漏。

3. 部分学生入党动机不纯

当前部分大学生入党动机不纯，从深层原因而言，这和近些年西方多元化思想的输入有关，网络世界的无边界化特点使得青年人极易受多元思想的影响，导致精神世界混乱、理想信念淡薄、享乐主义横行、功利主义大行其道等。一些学生做事的动机首先不是看事情本身的价值，而是看这件事对他们有什么好处，例如只有得到任课老师加分、优先评奖等才乐于完成老师布置的一些工作，这是典型的功利主义的表现。在申请入党的同学中也存在这种心态，一些学生将入党视为提高自身政治资本、为以后找工作"镀金"的途径，将入党程序看成一种可有可无的形式，表面上严肃，内心却非常功利，这种学生如果混入党组织无疑会严重影响党员的纯洁性，如果不及时进行党性的锤炼引导，那么他们在步入工作岗位后极易滋生腐败的恶果。

四、高校学生党支部"服务育人"特色党建的实践方向

高校学生党支部是高校基层党组织的主要组成部分，是党在高校的思想阵地建设的重要抓手，为大学生思想政治工作提供了坚实的组织基础，加强高校学生党支部建设对大学生青年党员的身份认知与党性锤炼有着重要的意义。同时，科学合理的育人机制是高校学生管理工作的重要环节，是全面做好学生工作的基本方针。实现学生党建和学生管理间的有效融合是我们需要创新的实践方向。

（一）提升学生党员标兵服务意识，打造创新型学生基层党支部

首先，院系可以打造党支部下的先进集体，提升学生党员的荣誉感，让其直接参与系内学生管理服务事务，使其着实体会到先锋思想与党员责任。其次，根据党支部先锋集体内党员的性格特点、能力所长、兴趣爱好等，对先锋集体进行功能细分，党支部书记可以依工作具体需要进行设置，在锻炼党员的同时管理系内学生事务。最后，要实现"帮管服"相结合的党建育人方式，若条件允许可考虑成立由党支部先锋集体运作的"帮扶基金"，用于在一定范围内帮助因家庭条件差或疾病等原因导致生活困难的学生，从物质和心理上给予抚慰。帮困育人的原则就是以"输血"为基础，以"造血"为方向，同时结合管理育人、服务育人，使被帮扶者感受到温暖，使提供帮扶的党员认识到党的根本宗旨。

（二）帮助学生从服务群众中体悟党性，从解决实际问题中认知身份

在现有的党建体系中，党建工作保持各自独立，学生党支部作为培养党员的基地，与其他职能部门、培养单位缺乏联系，学生党员作为高校党建工作的主体，在党建体系中的主体地位却未能体现，学生党支部的党建工作不仅存在"重管轻服"的现象，与教育教学也缺少必要的联合性与协同性，致使学生党支部党建工作出现组织、发展、实践、教学各自为政的现象。因

此，通过党支部下的功能再分，使党员与院系部门、学生会组织、志愿者组织等产生职能交叉与合作，发挥党员先锋模范作用，投身一线学生管理与教学管理实践，广泛将党员力量从支部散射出去，建立起师生之间的沟通桥梁，建立起党群之间的帮带互助关系，这种理论加实践的组织生活方式，比单纯地通过会议宣讲或理论学习所达到的党员教育效果要更生动实在。

（三）想方设法发挥学生党员自我管理、自我教育、自我服务的功能

学生党员是推动高校学生实现自我管理、自我教育、自我服务的重要队伍。党员的先进性不仅表现在自身的优秀与先进上，而且表现在学生党员带动身边同学共同进步，真正展现党支部的感染力与战斗力上。当组织为党员搭建起一个服务展示平台时，无形中使党员变成了党的形象的宣传员，这能进一步改善党群关系，吸引党外同学积极向党组织靠拢。同时能更好地激发党员自我管理、自我教育、自我服务的热情，使学生党员更积极参与服务、群众身份的同学更易于接受管理、院系工作更轻松，通过党员的三方对接，学生、老师、院系便于统一成一个进步整体，形成良性互动循环。

五、高校学生党支部具有"服务育人"特色的党建实践样板分析[①]

该党建样板主要围绕"以党建促发展，以发展强党建"的整体思路，将服务工作团队化、具体化、生活化、实践化，让党员参与各项基层学生党务事务管理，发挥先锋带头作用，发挥专业及兴趣特长，这一方面有利于学生更深刻地理解党员身份属性，加强党性锤炼；另一方面，有利于改善所在院系学生管理工作和党员发展工作的困境。具体做法主要有以下环节。

---

① 样板基于作者一线学生工作及党务工作实践总结案例《实现党支部多领域功能细分，挖掘党员基层事务服务效能》，该案例曾获广东海洋大学"基层党支部创新案例"二等奖。

（一）成立"D系党员先锋队"，设立系内帮扶助困"一元基金"

D系学生党支部首先依据学生党员综合特长对服务功能进行了细分，并在此基础上开展了一系列党员教育实践活动，努力让每位支部党员"有的放矢""如鱼得水"。"强化党员意识，发挥先锋队作用是我们党的优良传统。自建党以来，中国共产党人始终站在时代前列，发挥着先锋模范作用，使党能够号召并带领人民创造社会主义革命和建设的丰功伟绩，成为社会主义现代化建设事业的领导核心。"[①] 2013年，为了努力凸显青年大学生党员的先锋模范带头作用，D系学生党支部成立了"D系党员先锋队"，主要由D系优秀学生党员组成，下辖书记组（包括作为支部书记的辅导员）、秘书组、帮扶组、策划组、培训组、映画组、督查组，分别负责领导协调、助困基金运作、助困活动策划、学科培训、党建活动宣传、学风督查等职能。

为切实改善系内困难同学的生活状况，D系设立"一元基金"，全程由"党员先锋队"秘书组负责运作。"一元基金"的资金来源主要是系内同学每月自愿捐款一元，D系学生党支部书记（辅导员老师）每月定额捐款50元，同时基金也接受老师、同学与社会慈善人士不定期不定额的捐款。基金主要用于补贴系内贫困或患病同学的生活费用及一些校内公益捐助活动。基金管理公开透明，并每月于D系微博（映画组负责微博更新与维护）进行收支详情公示。"一元基金"曾先后帮扶困难同学近百人次，不仅平均每月对部分系内未能获得助学金的困难同学给予200~500元的生活费用补贴，还在D系患小脑萎缩校友患病期间募捐6000多元，并由党支部书记带领党员亲赴广州探望；为该校患病的优秀外教老师捐款1000元，并有部分学院老师主动大额捐款。另外，"党员先锋队"秘书组与帮扶组展开合作，开展了针对系内贫困生回家路费的"助你一路顺风"活动和针对毕业生求职费用的"助业基金"发放活动。

[①] 青杉：《强化党员意识　发挥先锋队作用》，载《实践》2005年第10期，第37页。

(二) 党支部通过多样化实践活动,实现党员与校内多种组织的有效连接

在"党员先锋队"的带动组织下,党支部开展了多种形式的组织生活及素质拓展活动,活动有时还吸引了很多系内入党积极分子与发展对象参加,增加了支部向心力,极大地丰富了支部党建形式。如在"党旗指引我前进——20公里越野模拟长征"活动中,党员锤炼了品质,发挥了党员的主观能动性,即使是部分身体柔弱的女生都坚持走完了全程,在缅怀革命先烈艰苦卓绝的斗争岁月的同时,也从一定程度上显示出共产党员的坚韧品质;又如暑假期间由系学生党支部书记与党员先锋队一道赴广州的科技企业交流学习,了解了智能家居的相关设备及技术进展,丰富了党员生活,开阔了党员的学科应用视野,为党员寻求就业方向提供积极指引,更进一步提升了学生对党员先进性的认识。

因党员在学生会和班团委中交叉任职,学生组织之间实现了更紧密的合作。如先锋队中本就有许多其他学生组织的干部或成员,包括院、系学生会,校团委,爱心社,各兴趣协会,同乡会等,可以说通过党员先锋队反哺了多系统的学生管理事务,使系内各项工作开展得更加顺利。如督察组会配合系学生会不定期地对宿舍进行晚寝查访,对一些扰乱晚寝秩序和不按时晚寝的同学进行劝说,对个别不服从管理的同学会上报学院处理;又如映画组配合学院学生会和团委,对党和国家的方针政策以及院系工作进行常态化大力宣传,制作了一系列精美海报和宣传板,为系内重要会议拍摄照片、撰写报道,改变了以往临时找人报道的局面。

(三) 创造条件帮助学生党员积累一线服务工作经验,提升其先锋荣誉感和服务积极性

学生党员干部在一线服务过程中逐渐积累丰富经验,并未雨绸缪,发挥主观能动性,为系内同学做了很多实事、好事。如培训组党员在系内成立了学习小组,义务为补考同学及考前仍对一些课程知识点有疑问的同学提供了集中解答,降低了所在院系的挂科率;又如策划组在系内开设了"D系书柜",将日常重要的学习资料全部集中上传到特定的网络平台,供同学们免费下载使用,节省了同学们购买相关资料的费用;再如学生党员深入基层与

群众同学结成对子，充分发挥党员带动作用，密切党群关系；学生党员与系内后进生结成"一帮一"对子，双方在学习上互相督促，生活上互相帮助，学生党员既完成了工作任务，双方也增进了友情。

六、学生党支部具有"服务育人"特色的党建实践成效与经验总结

"党员先锋队"的成立，尤其是"一元基金"的设立，所做的各项工作得到X学院师生及D系毕业校友的广泛好评，彰显了"党建育人"的鲜活生命力，以"服务育人、管理育人、帮困育人"的基层具体实践取得了学工系统与党务系统互促共进的良好效果。

通过两年多的努力，学生党支部在一定程度上改善了D系困难同学的生活状况，使得以往"有生活困难找老师逐个解决"的尴尬局面得到彻底改变，系内同学间涌现出关爱的暖流，形成了互帮互助、友爱团结的良好氛围，给学生工作注入了党组织的强大能量。鉴于此，X学院后期将"一元基金"的做法在全院各系推广，产生了一定的助困服务品牌化育人效应。在党员发展实务上，改变了以前党支部书记找个别系内党龄较长的党员加班整理核查党员材料的局面，使学生的党务工作更加规范有序。

更重要的是，学生党员通过自我服务感受到了入党的严谨流程与高要求，对党组织的认识进一步提高了。学生党员在服务基层的同时，内化了自己的党员身份认知和先锋荣誉感，使学习生活更加充实，更有价值感。创新型的组织生活及素质拓展活动，使党员在实践基础上锻炼了品质，增强了克服困难的本领，保持了党性纯洁，践行了"为人民服务"的根本宗旨，使党支部的凝聚力得到进一步提升。

基于党建载体的研究生协同育人实践研究

李育林*

摘要：研究生党建是高校落实立德树人根本任务的重要场域，对推动新时代研究生教育高质量发展具有重要作用。以创新党建工作推动研究生协同育人的理论与实践，是助力回答新时代高校"培养什么人、怎样培养人、为谁培养人"的"时代之问"的现实需要。基于研究生党建工作的实践探索，探寻以党建为载体推动研究生协同育人的创新实践，为高校培养能担当大任的时代新人提供思路镜鉴。

关键词：研究生党建；协同育人；创新实践

研究生教育是我国高等教育的最高层次，肩负着培养高层次人才和创新创造的重要使命。2020年7月，习近平总书记在全国研究生教育会议上对研究生教育在培养创新人才、提高创新能力、服务经济社会发展等方面的重要作用予以了充分肯定。① 坚持党对高校的全面领导，推动高校党建育人创新实践，是推动新时代研究生教育高质量发展的必然要求，对夯实全面建设社会主义现代化国家的人才支撑具有重大意义。

一、以党建为载体推动研究生协同育人的价值意蕴

党建是高校至关重要的育人场域，研究生党建工作所呈现的发展态势，不仅是检视高校贯彻落实党要管党、全面从严治党实效的重要窗口，也关乎

---

* 作者简介：李育林，男，广东海洋大学食品科技学院辅导员，讲师，华南师范大学博士生，主要研究方向为思想政治教育。

通信地址：广东省湛江市麻章区海大路1号 广东海洋大学食品科技学院。邮政编码：524088。

① 胡浩：《习近平对研究生教育工作作出重要指示强调 适应党和国家事业发展需要 培养造就大批德才兼备的高层次人才 李克强作出批示》，载《人民日报》2020年7月30日第1版。

高校党建育人的实际效果,是透视高校落实立德树人根本任务情况和培育时代新人办学成效的重要观察维度。

(一) 以党建为载体推动研究生协同育人,契合中国特色社会主义大学办学之道

办好中国特色社会主义高校,要坚持党对高校的领导,全面贯彻党的教育方针,把高校打造成为培养可堪当民族复兴重任的时代新人的坚强阵地。为此,"要加强高校党的基层组织建设,创新体制机制,改进工作方式,提高党的基层组织做思想政治工作能力"①,推动党组织在高校立德树人中的作用向纵深发展。研究生党建是高校党建工作的重要组成部分,在发挥党组织的战斗堡垒和先锋模范作用上不可替代。在教育部第五轮高校评估的指标体系中,研究生党建工作、思想政治教育工作的创新举措及实际成效被摆在整个学科评估材料体系的首要位置。以党建为载体推动研究生协同育人,不仅有助于贯彻落实党对高校的全面领导,把党和国家的各项政策方针落到实处,而且有助于充分发挥党组织的党建育人功能,推动办好中国特色社会主义高校,为全面建设社会主义现代化国家培养大批德才兼备的高层次人才。

(二) 以党建为载体推动研究生协同育人是打造研究生"三全育人"② 格局的必要途径

研究生教育是一项系统化的育人工程,需要坚持以"三全育人"理念为指导,推动多元教育主体形成研究生培养的协同效应。研究生导师在研究生培养中承担着主要作用,是保障研究生培养质量的关键,但不是唯一的影响因素,也就是说,必须形成研究生培养全员育人、全程育人、全方位育人的协同效应。以党建为载体推动研究生协同育人,通过搭建推动研究生党建、思想政治教育、学业科研整体性发展的育人平台,可以将包括研究生党员干部在内的研究生、研究生辅导员、研究生导师、相关教育管理者等教育主客体有机联结起来,为推动打造新时代研究生教育"三全育人"格局提

---

① 张烁、鞠鹏:《习近平在全国高校思想政治工作会议上强调 把思想工作贯穿教育教学全过程 开创我国高等教育事业发展新局面 刘云山讲话 王岐山张高丽出席》,载《人民日报》2016年12月9日第1版。

② 三全育人:是指全员育人、全程育人、全方位育人。

供可行路径。

（三）以党建为载体推动研究生协同育人有助于解决研究生培养过程中的现实问题

形成研究生培养的协同效应是推动新时代研究生教育高质量发展的必要手段，然而，一些高校在研究生培养中仍然面临着育人主体之间的协同性不强、育人过程之间的衔接性不足、育人方位间的联系较弱等现实困境。[1] 一些高校把研究生思想政治教育视作本科生思想政治教育的简单延续，忽视了研究生群体在思想特征、心理特征、学习研究和日常生活等各个方面所具有的独特性。另一方面，一些高校在研究生培养中未能将研究生的党建工作、思想政治教育与学业科研很好地有机结合起来，呈现出"'科研至上'思想突出、研究生思想政治教育暂时滞后以及认同难题等困境"[2]，在一定程度上割裂了科研育人与党建育人、思政育人的统一体关系。同时，一些学校的研究生导师在研究生党建工作中的缺位问题较为明显，导师对研究生党建工作的深度参与比较欠缺。以党建为载体推动研究生思想政治教育、学业科研协同发展，可以为研究生协同育人提供良好的平台和路径，为解决当前研究生培养中出现的协同性不足的问题提供思路借鉴。

二、以党建为载体推动研究生协同育人的实践举措

推动新时代研究生协同育人及研究生教育高质量发展，必须以基层党组织建设工作为载体，充分发挥研究生党员在研究生培养中的先锋模范作用。[3]以下基于近年来广东海洋大学食品科技学院研究生党建工作的实践经验，以"解剖麻雀"的方式从微观层面归纳和阐述研究生党建引领思想政治教育、学业科研协同发展的一些实践举措。

---

[1] 侯月明：《"三全育人"视域下研究生思想政治教育：价值意蕴、现实困境与突破路向》，载《现代教育科学》2022年第4期，第80-81页。

[2] 李清聚：《"时代新人"视域下的研究生思想政治教育提升研究》，载《内蒙古农业大学学报（社会科学版）》2022年第4期，第48页。

[3] 周玉荣、姚树磊、王鹏、胡豆豆：《基层党建如何引领研究生思想政治教育工作》，载《党政论坛》2020年第7期，第38-39页。

（一）健全党班团协同工作机制，以党支部引领团支部、班委会工作

党支部认真学习贯彻落实党中央的工作部署和重要精神，根据学校《关于认真落实"第一议题"制度和进一步规范基层党支部"三会一课"的通知》等系列文件，将相关意见要求和文件精神落到实处。积极组织申报高校学生党建工作方面的相关课题，通过"制度+项目"的方式驱动研究生党建工作的组织化、制度化、品牌化建设。从机制建设的角度，对党支部、班委、团支部的协同工作机制进行审视和分析，从决策机制、动力机制、运行机制、保障机制等方面，建立健全以党支部为引领的党班团协同工作机制。注重发挥以党支部为思想引领，团支部、班委会为主导力量，课题组研究团队、全体研究生积极参与的班级日常学业科研、日常教育管理、文娱活动的学生工作机制和模式，在班级重要问题上探索构建以党支委、班委会、团委会等主要学生干部为主体的决策机构，定期或不定期召开党班团联席会议。引导和鼓励主要学生干部在工作中加强沟通交流、相互支持，协同推进班级党建工作、学业科研、日常教育管理、文娱活动等各项事务。

（二）搭建特色党建育人平台，开展研究生党班团系列特色活动

由党支部牵头组织、班团委协办，举办党建"倡学术诚信，促学生攀峰"系列政治理论学习和学术交流活动。邀请了包括研究生导师、青年教师、相关研究生教育管理者、优秀博硕士研究生等在内的多元教育主体作主题分享和座谈交流。党支部坚持以党建工作和政治理论学习为主线，严格落实"第一议题"理论学习制度，并积极把握重大事件、重大节日活动等契机，进行党的创新理论、时事政治、思想政治教育、心理健康教育及研究生科研学术诚信教育，研究生导师学术经历、青年教师求学经验、优秀博硕士研究生读研心得分享等主题教育活动。比如，以党的创新理论为指导，充分尊重学生成长成才的客观规律和教育规律，在研究生新生中组织"研究生怎么读""新时代研究生党员的担当与使命"等主题活动。从二年级开始陆续组织高水平论文写作技巧分享、"找差距、补短板、抓落实"、心理健康教育等主题活动，在毕业年级组织开展马克思主义择业观教育等主题活动。

通过党支部牵头组织、班团委协同举办政治理论学习和相关学术交流活动，将党建工作与研究生普遍关心的学业科研问题、贴近学生日常教育管理的学习生活问题有机结合起来，努力营造遵守学术诚信、勇攀学术高峰、向优秀看齐的良好学风，助力高校立德树人根本任务顺利完成、培育时代新人育人目标的顺利实现。

（三）发挥示范引领，做好党员争先创优、思想引领等系列活动

积极为研究生党员发挥先锋模范作用搭建平台，以优秀党员为主体，把握每年研究生国家奖学金评选、优秀研究生和优秀研究生干部评选的契机，由党支部牵头组织、班团委协同举办"优秀的榜样"主题经验分享会。积极推荐优秀研究生党员担任学校的"思政小助理"，助力党员成为深入学生群体、服务学生和联系师生、参与大学治理的重要纽带。通过设置研究生党员示范岗，引导和鼓励党员在日常学习工作生活中发挥党员的先锋模范作用。注重发挥研究生党员在学生群体中的思政引领作用，陆续选拔推荐了30多位研究生党员、入党积极分子担任"讲好南路革命故事"宣讲员。在党委研究生工作部的统一指导下，学习和弘扬黄学增同志等南路革命先辈英勇无畏的革命精神，开展"大手牵小手"活动，向大中小学学生宣讲南路革命故事，传承红色基因。

三、以党建为载体推动研究生协同育人的主要成效

（一）党支部战斗堡垒作用和党员先锋模范作用明显增强

总体而言，研究生群体往往更具独立性和理性思维，来自学业科研、家庭经济、年龄偏大等各方面因素的压力，使得研究生往往更加注重个人的学业科研，而相对较少关注或参与班级、校园活动。如此，也在一定程度上导致研究生党员在学生群体中的影响力不强、先锋模范作用发挥得不够。通过

创新研究生党建工作载体建设，构建以党建为平台的党班团协同工作机制，开展党班团倡学术诚信、促学术攀峰系列活动，充分发挥党支部在研究生群体中的思想政治引领功能，将党建工作与思想政治教育、研究生普遍关心的学业科研等结合起来，提高了研究生党建工作的活力，扩大了研究生党建活动的参与度和影响力，党支部的战斗堡垒作用和党员的先锋模范作用明显增强。比如，在2020年新冠疫情出现前期，党支部多位党员积极参加当地疫情防控志愿服务活动，受到社区的肯定和好评，获学校优秀防疫志愿者荣誉称号等。其中一位党员在东北零下20多摄氏度的严寒天气中，参与协助社区工作者完成470余户近1500人的信息采集等工作，用实际行动践行和诠释了一位普通学生党员的初心和使命。

（二）研究生党建引领思政教育、学业科研的协同发展机制初步形成

以往容易出现的研究生思想政治教育与学业科研"两张皮"现象，撕裂了研究生"育人"与"育才"的统一体关系，这曾是困扰研究生培养的一个实践难题。通过开展研究生党班团倡学术诚信、促学术攀峰系列活动，邀请研究生导师等教育主体分享学术经历、人生感悟、读研心得等，在指导和传授研究生学业科研方法的同时，让研究生聆听和感悟导师在当年求学过程中的艰辛与不易，从而在思想上受到教育，培养艰苦奋斗、努力成才以报效国家的家国情怀和时代使命担当意识。比如，一位研究生导师受邀到研究生党支部分享了自己于二十世纪八九十年代在日本东京海洋大学艰辛的求学经历，学成毕业后一心致力于我国水产品加工行业的建设和发展，让研究生党员们在思想上很受震撼。如此不仅在学业科研上为党员们提供了切实的指导和建议，而且让研究生在思想上和精神上受到了感染、熏陶和洗礼。当研究生导师所代表的学术权威与研究生党建、思想政治教育有机结合起来之时，党建育人、思政育人也必将实现更大的协同效应、取得更好的育人效果。

（三）研究生"三自教育"① 和"三全育人"改革进一步巩固和深化

通过构建和理顺以研究生党建工作为抓手的党班团协同工作机制，搭建研究生党班团倡学术诚信、促学术攀峰系列活动这一载体，有效地将党支部、班委会、团支部等主要学生干部组织联结起来。充分发挥了以党支部为思想引领、以团支部为主导力量、以班委会为重要决策主体和执行机构的协同机制的作用，依托研究生干部的朋辈引领和榜样示范，积极发挥研究生群体的"自我教育""自我管理""自我服务"功能。同时，通过创新研究生党建工作载体和平台建设，形成了多元教育主体的协同育人模式，将研究生党建、思想政治教育工作与研究生的学业科研、其他日常教育管理工作有机融合起来，有力推进了把研究生党建工作、思想政治工作贯穿于研究生教育教学的全过程，助力实现研究生党建工作和思想政治教育的全员育人、全程育人和全方位育人。

四、结语

研究生导师所代表的学术权威在研究生党建工作中的投入不足或缺位，以及研究生党建未能实现与思想政治教育、科研能力培养有机结合，在一定程度上割裂了研究生党建育人、思政育人、科研育人的整体性和统一性。在坚持党建工作政治性的基础上，以研究生党建工作为抓手的党班团协同工作机制的构建与实践，以党支部为引领的党班团倡学术诚信、促学术攀峰系列活动的开展，为有效解决研究生思想政治教育与学业科研可能出现的"两张皮"现象，进一步深化研究生"三自教育"和"三全育人"改革，推动新时代研究生协同育人及研究生教育高质量发展，提供了一条可供参考借鉴的可行路径。

本文原载《高校后勤研究》2023 年第 5 期。

---

① 三自教育：是指自我教育、自我管理、自我服务。

以师生为中心、以专业建设为抓手的"双带头人"党建

——广东海洋大学海渔系教工党支部书记工作室探索与实践

颜云榕[*]　段佳欣[**]

摘要：论文基于广东海洋大学水产学院海渔系教工党支部书记工作室的探索与实践，从"双带头人"的重点工作、立项以来取得的成果、"双带头人"的工作经验、"双带头人"的辐射示范四个方面出发，探索新时代系教工党支部应如何抓好党建工作，从而进一步强化政治功能、提升思想政治工作质量，扎根粤西、干事创业，培养适应现代海洋渔业发展需求的能安心、能吃苦、能创业的"三能"创新型应用人才。

关键词：双带头人；教工党支部；党建工作

广东海洋大学水产学院海渔系源于 1935 年建校之初的渔捞科，具有悠久的发展历史和爱国情怀。一代代海渔人矢志耕耘，海渔系教工党支部于 2018 年获批为全国及广东省首批党建工作样板支部培育创建单位（已通过验收）、广东省首批高校"双带头人"教工党支部书记工作室。新时代，海渔系教工党支部面临进一步强化政治功能、提升思想政治工作质量的问题。为此，海渔系教工党支部书记充分发挥"双带头人"的头雁效应，加强支部班子建设，抓好党建主责主业，带领全体支部党员以师生为中心，以专业建设为抓手，深入开展"融合式党建"，有效推动海渔系教学、科研和育人

---

[*] 作者简介：颜云榕，男，广东海洋大学科技处处长，博士，教授，博士生导师，主要从事渔业资源开发与保护。
　　通信地址：广东省湛江市麻章区海大路 1 号　广东海洋大学科技处。邮政编码：524088。
[**] 作者简介：段佳欣，女，广东海洋大学马克思主义学院硕士研究生，研究方向为马克思主义中国化。
　　通信地址：广东省湛江市麻章区海大路 1 号　广东海洋大学马克思主义学院。邮政编码：524088。

事业的发展。

一、"双带头人"的重点工作

（一）规范党的组织生活，抓好党建主责主业

建设初期，根据《广东省加强党的基层组织建设三年行动计划（2018—2020年）》，分三年推进规范化建设、组织力提升、基层党建全面进步全面过硬；2021年，根据《广东省加强党的基层组织建设三年行动计划（2021—2023年）》，支部统筹部署新的三年工作计划；支部确定高学历青年教师党员发展对象1人；做好党员组织关系管理、党费收缴、党员激励关爱帮扶等基础性工作，抓细抓实党建主责主业。

（二）党建引领教学科研，强化支部政治功能

支部结合系史学习党史，寓理论学习于实践之中；制订年度理论学习计划，按月开展党员轮流导读经典政治著作活动；勤抓"学习强国"学习情况，在每月的组织生活会上通报（截至2021年11月19日，全支部12名党员的平均分为11 276分），推动"两学一做"学习教育常态化制度化；并通过党建引领教学科研，积极融入国家乡村振兴战略，有力强化了支部的政治功能，引领带动高校基层党组织全面进步、全面过硬。

（三）团结凝聚师生力量，提升思想政治质量

发挥"双带头人"教工党支部书记的独特优势和"头雁"效应，增强思想政治工作的亲和力和针对性；教育引导支部党员、任课教师深入挖掘提炼各门课程中蕴含的思想政治教育元素，发挥"课程思政"育人功能；支部同志积极同马克思主义学院老师结对子；本支部两位教师成功申报为广东海洋大学兼职思想政治理论课教师；按照"四有好老师"[①]"四个引路人"[②]

---

① 四有好老师：有理想信念、有道德情操、有扎实学识、有仁爱之心的好老师。
② 四个引路人：做学生锤炼品格的引路人，做学生学习知识的引路人，做学生创新思维的引路人，做学生奉献祖国的引路人。

"四个相统一"① 的要求，有力提升了支部思想政治工作的质量。

（四）党建业务深度融合，促进学校事业发展

1. 党建与教学深度融合

①专业建设：由双带头人领导专业顶层设计，组织制订人才培养方案，充分发挥党建的引领力、凝聚力和组织力。②课程建设：党员教师带头组建3个党员先锋课程组：捕捞与航海、资源与生物、环境与生态。③课程思政：实现专业课程与思政育人相结合、专业教师与马克思主义学院教师结对子、专业平台与思政实践双促进。

2. 党建与科研深度融合

①党建引领科研方向：组织支部教师学习《习近平谈治国理政》第三卷等重要资料，了解国家方针政策，把握科研方向。②党建带动科研平台建设：组织支部教师深入参与南方海洋科学与工程广东省实验室（湛江）等的工作，获批广东省工程技术研究中心，支撑学科建设。③大力弘扬科学家精神：支部教师团结号召全系教师扎根海洋捕捞一线，学习"西迁精神"，把论文写在祖国的大地上。

3. 党建与育人深度融合

①党建保障三全育人：通过思想建设保障全员育人，政治建设强化全过程育人，组织建设实现全方位育人。②党建提升育人实效：建设师生混合式党支部，定期开展朋辈教育，支部教师指导学生开展团日活动。③党建强化使命担当：实行本科生导师制、导师党建课题制、党建课题导向制，引导学生树立投身国家海洋事业的志向和科研使命感。

（五）明确职责与目标，加强党支部班子建设

支部书记自2008年任职以来，以身作则，率先示范，当好"领头雁"，指导支委提升履职尽责能力；支部加强党支部班子建设，由支部书记、副书记等5名委员组成，分工合作，密切配合；强化班子政治、业务学习，加强教育引导，搭建锻炼平台，拓宽发展空间；建立健全监督机制，实行支部内互相监督和群众对支部进行监督；支部党员成功申报广东海洋大学党员示范

---

① 四个相统一：坚持教书和育人相统一，坚持言传和身教相统一，坚持潜心问道和关注社会相统一，坚持学术自由和学术规范相统一。

岗，创立典型示范，发挥党员先锋模范作用。

二、立项以来取得的成果

（一）教学工作成果丰硕，支部认同感倍增

"头雁"效应和党员先锋模范作用显著，支部所在系的海洋渔业专业2019年入选省级一流专业建设点，2019年分别荣获广东省和学校教学成果一等奖。2020年获批教育部国家级一流专业建设点；2020年获广东省本科高校在线教学优秀课程案例二等奖1项，获批思政育人示范专业，主持通过省教学团队验收；主持省教改项目9项，发表教改论文7篇；支部两位教师受聘担任兼职思想政治理论课教师，通过言传身教，传播社会主义核心价值观。

（二）科研工作卓有成效，支部荣誉感提升

近三年，主持国家级、省（部）级科研项目40余项，总经费超3500万；发明专利及软著10项；主编《南海经济鱼类图鉴》著作1部（科学出版社2021年出版）；发表学术论文60余篇（SCI收录20余篇）；支部书记担任南方海洋科学与工程广东省实验室（湛江）筹备主任委员会副主任；主持广东省渔业管理与捕捞工程技术研究中心；主办大型国内外学术会议2次，主持重大项目启动会2次。支部成员荣誉感得到显著提升。

（三）立德树人成绩显著，支部归属感深厚

近三年，海洋渔业专业培养毕业生近200人，超过50%从事本专业相关行业，100余人次获得创新大赛等各级奖项，境内外深造率比5年前提升60%；学生荣获省（部）级奖励12项，参加大学生创新创业训练计划10余次，获得本科生和研究生国家奖学金6人次、国家励志奖学金9人次；21名学生入党；本科生多人次以第一作者的身份在《水产学报》等重要期刊上发表学术论文，或在国内外学术会议上做中英文学术报告，立德树人取得明显的效果。

（四）党建工作取得实效，支部凝聚力增强

本支部书记工作室于 2018 年 9 月获批为粤西唯一首批全省"双带头人"教工党支部书记工作室，支部荣获 2019 年湛江市"先进基层党组织"和广东海洋大学"先进基层党支部"称号，2020 年获批全国首批党建工作样板支部，2020 年度获评校基层党组织党建工作创新案例。本支部积极申报党建研究会 2019 年和 2020 年度课题并均获立项。支部书记和组织委员分别荣获广东海洋大学"优秀党务工作者"和"优秀共产党员"荣誉称号。《浅析新时代高校教师党支部书记"双带头人"的头雁作用及其建设路径》荣获 2019 年广东省高校党建研究会一等奖。2020 年获省推荐申报全国"双带头人"教师党支部书记工作室。

三、"双带头人"工作经验

概括起来，三年的"双带头人"教工党支部书记工作室建设包括一个工作方法以及三条基本经验。

这个工作方法就是"一二三四"法：一是以专业建设为抓手；二是党建和业务双轮驱动；三是学科带头人兼任支部书记、系主任兼任副书记、系副主任兼任组织委员，"三驾马车"分别主抓党建与科研、专业与育人、教学与思政；四是党建、教学、科研和育人"四位一体"，从而实现党建与教学、科研和育人的深度融合。

三条基本经验总结如下：

1. 结合学科专业特色，找准党建业务融合的着力点，以党建铸魂

要想有效破除党建和教学科研"两张皮"的现象，需要化初心使命为自觉行动，将党建与学科专业特色相结合，以专业建设作为系党建业务融合的着力点和抓手，以党建为育人铸魂，使党支部成为建设高素质的教师队伍、提升科研水平和培育时代新人的战斗堡垒。

2. 统筹构建党建、教学、科研、育人"四位一体"新格局，以党建赋能

找准教学工作中的"双一流"专业建设、科研中的国家南海战略和现代海洋渔业转型升级的重大需求、育人中的培养社会主义建设者和可靠接班人等问题的切入点。统筹构建党建、教学、科研、育人"四位一体"新格局，实现"切口小、发力准、效果好"的目标，以"融合式党建"赋能事

业发展。

3. 推进机制方法革新，实现"融合式党建"常态化，以党建强基

"头雁展翅群雁飞"，支部书记要充分发挥支部书记的头雁作用，带领本部门推动中心工作。更要"先学一步，学深一点，先改起来，改实一点"，充分发挥"双带头人"作用，引领带动本部门全体人员创新机制，攻坚克难，实现常态化"融合式党建"，夯实支部政治根基。

四、"双带头人"辐射示范

本支部党建成果在"广东海洋大学"校级公众号、"广东海洋大学"官网上展示，也在"广东海洋大学研究生"等宣传平台展示，还在光明网进行了专题报道。支部分别在广东海洋大学兴海楼508室和水产楼515室走廊对海渔系教工党支部相关内容及党建成果进行介绍，充分发挥了样板党支部的示范引领作用。

本支部书记负责定点联系学院研究生党支部，在本支部的示范引领和创建带动下，广东海洋大学水产学院研究生党支部成功申报入选2019年"全省党建工作样板支部"培育创建单位，广东海洋大学水产学院党委入选2020年"全省党建工作标杆院系"培育创建单位。本支部书记参加2020年全省公办高校党支部书记素质能力大赛，拍摄支部谈心谈话内容，参加党务竞赛和讲授微党课，并荣获省三等奖及校一等奖。

建设期内，本支部书记共发表党建论文3篇：2019年12月在《科教文汇》发表《应用唯物辩证法探析"双带头人"培育工程》；2020年在《文教资料》第18期发表《高校教师党支部教学团队建设探析》；2021年在《教育教学论坛》第2期发表《以"融合式党建"引领高校教工党支部发展探索实践——以广东海洋大学海渔系教工党支部党建为例》。

对外交流方面，2019年，广东医科大学党委书记、校长卢景辉一行来访调研交流样板党支部和"双带头人"建设；广西北部湾大学石油与化工学院党委书记张海燕一行来访调研交流。2020年，本支部书记前往韩山师范学院全省高校"双带头人"党支部书记赵玉田工作室进行交流学习。2021年，岭南师范学院生命科学与技术学院党委书记梁煜鹏带队来访进行交流学习；本支部书记带队前往广东医科大学样板党支部进行交流学习。

校内交流方面，2020年应校党委组织部的邀请，系党支部书记面向全校党务工作者和基层党组织，作了题为"培育、申报与建设全国高校样板党支部及省'双带头人'党支部书记工作室的探索与实践"的报告，在全

校范围内进行党建经验分享；2021年，本校农学院园林系和生物技术系教工党支部、经济学院国际经济与贸易系教工党支部等支部分别到本支部访问及开展党建交流，共同推动高校基层党组织及"双带头人"教工党支部书记工作室建设。

本文荣获广东省高校党建研究会本科分会2021年年会优秀论文三等奖。

浅析新时代高校教师党支部书记"双带头人"的头雁作用及其建设路径

谷素军*　颜云榕**

摘要：党支部是党最基本的组织，高校教师党支部在高校基层中发挥着重要的战斗堡垒作用。高校实施基层党支部"双带头人"培育工程，有助于推进教师党支部的发展与创新。选拔、培育兼具"党建带头人、学术带头人"类型的党支部书记，可有效发挥高校教师党支部书记作为党建及学术双重"领头雁"的关键作用。学校行政关乎着学校的发展，党支部书记作为"头雁"，在促进党建和学校行政协同发展中的作用同样不容忽视。本文通过深入剖析"头雁作用"的丰富内涵，分析党支部书记"双带头人"和学校行政的区别和联系，多方面探究新时代背景下党支部书记"双带头人"更好地发挥头雁作用的建设路径。

关键词：高校；教师党支部；双带头人；头雁作用

2017年颁布的《中共教育部党组关于加强新形势下高校教师党支部建设的意见》指出，高校教师党支部是教育、管理、监督和服务教师党员的基本单位，是把党的路线方针政策落实到高校基层的战斗堡垒。[①] 加强高校教师党支部建设，对巩固党的执政基础以及加强基层党组织建设有着重大意义。而高校教师党支部的"领头雁"就是党支部书记，处于党支部建设中

---

* 作者简介：谷素军，女，任职于小熊电器股份有限公司。
通信地址：广东省湛江市麻章区海大路1号 广东海洋大学文学与新闻传播学院。邮政编码：524088。

** 作者简介：颜云榕，男，广东海洋大学科技处处长，博士，教授，博士生导师，主要从事渔业资源开发与保护。
通信地址：广东省湛江市麻章区海大路1号 广东海洋大学科技处。邮政编码：524088。

① 中共教育部党组：《关于加强新形势下高校教师党支部建设的意见》，见中华人民共和国教育部网站（www.moe.gov.cn/srcsite/A12/moe_1416/moe_1417/201708/t20170823_311692.html）。

的领导核心地位,在做好党的组织和宣传工作,带领好支委班子,发挥先锋模范作用等方面有不可或缺的作用。习近平总书记在学习贯彻党的十九大精神研讨班开班式上强调,抓好"关键少数"对党的建设来说至关重要。高校教师党支部书记作为党建及学术"双带头人",正是这个"关键少数"。党支部书记作为"双带头人",在学术上发挥带头作用的同时,还必须发挥党建表率作用,即必须带领支部全体党员始终坚持学习习近平新时代中国特色社会主义思想,树牢"四个意识",坚定"四个自信",落实"两个维护"。中国特色社会主义进入了新时代,深刻理解"头雁作用"的丰富含义,分析党支部书记"双带头人"和学校行政的区别和联系,探索发挥头雁作用的建设路径是十分必要的,这有助于把高校教师党支部建设成高校基层的战斗堡垒,为高校的改革发展提供坚强的基层组织保障,为助推中国特色社会主义事业建设贡献力量。

一、"头雁"作用的精神内涵和重大意义

"头雁展翅群雁飞",在一年中,大雁会进行两次迁徙,无论在哪里看到雁群,始终会看到在最前面的头雁,其他大雁总是跟着头雁的方向和节奏前进,形成一字阵或者人字阵。头雁带着群雁向着目标坚定不移地前进,这就是"头雁"作用。党支部书记作为党建及学术"双带头人",就是高校教师党支部的"头雁",是高校基层党支部建设中的重要领导核心,带领着党支部委员和全体党员不断向前,发挥着党支部重要的战斗堡垒作用。①

1."头雁"是方向的引领者

在每年的重大迁徙过程中,"头雁"飞行的方向决定着整个群雁前进的方向。学校教师党支部书记,作为党建与学术的"双带头人",是组织、推动和执行党支部各项工作的重要力量,没有足够坚定的理想信念,精神上就很容易会"缺钙",党支部书记要始终不忘初心,牢记使命,认真贯彻落实习近平新时代中国特色社会主义思想,带领全体党员始终坚持中国特色社会主义方向,坚持党对意识形态的绝对领导,及时传达上级党组织的各项工作任务和重要思想,引导各支部委员提高党性修养和加强政治理论水平。

2."头雁"是榜样的示范者

雁群中领头飞翔的大雁,发挥着重要的"头雁效应",有担当有勇气有

---

① 李洪亮:《高校"双带头人"培育工程实施困境及解决路径》,载《现代商贸工业》2017年第27期,第148 – 150页。

智慧，能够划破长空，发挥示范引领作用，其他大雁则服从领导、分工协作、形成合力，最终实现雁群的目标一致及行动最优化。高校教师党支部书记"双带头人"作为党支部的"头雁"，不仅是党建的带头人，也是学术的带头人，① 在党建、教学、科研和行政等方面都有着不少建树，始终发挥着榜样作用和先锋模范作用，在支部和群众中都有较强的公信力，扎实可靠的群众基础是党支部书记共有的特征。"火车跑得快，全靠车头带"，党支部书记"双带头人"作为带头者，要持续加强自身建设，做好表率，以身作则，② 始终坚持作为党支部和支部委员发展中的"助力器"，建设一支党性强、师德优、科研好的教师党支部队伍。

3."头雁"是责任的担当者

迁徙对于大雁来说是重中之重的大事，倘若带领群雁朝着目标飞翔的"头雁"在空中自由翱翔，不顾后面的群雁，势必不会出现一字阵和人字阵。正是"头雁"始终心系大家，明确自己的职责，不让任何一只大雁掉队，才能带领着群雁向前飞翔。高校教师党支部书记"双带头人"倘若没有足够的责任担当意识，对党支部的各项工作及发展不尽心尽力，没有切实发挥在党建、学科建设、学术创新方面的引领作用，势必很难得到大家的认可。因此，党支部书记作为"双带头人"，需葆有强烈的责任担当意识和奉献精神，将党建工作视为己任，带领支部以实际行动把各项工作落实到位，为党的建设及学术创新做出应有的贡献。

二、党支部书记"头雁"作用与行政的区别和联系

学校的行政建设事关学校的发展和前途，正确处理好党支部建设和学校行政的关系能促进学校健康、积极发展。行政工作离不开强有力的党支部配合，党支部的建设离不开学校行政工作的支持。

1. 党支部书记作为"头雁"，应配合行政工作，助力学校发展

高校教师党支部书记作为支部的推动者和引领者，在开展党建工作时要紧密结合学校的中心工作，从实际出发，调动各教师党员立足本职，用实际

---

① 苏明华、黄敬聪、吴宏豪、陈丹妮：《新时代高校基层党支部书记"头雁"作用发挥与影响力研究》，载《科教文汇》2019年第4期，第1-3页。

② 余洁芳、杨子生：《基于"双带头人"培育工程视角的高校教师党支部建设路径探讨》，载《科教文汇》2019年第7期，第8页。

行动配合学校各项行政工作的开展,为系内、院内和校内工作作出应有的贡献。

2. 党支部书记作为"头雁",应积极参与行政管理工作,凝聚支部力量

党支部书记应积极参与院系管理工作,比如参加各级领导部门干部的选拔、竞聘工作。通过了解及参与管理工作,一是可增强其上下沟通、上传下达的有效性,更好地发挥党支部书记桥头堡的作用;二是有利于调动党支部书记的工作热情,有利于培养后备干部;三是有利于提高党支部书记在党支部的公信力,使其更好地开展党务工作,更好地发挥榜样作用,更充分地发挥教师党支部主体作用,从而快速推动教师党支部的建设工作及学术水平的提升。

三、新时代高校教师党支部书记"双带头人"头雁作用的建设路径

高校党建在高等教育治理能力现代化过程中具有重要地位,起着重要作用。① 加强高校党建发展,建设强有力的党支部,党支部书记"双带头人"始终发挥着作为高校基层党支部的"头雁"作用。

1. 加强"头雁"思想政治理论学习,坚持正确的政治方向

高校教师党支部书记"双带头人"作为党支部的"头雁",应从自身做起,注重自身思想政治理论学习,提升政治理论水平,夯实理论基础,突出党性修养。一方面要学原文、读原著、悟原理,学习党章党规,学习习近平新时代中国特色社会主义思想;另一方面要用理论联系实际,将所学的理论知识理解透彻,着力把握党的各项工作的精髓,以实际行动贯彻落实各项要求,时刻引导各支部委员牢记全心全意为人民服务的宗旨,朝着正确的政治方向前进。广东海洋大学水产学院海渔系教师党支部书记作为海渔系党支部的"头雁",既是党建的带头人,也是学术的带头人,其所带领的党支部获批为广东省高校"双带头人"教师党支部书记工作室;入党 21 年来,始终坚定自身的政治立场,努力加强党性修养,有着强烈的政治使命担当,在坚持政治学习的前提下,积极主动激励各支部委员提高思想政治理论水平,共同做中国特色社会主义的忠实信仰者和传播者。

---

① 任晓伟:《高校党建与高等教育治理体系能力现代化》,载《中共云南省委党校学报》2015年第3期,第65-68页。

2. 坚持"头雁"榜样引领及带动，发挥先锋模范作用

俗话说"打铁还需自身硬"。教师党支部书记"双带头人"应认清定位，做好自身的表率，发挥"头雁"作用，明确支部建设目标，像头雁带领群雁向前飞行那样朝着目标坚定向前，勇为人先。伟大时代涌现出伟大精神，崇高事业呼唤着榜样引领。党支部书记要以身作则，时刻做好榜样，为党支部营造互帮互学的工作氛围，加强自身作风建设，培养务实精神，将支部各项工作落到实处，引导支部党员在教学、科研等各方面处处勇当先进，不断提高党支部的向心力和凝聚力。广东海洋大学水产学院海渔系教师党支部书记既是海渔系主任，又是教书育人和科研的领军人物，作为支部书记"双带头人"，其多次被评为"优秀班主任""先进个人""优秀党务工作者"，而且还主持了国家自然科学基金面上项目、农业农村部等的十多项科研项目，其始终发挥着引领带动作用，带领所在支部的全体党员在促进全系的教学科研中心工作中取得了重要的突破，党支部也多次获得先进基层党组织和先进基层党支部等荣誉称号，海渔系党支部书记还在支部党建中注重发现师生身边的典型人物，并大力宣传、推广，并且抓住本校、本院、本系和本支部内的典型，在支部中形成学做先进、争当先进的良好氛围。

3. 健全"头雁"激励以及培训机制，充分调动工作积极性

在许多高校，党支部书记的考核激励机制及培训机制尚不完善。党务工作与业务工作或其他群团工作相比，物质上的报酬或荣誉上的激励，没有与党务工作的辛苦付出相匹配。党支部书记应当有较高的觉悟及奉献精神，但是，相应的激励措施可以更好地激发人的热情和积极性。如前文所述，高校行政工作的开展离不开高校基层党支部"头雁"的协调配合，高校基层党支部书记的发展需要行政工作的助力，将党建工作和行政工作有效结合起来，增加党支部书记"双带头人"在行政方面的话语权，或担任一定的职务，这不但能够有效激发基层党支部书记的工作干劲，而且能够有效地提升行政工作及党建工作的效能。当然，"双带头人"身兼数职的同时便需要在业务工作及党建工作两方面都有很强的能力，能够切实发挥领头作用。这就需要加强党建方面的学习培训，参加党课学习班，提高党务工作处理能力和服务水平；并在行政方面了解学校和学院的运行机制和工作方式，增强任职能力，建立科学化、系统化和体制化的培训机制，提高党支部书记"双带头人"的综合能力。广东海洋大学水产学院海渔系教师党支部由系主任兼任支部书记，系副主任兼任宣传委员，青年博士兼任组织委员，海渔系教师党支部在支部书记的领导下始终密切配合海渔系和水产学院的行政工作，在促进海渔系和学院的发展中发挥着重要的作用。

四、结语

高校的发展离不开高校党支部的发展，高校教师党支部的发展离不开支部书记"双带头人"这一"领头雁"，正如战士上阵打仗不能没有将军，各项工作的开展不能群龙无首。党支部书记作为"头雁"，在教学、科研、学校行政等方面的推动、促进和引领作用绝不容忽视，支部书记带领支部发展，以党建促进教学、科研、行政协调共进，以榜样引领师德师风、学风校风发展，教师党支部为学校的发展提供了坚强的组织保障。但是，现在与高校党支部书记"头雁"作用发挥相关的研究文献数量并不多，更多的是与基层书记相关的新闻报道，因此，笔者结合相关的工作实践谈谈党支部书记发挥"头雁"作用的看法，以供大家参考借鉴。

本文荣获广东省高校党建研究会本科分会2019年年会优秀论文一等奖。

第三章
红色文化育人研究

红色文化资源融入大学生理想信念教育创新研究

郭唐梨*

摘要：红色文化资源是大学生理想信念教育的营养剂，可以丰富教育资源，增强教育实效，提升教育话语权，是补足"精神之钙"的良方。因红色文化资源融入大学生理想信念教育还处于顶层设计不够、创新力度不够、资源挖掘不够的困境，故加强顶层设计破解供给难题，坚持创新引领推进教学改革，优化教育话语树牢理想信念，推进资源共享深化协同育人势在必行。

关键词：红色文化资源；高校学生；理想信念教育；创新

习近平总书记长期关注青年成长成才，他勉励"广大青年一定要坚定理想信念"，指出"理想指引人生方向，信念决定事业成败。没有理想信念，就会导致精神上'缺钙'"。①他强调："青年一代有理想、有本领、有担当，国家就有前途，民族就有希望……广大青年要坚定理想信念，志存高远，脚踏实地，勇做时代的弄潮儿，在实现中国梦的生动实践中放飞青春梦想。"②可见，培育大学生树立崇高的理想信念是高校思想政治教育的"总开关"，是培育堪担民族复兴大任的时代新人的关键所在。高校理想信念教育要切实发挥铸魂育人功能，就离不开深入挖掘和合理运用红色文化资源。何为红色文化资源？目前学界还未就这一概念形成权威定义，但从已有的研究来看，红色文化资源主要指中国共产党领导广大人民在革命、建设和改革

---

* 作者简介：郭唐梨，男，广东海洋大学马克思主义学院讲师，主要研究方向为马克思主义中国化。

通信地址：广东省湛江市麻章区海大路1号 广东海洋大学马克思主义学院。邮政编码：524088。

① 习近平：《在同各界优秀青年代表座谈时的讲话》，载《中国高等教育》2013年第10期，第3页。

② 习近平：《决胜全面建成小康社会 夺取新时代中国特色社会主义伟大胜利——在中国共产党第十九次全国代表大会上的报告》，载《人民日报》2017年10月28日第5版。

实践中所创造的可被开发利用的革命精神、革命文化、革命传统及其物质载体。①

一、红色文化资源在高校学生理想信念教育中的价值

红色文化资源熔铸了中国共产党人及其领导的广大人民群众在为人民谋幸福,为民族谋复兴的伟大征程中所形成的坚定的马克思主义信仰和共产主义信念,在追求中华民族伟大复兴的斗争中所表现出来的敢于斗争,敢于创新,不怕困难,不畏牺牲,乐于奉献,爱党爱国的优秀品格,承载着中国共产党伟大的革命史、伟大的奋斗史、伟大的英雄史。可见,红色文化资源作为一种独特资源,在大学生理想信念教育中具有不可替代的价值。

(一) 红色文化资源有助于丰富理想信念教育资源,提升说服力

高校思想政治理论课(简称"思政课")是大学生理想信念教育的主渠道,这一关键课程承载着引导大学生树立崇高理想信念的重要使命。中国共产党及其领导的人民在长期的奋斗实践中所形成的物质形态和精神形态的红色文化资源是大学生追求崇高理想信念的来源,是正确的世界观、人生观和价值观的基因与纽带。中国共产党和人民群众在实践中创造了伟大的革命精神,留下了珍贵的红色文化遗存,诸如各类纪念场馆、革命老区等遗址遗迹,井冈山精神、长征精神、延安精神、抗美援朝精神、"两弹一星"精神、抗震救灾精神、载人航天精神、丝路精神、抗疫精神等文化资源都蕴含着伟大的红色基因和崇高的理想信念,为加强大学生理想信念教育提供了生动而丰富的教学资源。可以将这些资源运用到引导大学生树立坚定的共产主义信念,树立中国特色社会主义共同理想,树立为中国梦而努力奋斗的信念中去,提升教育说服力。

---

① 渠长根、闻洁璐:《红色文化资源研究综述》,载《浙江理工大学学报(社会科学版)》2019年第2期,第179-187页。

（二）红色文化资源有助于增强理想信念教育实效，提升感召力

当前，思想政治教育多以理论教学为主，在课程设置上已经深深烙下了"你讲我听"的被动教学印记，这一困局至今仍未得以破解。理论讲述过多、教育内容陈旧、教学表现形式单一等问题难免使大学生产生枯燥感和倦怠感。红色文化资源以其多样的存在形式、广泛的空间分布、丰富的精神内涵而充满教育感召力，这些特点正好可以弥补当前大学生理想信念教育中存在的一些短板和不足。高校在开展理想信念教育时，特别要抓好思政课这个主渠道，将课本内容转换为大学生易于接受的内容，在备课上下功夫，从红色文化资源宝库中选取素材，不断融入鲜活的红色文化资源，让主渠道拥有一个取之不尽用之不竭的活水宝库。鲜活的人物和翔实的故事更容易直击心灵，因此，可以将承载中国共产党和革命先辈崇高理想的具体历史事件通过影像资料等更加直观的方式传递给大学生，引导他们去感知和体悟伟大事迹、伟大人物所带来坚定理想信念的力量，从而提升教育感召力。

（三）红色文化资源有助于增强理想信念教育话语权，提升引领力

大学生理想信念教育的根本目的在于为党的事业和国家发展培养信仰马克思主义，拥党爱国的社会主义建设者和接班人。新时代，大学生身处世界百年未有之大变局和我国实现中华民族伟大复兴的历史进程中，他们面临着更加复杂的局面，更加多元的文化相互激荡，更加隐蔽的西方意识形态和错误思想的渗透，加之网络信息技术和互联网终端的不断发展，信息碎片化等不利因素，大学生的理想信念教育正面临着前所未有的严峻挑战。因此，在国际国内环境发生重大转变的情况下，引导大学生爱党爱国，树立远大理想显得尤为迫切。高校作为大学生理想信念教育的重要场所，已经形成了一整套关于大学生理想信念教育的话语体系，随着时代的变迁和信息技术的飞速发展，传统的理想信念教育已经难以适应新时代大学生对理想信念教育的需求，创新话语表达将有助于提升教育引领力。

二、红色文化资源融入大学生理想信念教育的困境

红色文化资源所蕴含的中国共产党人的崇高理想信念，高远的价值追求等伟大精神和大学生理想信念教育的价值追求高度契合。将红色文化资源深度融入大学生理想信念教育具有十分迫切的现实需求。目前，高校思政课教学以及校园文化建设都不同程度地运用了红色文化资源，在培养大学生树立崇高理想信念上发挥了重要作用。但是，已有的融合度远远不能满足新时代大学生理想信念教育的高标准和新要求。

（一）顶层设计不够，深入推进受阻

在大学生理想信念教育的系统中，高校和大学生是这个系统中最为活跃的因素。其中，高校是该系统活动的教育主体，即教育者，在教育的组织和实施过程中居于主导地位；大学生是该系统活动的教育客体，即受教育者，在实施过程中居于学习主体地位。教育者和受教育者之间还需要一个桥梁纽带或"教育影响"[1]，即教育内容和教育手段。教育影响的供给主动权掌握在教育主体的手中，受教育者选择教育内容和教育手段的可能性很小。究其原因，主要在于部分高校对于红色文化资源融入大学生理想信念教育的认识还不够，因此缺乏学校层面的关于运用红色文化资源提升大学生理想信念教育效果的顶层设计，加之学校各层级各部门在工作中主动运用和融入红色文化资源增强大学生理想信念教育效果的意识薄弱，最终导致在实践中红色文化资源深度融入大学生理想信念教育难以推进。

（二）创新力度不够，方法手段陈旧

部分教育主体在长期的思想政治教育惯性中滋长了一定的惰性，对改变现有的教育内容和教育手段存在动力不足和反应迟钝的情况。思政课上采用的红色文化资源在内容表述上过于陈旧，时代气息不足。这样的材料用在课堂上缺乏吸引力，显得有些生硬、过于枯燥，难以达到预期的教学效果，更

---

[1] 成有信：《论教育活动及其诸要素》，载《北京师范大学学报》1990年第4期，第13－18页。

难以获得良好的教育效果。红色文化资源本身也存在着形式单调的问题，常见的红色文化资源多以图片介绍、文字叙述等形式呈现，没有采用现代信息技术、影像技术进行进一步的加工创作，创新力度还远远不足以吸引观众，总体上表现出来的感召力和吸引力有待进一步加强。突破常规，采用现代科学技术加工红色文化资源以增强其传播力和感染力已经十分迫切。

（三）资源挖掘不够，因地制宜不足

高校思想政治理论课采用了全国通用的马克思主义理论研究和建设工程教材，因该系列教材适用范围特别广，教材中采用的红色文化资源均为全国性的重大历史事件和全国性的著名人物、事迹等。这类历史事件、历史人物和事迹，学生已经在小学、初中和高中学习阶段不同程度地接触和学习过。在大学生思政课中再度出现，其新颖性和吸引力已大幅减弱，这是不争的事实。加上部分高校教师在思政课教学资源的挖掘和处理上并未充分考虑这一前提，对书中出现的红色文化资源缺乏有针对性的深度处理，因此在教学中就难免出现学生关注度不足的状况。另外，高校教师对于地方红色文化资源在大学生理想信念教育中的地位和作用的认识还不充分，因而高校在开展大学生理想信念教育的过程中，对地方红色文化资源难以做到因地制宜，身边的红色文化资源常常不同程度地被忽视。

三、红色文化资源融入高校学生理想信念教育的路径创新

红色文化资源宝库蕴藏着丰富的理想信念教育资源，饱含着大学生理想信念教育的重要内容。因而，应从思想上高度重视，从制度上予以保障，发扬与时俱进的品格，在政府主导下不断创新红色文化资源建设，不断挖掘和发挥红色文化资源作为理想信念教育宝藏资源的价值和作用，深度融入大学生理想信念教育实践，从而为培养志存高远、信念坚定的社会主义建设者和接班人铸魂。

（一）做好顶层设计，破解供给难题

红色文化资源因其独特的理想信念教育价值而备受青睐。关于如何运用红色文化资源以加强大学生理想信念教育这一课题，部分地方政府和高校并

未出台明确的纲领性文件，即缺乏顶层设计。大学生作为受教育者，作为学习主体，他们在高校受到不同部门、不同方式的理想信念教育的引领，其中最主要的引领渠道当属思想政治理论课。高校除了思政课以外，其他的课程以及第二课堂等渠道也发挥着理想信念教育的作用。但就红色文化资源的运用而言，当前高校思政课程和课程思政方面对红色文化资源的挖掘和利用都还有很大的提升空间。因此，应通过政府部门的主导，充分挖掘当地红色文化资源，加大对遗址遗迹的开发和保护力度，尽早建立纪念馆、展览馆等，从内容的呈现、革命精神的凝练、展出的形式等多方面加强建设，弥补当地高校开展理想信念教育实践教学资源匮乏、质量不高的缺陷。因此，高校必须充分挖掘和运用当地红色文化资源，自觉将红色文化资源融入学校的思想政治教育中，大力提升红色文化资源融入大学生理想信念教育的供给能力，破解现存的供给不足、供给错位的难题。

（二）重视创新引领，推进教学改革

习近平在主持召开学校思想政治理论课教师座谈会时强调："创新课堂教学，给学生深刻的学习体验，引导学生树立正确的理想信念、学会正确的思维方法。"[①] 因此，加强思政课实践教学十分必要。从总体上精心设计实践教学目标、教学过程、教学价值等，构建实践教学平台，建立实践教学基地，让学生通过实地走访、参观学习、社会调查等方式融入红色文化资源的场景中，深刻体悟革命先辈为崇高理想和坚定信念所进行的不屈不挠的努力和艰苦卓绝的奋斗，从革命遗存中汲取力量，为新时代高校学生坚定理想信念提供强大的精神动力。"教育工作者只有从供给侧不断更新教育手段，才可能满足受教育者的现实需求。"[②] 搞好大学生理想信念教育，离不开教育工作者开发和应用先进的教育手段，将现代化的电化教育器材和教材用到课堂中去，通过现代化的手段辅助教学，如运用红色文化资源中的视频资料、音频资料等，通过知识讲解、案例分析、角色扮演等方法创新教育手段和方法，增强教育实效。另外，积极推动教学改革，将对当地红色文化资源的参观、调研、收集、整理等纳入实践教学内容，在教学方案中提高思政课实践教学的占比，通过增加体验式教学内容提升大学生对红色文化资源的理解和

---

① 习近平：《习近平谈治国理政》第三卷，外文出版社2020年版，第330页。
② 张勇、李菊：《从供给侧推动"互联网+"助力大学生理想信念教育的思考》，载《北京教育（德育）》2016年第9期，第31页。

感悟，以便更好地实现育人目标。

（三）优化教育话语，筑牢理想信念

建立一套适应新时代大学生表达方式、信息获取方式的教育话语势在必行。这促使高校教育主体思考如何才能让红色文化资源"说话"，怎样才能提升思想政治教育话语的亲和力、针对性，让红色文化资源在理想信念教育中感染更多的"00后"大学生。一是理想信念教育话语要力戒空洞化。照本宣科的做法因没有充分关照大学生的现实需求而缺乏吸引力。教育主体面对红色文化资源时，应结合大学生的现实需求进行再创造，以贴近学生生活，增强说服力。二是理想信念教育话语表达要生活化。将红色文化资源中蕴含的革命精神、革命文化等表述转化为大学生易于接受的通俗易懂的语言。三是理想信念教育话语表达要善用"网言网语"。互联网技术突飞猛进，"自媒体营造了一个无'网'不在，无'微'不至的现代场域，构建了一个更加开放、平等和包容的话语结构"，"网言网语"承载了人们的家国情怀、理想信念等，开创了话语交流的新范式新平台。通过思想政治教育话语的不断优化和创新，红色文化资源中蕴含的理想信念教育资源得以发挥其最大的效用，滋养着一批又一批新时代大学生，在引导大学生树立崇高理想信念的道路上绽放出无限的光芒。

（四）加强资源共享，深化协同育人

大学生理想信念教育是一个系统工程。为了全面增强红色文化资源在大学生理想信念教育中的效用，除了从教育影响方面进行革新外，还必须建立红色文化资源共享循环制度，营造红色文化资源融入大学生理想信念教育的良好氛围。这里的资源共享循环主要有两方面：一是指在高校内部形成一个资源共享的良性循环，即高校各教师之间，各部门、各单位之间彼此共享红色文化教育资源，如建立校内集体备课制度、学习资源共享制度、教学资源共享制度、专题研讨制度等，让高校内部的红色文化资源研究成果发挥"$1+1>2$"的效果；二是指在高校与政府和社会之间形成一个资源共享的良性循环，高校的教育教学活动离不开政府和社会的大力支持，离不开良好的外部环境，即高校与政府、社会加强对当地的红色文化资源的深度梳理、开发和利用，不断加强红色文化资源的协同研究和协同开发，营造出一种高校、社会都崇尚的并自觉运用红色文化资源加强大学生理想信念教育的良好环境和氛围。以上两个资源共享循环中，高校内部的红色文化资源共享循环是主体，是提升大学生理想信念教育效果的重要保障；高校与外部的红色文化资源共享循环相互促进，是提升大学生理想信念教育效果的重要条件。校内和校外的双循环能促进红色文化资源在大学生理想信念教育中发挥出强大而持久的正能量。

长征精神与社会主义核心价值观的培育和践行研究

孙淑秋[*]

摘要：中国共产党在两万五千里长征中所形成的长征精神是中华民族宝贵的精神财富，对社会主义核心价值观的培育和践行具有重要的价值意蕴。今天，我们应继承和弘扬长征精神，化长征精神无形的力量为社会主义核心价值观培育的有形价值。

关键词：长征精神；社会主义核心价值观；培育；践行

习近平总书记在纪念红军长征胜利80周年大会上的讲话中指出："伟大长征精神，作为中国共产党人红色基因和精神族谱的重要组成部分，已经深深融入中华民族的血脉和灵魂，成为社会主义核心价值观的丰富滋养，成为鼓舞和激励中国人民不断攻坚克难、从胜利走向胜利的强大精神动力。"[①] 一个民族生存需要精神，一个民族复兴更需要精神。在全国民族人民为中华民族伟大复兴不懈奋斗的今天，在培育和践行社会主义核心价值观的道路上，会不可避免地遇到各种艰难险阻，迫切需要强大的精神动力去坚定信心，不怕艰险，攻坚克难，争取胜利！我们需要从长征精神中汲取前行的精神动力，去筑牢社会主义核心价值观。

---

[*] 作者简介：孙淑秋，女，广东海洋大学马克思主义学院教授，博士，主要研究方向为马克思主义理论与思想政治教育。
通信方式：sunshuqiu1979@126.com。
[①] 习近平：《习近平在纪念长征胜利80周年大会上的讲话》，见新华网（http://www.xinhuanet.com/politics/2016-10/21/c_1119765804_2.htm）。

一、长征精神的内涵

(一) 理想信念坚定不移的崇高追求

长征途中,红军战士面临险恶的环境、敌人的围追堵截和自身装备给养严重不足的困难,还要时刻面临生与死的严峻考验,但仍能克服险阻、渡过难关,据统计"几乎平均每天就有一次遭遇战,发生在路上某个地方,总共有十五个整天用在打大决战上。路上一共三百六十八天,有二百三十五天用在白天行军上,十八天用在夜间行军上。……因此总长五千英里的路上只休息了四十四天,平均每走一百一十四英里休息一次。……一支大军和它的辎重要在一个地球上最险峻的地带保持这样的平均速度,可说近乎奇迹"。[①] 红军战士这种不怕苦、不怕累、不退缩、不屈服、不畏强敌、不怕牺牲的英雄气概和顽强坚韧的毅力,正是来自对共产主义的执着信仰和对革命理想的不懈追求。坚定的理想信念是鼓舞红军战士奋勇前行的动力,是长征取得胜利的精神支柱和力量源泉。因为在难以承载的牺牲中始终葆有理想和信念,所以,一切艰难险阻皆成为一种锻造。

(二) 人民利益重于一切的价值情怀

红军长征所经过的地区大多是国民党统治的少数民族地区,由于地处偏僻、消息闭塞,当地群众对红军不太了解,再加之国民党的反共宣传,挑拨煽动,当地部分百姓对红军抱有畏惧心理和敌意。争取长征途中各地各民族百姓的理解和支持,就成了红军面临的头等大事。在长征途中,中国共产党和红军始终坚持人民利益至上,人民的利益高于一切、重于一切、大于一切,敬民、爱民、亲民。敬民,在长征途中严格执行"三大纪律八项注意",严格执行党的民族宗教政策,不管是行军作战还是进寨扎营,秋毫无犯。在长征途中,红军时常陷入缺粮的困境,但对贫苦农民的粮食,从来没有无偿索取、强买的行为,而是在征得百姓同意后公平交易,对老百姓的财物也给予妥善保护。爱民,真心实意为群众着想,帮群众解决问题,红军在

[①] [美] 埃德加·斯诺著,董乐山译:《西行漫记》,生活·读书·新知三联书店1979年版,第179页。

所到之处打土豪、分田地，铲除贪官污吏，取消国民党政府的捐税政策，建立人民政权和革命武装。亲民，主动深入群众，与群众打交道，长征途中无论遇到什么样的艰险，红军都在他们所经过的地方尽可能地通过写标语、举行文艺演出、召开群众大会等形式做群众的宣传动员工作，与群众坦诚相见、交心谈心。正是这种视人民的利益高于一切，敬民、爱民、亲民的举动，打消了群众对共产党和红军的恐惧，使共产党和红军赢得了沿途各路各族群众的信任、爱戴和拥护，与各族群众建立了深厚的情感。群众竭尽所能地帮助和支援红军，捐粮捐款，照顾伤病员，提供消息，支援红军作战等。在长征途中涌现出很多感人的、可歌可泣的军民生死相依、患难与共的故事。

（三）克服艰难险阻、永不畏惧的精神品质

长征不仅是人类战争史上独一无二的壮举，也是人类同自然界斗争的奇迹。红军长征沿途所经过的地区，大多环境恶劣，危险重重，有些甚至被视为生命的禁地，超越了人类生存的极限：终年积雪的高山、险峻陡峭的峡谷、荒无人烟的草地、深不可测的沼泽、奔腾咆哮的大河，还要随时面临饥饿的折磨与疾病的吞噬。这些困难和危险一点都不亚于国民党军队的进攻。然而，红军战士们视这一切困难为考验，不畏艰险、百折不挠，以惊人的意志、勇气和力量与恶劣的环境进行了殊死搏斗，与饥饿和病魔进行了顽强的抗争。"身无御寒衣，肚内饥，晕倒爬起来，跟上去，走到宿营地"，"天当被，地当床，暴雨来了当蚊帐"，从这些行军途中的顺口溜可以看出红军战士不畏艰险的钢铁般的意志和革命乐观主义品格。正是这种不畏艰险的革命乐观主义精神，使他们最终战胜了一个个艰难险阻，翻越了十八座大山，渡过了二十四条大河，穿越了一万多平方公里荒无人烟的水草地，四支主力军最终在陕北会师。

（四）互帮互助的团结协作精神

两万五千里长征的伟大胜利是多方面因素综合作用的结果，离不开中国共产党的正确领导，离不开红军战士英勇无畏的牺牲精神，离不开广大人民群众的无私支援，同时也离不开团结互助的精神。中国共产党员的团结是长征能够取得胜利的一个根本保证，在党的旗帜下，党员、红军战士精诚团结。红军内部的团结是形成强大战斗力的重要因素。一是红军队伍之间的团

结。长征途中几支红军部队,为配合中央主力红军战略转移,他们以大局为重,服从领导,分工协作,团结战斗,各军团在时刻面临与主力红军失去联系和全军覆灭的危险情况下,始终互相支援、紧密团结、协同作战,不惜牺牲自我与敌人进行殊死搏斗,最终牵制和消灭了大量敌军,有力地配合了主力红军的行动。二是官兵战士之间的团结。长征途中涌现出许多官兵一起同甘共苦、互助友爱、同生死共命运的感人故事。在艰苦的长途跋涉中,党员干部时常把自己的马匹让给病弱的伤员和掉队的战士,把自己的口粮让给身负重伤的士兵,与战士们共渡难关。战士之间互相关心、互相体谅、互相帮助、生死相依,老战士帮小战士扛枪、背东西;大家背着、抬着负伤的和倒下的同志,而不让他们掉队。三是军民之间的团结。在长征途中军民团结一家亲,红军战士真心诚意帮助群众,各民族群众大力支持和同心协力支援队伍。长征途中,战士们正是依靠这种团结互助的精神,最终汇集成了一股强大的力量,构筑了一道坚不可摧的御敌长城,战胜了重重困难。

二、长征精神在培育和践行社会主义核心价值观中的价值意蕴

长征精神作为中华民族极为宝贵的精神财富,对社会主义核心价值观的培育和践行具有重要的价值。

(一)可使人们对社会主义核心价值观的认识更加形象化

长征精神以生动的历史、感人的事迹,深刻展示了中国共产党人的目标追求与使命担当。长征精神是社会主义核心价值观的红色基因,为社会主义核心价值观培育提供了最直接最生动的素材,可增强民众对社会主义核心价值观的认知。《七律·长征》《忆秦娥·娄山关》《清平乐·六盘山》等气势磅礴的长征诗词,使人感悟到长征的波澜壮阔、艰难曲折与精神价值。"彭德怀杀战马""一袋干粮""金色的鱼钩"等发生在长征途中感人至深的故事,彰显了在艰难困苦条件下红军战士优秀可贵的品质。《闪闪的红星》《突破封锁线》《过雪山草地》等一首首振奋人心的歌曲,讴歌了中国工农红军钢铁般的意志和英勇无畏的革命精神。这些传遍大江南北的长征诗词、故事、歌曲形象生动,符合接收主体的认知习惯。

（二）可提升人们对社会主义核心价值观的认同感

培育和践行社会主义核心价值观就是让广大人民群众对社会主义核心价值观产生发自内心的认同感，进而推动价值实践活动。民众认同是培育和践行社会主义核心价值观的重要前提。中国共产党和红军将士用生命和热血铸就的伟大长征精神，为社会主义核心价值观培育提供了丰厚的滋养和精神本源，起到了价值引导、道德示范、精神激励的功能，可提升民众对社会主义核心价值观的认同感。长征途中一次次惊心动魄的战役，四渡赤水、飞夺泸定桥、强渡大渡河、巧渡金沙江等，红军战士表现出不畏艰险、浴血奋战、英勇顽强、不怕牺牲的英雄气概。长征途中涌现出的可歌可泣的英雄事迹，彰显出共产党人为国家为民族勇于奉献勇于牺牲的高尚情操。先辈们的崇高品质和革命风范给人以感染和激励，激励个体认同共同价值观并为实现共同价值目标而奋斗。

（三）可激发人们践行社会主义核心价值观的情感

社会主义核心价值观的培育要遵循人的思想的形成规律，从认知到认同再到实践，层层递进。其中，实践是培育社会主义核心价值观的必经途径，亲身的实践体验能够提高思想觉悟，把知与行统一起来。长征的遗址、遗迹、博物馆、纪念馆中有大量的提供这种体验的教育资源，是培育社会主义核心价值观的鲜活的实践教材。娄山关战斗遗址、遵义会议会址、红军烈士陵园等，展示了长征时期我们党为了实现民族独立、人民解放而英勇奋斗的苦难辉煌的历程。参观这些遗址、遗迹，观看影像资料，阅览文献史料，了解革命先辈当年艰苦的革命生活、恶劣的斗争环境，感受先辈们艰苦奋斗的光辉事迹和崇高精神，身临其境的体验更能增进人们对历史的亲切感和认同感，产生极大的情绪共振和情感共鸣，激发人们为今天的美好生活接续奋斗，激发人们践行社会主义核心价值观的炽热的情感，激发人们自觉践行社会主义核心价值观。

三、弘扬长征精神，培育和践行社会主义核心价值观

培育和践行社会主义核心价值观是一项庞大的复杂的系统工程，需要从

方方面面着手，包括在中华民族精神中汲取养分。长征精神作为中华民族精神的结晶，是培育社会主义核心价值观的宝贵资源。在社会主义核心价值观的培育和践行中，我们应继承和弘扬长征精神，化长征精神的无形力量为社会主义核心价值观培育的有形价值。

（一）大力弘扬长征精神，为社会主义核心价值观的培育和践行铸牢精神支柱

价值观是人的信念系统。要将社会主义核心价值观内化为人们的精神追求，外化为人们的自觉行为，必须先解决理想信念层面的问题，理想信念是培育和践行社会主义核心价值观的根基和精神支柱，给人们的思想和行为以精神上的指导。只有在全社会树立起共同的坚定的理想信念，党员干部和广大人民群众才能自觉地抵制各种错误思潮，积极主动地投入到社会主义核心价值观的培育和践行中。

当前，中国的经济发展在世界上已经达到了较高水平，但是，在物质不断得到丰富的条件下，中华民族要实现伟大复兴，迫切需要精神的振奋，以摆脱物质富裕中的精神贫困。"坚定理想信念，坚守共产党人精神追求，始终是共产党人安身立命的根本。对马克思主义的信仰，对社会主义和共产主义的信念，是共产党人的政治灵魂，是共产党人经受住任何考验的精神支柱。"[①] 长征时期，红军战士正是因为有了坚定的理想信念，才具有无往不胜的力量。今天，在社会主义核心价值观的培育中，要把坚定理想信念作为培育之本、培育之基，并贯穿于核心价值观培育的全过程，不断增强道路自信、理论自信、制度自信、文化自信，为社会主义核心价值观的培育和践行铸牢精神支柱。

（二）大力弘扬视人民利益重于一切的长征精神，为社会主义核心价值观的培育和践行夯实群众基础

以人为本是马克思主义唯物史观的根本原则，也是社会主义核心价值观的价值取向。社会主义核心价值观的终极价值目标是实现人自身价值和促进

---

① 习近平：《紧紧围绕坚持和发展中国特色社会主义 学习宣传贯彻党的十八大精》，载《求是》2012年第23期，第8页。

人自身全面发展。马克思主义群众史观认为，人民群众是实践的主体，是历史的创造者。作为代表最广大人民根本利益的政党，必须把最广大人民的根本利益作为自己的最高价值取向和最高价值定位。所以，社会主义核心价值观的培育和践行必须坚持人民主体地位，坚持人民利益至上，实现、维护人民群众的利益，坚持发展为了人民、发展依靠人民、发展成果由人民共享。

长征路上中国共产党始终坚持群众路线，视人民的利益高于一切、重于一切、大于一切，最终赢得了广大人民群众的拥护和支持。长征的胜利可以说是党的群众路线的胜利。社会主义核心价值观是以人为本的价值观，社会主义核心价值观的培育一定要以人民为中心展开。党员干部一定要大力弘扬视人民利益重于一切的长征精神，时刻牢记全心全意为人民服务的宗旨，恪守以民为本的理念，尊重人民群众的主体地位，重视人民群众的利益诉求，为人民过上更美好的生活而全力以赴。立足于人民的发展诉求来培育社会主义核心价值观，最大限度地将人民群众的主观能动性调动起来，为社会主义核心价值观建设夯实群众基础。

（三）大力弘扬不畏艰险、百折不挠的长征精神，为社会主义核心价值观的培育和践行筑牢思想防线

当今时代是一个多元化的时代，多元的价值观念、多样的社会思潮、多种的宗教信仰，彼此之间相互碰撞、激荡、交织、交融，致使不少人的价值观遭遇被解构的危机，陷入了价值追求迷茫、彷徨、混乱、盲从的境地。在各种价值观的交锋和博弈中，必须用社会主义核心价值观重塑和建构人们的价值观，使全社会形成正确的价值取向。然而，在培育和践行社会主义核心价值观的道路上，注定不会一帆风顺，会遇到诸多挑战，如价值观的多元化对核心价值观认同造成的冲击、社会成员思想观念的多样性和差异化造成人们对核心价值观认同的困难，现行社会的负面问题对核心价值观认同造成的阻力等。除了这些可预见的困难，还有诸多不可预料的困难。困难的攻克需要有迎难而上的勇气。

长征途中红军战士正是凭借不惧艰难的革命乐观主义精神，才能战胜生存的考验和打败强大的敌人，取得最后的胜利。长征精神是新时期我们战胜困难、解决问题、实现发展不可缺少的强大精神动力。面对社会主义核心价值观培育和践行中的风险挑战，要大力弘扬迎难而上、百折不挠的长征精神，为社会主义核心价值观筑牢思想防线。只有永不畏惧艰难险阻，积极应对前进道路上的困难和挑战，持之以恒地以社会主义核心价值观为价值坐

标，坚持培育和弘扬核心价值观，才能不断增强其吸引力和凝聚力，社会主义核心价值观才能驻守精神高地，才能在各种思想文化的相互激荡中赢得主动。

（四）大力弘扬众志成城、互帮互助的长征精神，为社会主义核心价值观的培育和践行汇聚力量源泉

社会主义核心价值观的培育和践行，不是少数先进人物和优秀分子的责任，而是全社会共同的责任和担当，是广大人民群众同心协力、齐头并进的价值建构工程。人民群众是社会主义践行核心价值观的主体，也是社会主义建设核心价值观的主体。作为实践主体、认识主体和价值主体，人民群众是社会主义核心价值观建设的内源性推动力。[①] 培育和践行社会主义核心价值观，必须激发人民群众中蕴藏的巨大创造活力，发挥人民群众的主观能动性和创造性，才能获得力量之源。

长征生动地诠释了团结的力量。社会主义核心价值观的培育和践行，基础在人民群众。要大力弘扬众志成城、紧密团结的长征精神，将人民群众紧密团结起来，使人人参与、个个践行。社会主义核心价值观培育要以群众喜闻乐见的方式，扎根于人民群众的日常工作和生活中。同时，广大党员干部要发挥表率作用，带头学习和弘扬社会主义核心价值观，用自己的模范行为和高尚人格感召群众、带动群众，团结和带领人民群众为梦想而打拼，为实现根本利益而奋斗，使大家心往一处想、劲往一处使，最终拧成一股绳，凝聚起传播与践行社会主义核心价值观的强大力量，共同推进社会主义核心价值观建设。

---

① 韩华：《社会主义核心价值观建设的群众之维》，载《光明日报》2015年9月16日第13版。

将红船精神融入新时代高校思想政治工作的路径探究

成春艳[*]

摘要：红船精神不但表征着中国共产党的建党初心，而且表征着中国革命精神的起源。重温建党初心，弘扬红船精神，加强对红船精神的相关研究，具有非常重要的时代价值和现实意义，对于高校思想政治教育工作具有尤为重要的意义。本文通过分析红船精神的深刻内涵及其在高校思想政治教育工作中的引领作用与现实意义，提出将红船精神融入高校思想政治理论课、高校校园文化建设以及志愿服务实践的有效路径。

关键词：红船精神；时代价值；高校思想政治教育；路径

一、红船精神的时代内涵

1921年7月23日，中国共产党第一次全国代表大会在上海召开。8月初，最后一次会议转移到嘉兴南湖一艘画舫上举行。在这艘画舫上，审议通过了党的第一个纲领和第一个会议文件，选举产生了党的领导机构——中央局，庄严宣告中国共产党的诞生。从此，这艘小船与中国共产党紧密联系在一起，并获得了一个永载中国史册的名字——红船。红船见证了中国历史上开天辟地的大事变，成为中国革命源头的象征。2021年是中国共产党百年华诞。百年征程波澜壮阔，百年初心历久弥坚，从上海石库门到嘉兴南湖，一艘小小红船承载着人民的重托、民族的希望，越过急流险滩，穿过惊涛骇浪，成为领航中国行稳致远的巍巍巨轮。

---

[*] 作者简介：成春艳，女，广州市交通技师学院思政课教师，广东海洋大学马克思主义学院硕士研究生，主要研究方向为思想政治教育。

通信地址：广州市增城区科教大道136号广州市交通技师学院。邮政编码：510540。

近代以后，随着西方列强的入侵及封建统治的腐败，中国逐步沦为半殖民地半封建社会，遭受了前所未有的屈辱，面对帝国主义、封建主义、官僚资本主义的三重压迫，无数仁人志士奋起抗争，救亡图存，力图挽救中国于危亡之中。红船精神，正是在中国人民为争取民族独立和人民解放，实现国家繁荣富强和人民共同富裕的不懈奋斗中，在极其艰苦的环境下，所体现出来的理想信念、精神风貌、思想品德的精华和结晶。

2005年6月21日，时任浙江省委书记的习近平同志在《光明日报》发表文章《弘扬"红船精神"走在时代前列》，首次提出并阐释了"红船精神"，即"开天辟地、敢为人先的首创精神；坚定理想、百折不挠的奋斗精神；立党为公、忠诚为民的奉献精神"。①

我党自建党以来的奋勇拼搏的光辉历史，一次又一次证明，历久弥坚的红船精神始终是激励我们党顽强拼搏、矢志不渝的精神动力，是我们党立党兴党、执政兴国的宝贵精神财富，也是新时代坚持和发展中国特色社会主义的坚强精神支撑。"不忘初心、牢记使命"，是当代中国共产党人的精神呼唤，也是当代中国共产党人的时代强音，在中国共产党的引领下，不忘初心，牢记使命，已成为新时代中国人民的共同理想和精神追求，而红船精神正是这一初心之所在，"为中国人民谋幸福，为中华民族谋复兴"，从这个意义上说，红船精神就是建党精神，是中国革命精神的源头，血脉传承的基因，凝聚党心的根本，不断前进的动力。

中国特色社会主义进入新时代，世界正处于百年未有之大变局，中华民族实现了从站起来、富起来到强起来的伟大飞跃，我们比历史上任何时期都更接近于实现中华民族伟大复兴的目标。习近平同志指出："在实现中华民族伟大复兴的新征程上，应对重大挑战、抵御重大风险、克服重大阻力、解决重大矛盾，迫切需要迎难而上、挺身而出的担当精神。"② 新时代中国特色社会主义面临前所未有的机遇，也面临前所未有的挑战，需要青年一代紧紧团结在中国共产党的旗帜下，开拓进取，勇担时代重托，立足新的时代潮流之下，深刻领会红船精神，并把红船精神付诸实践，不忘初心，牢记使命，让青春在党和人民需要的地方绽放出绚烂的花朵。

---

① 习近平：《弘扬"红船精神"走在时代前列》，载《光明日报》2005年6月21日第2版。
② 习近平：《在纪念五四运动100周年大会上的讲话》，载《人民日报》2019年4月30日第2版。

二、红船精神对高校思想政治教育工作的意义

作为新时代的青年学生,他们努力拼搏,渴望为实现中华民族伟大复兴的中国梦贡献自己的一份力量。但是在当代,随着互联网的迅猛发展,知识爆炸,国内外各种错误价值观通过网络传播,他们的主流价值观受到冲击,自私自利、享乐主义、安于现状等不良之风潜滋暗长。因此,更需要红船精神中的首创精神、奋斗精神、奉献精神来抵制大学生思想中的负面价值观,进而加强学生的政治素质,所以,红船精神在高校思想政治教育工作中具有重要的意义。

第一,有助于坚定大学生对中国特色社会主义道路的自信,坚定共产主义理想及信念,坚定共产主义远大理想和中国特色社会主义共同理想,始终以红船精神为激励,不忘建党初心,牢记我党建党使命,用奋斗精神、奉献精神建功新时代,争做担当民族复兴大任的时代新人,为实现中华民族伟大复兴的中国梦奉献智慧和力量。

第二,新时代发扬红船精神,并把红船精神融入高校思想政治教育中,可以提高广大青年学生的能力素质。广大青年学生要做好新时代建设者和可靠接班人,就要有坚定的道德素质和过硬的能力水平,并要矢志艰苦奋斗,有自强不息和顽强拼搏的精神。而红船精神融入高校思想政治课体系,可以更好地培养大学生的能力素质,红船精神也是其能力素质的重要精神来源。红船精神倡导的首创精神、奋斗精神、奉献精神恰恰是广大青年充分展现自己的抱负和激情,锤炼品格、脚踏实地、艰苦奋斗、敢闯敢试、勇于创业的力量之源。

第三,新时代红船精神融入高校思想政治教育过程中可以锤炼青年的品德修为。人无德不立,品德是为人之本。我们要建设社会主义现代化强国,不仅要在物质上强,更要在精神上强。精神上的强,才是更持久、更深沉、更有力量的强。理想信念作为一种无形的精神力量,在一个人的行为过程中起着巨大的精神支柱的作用。坚定的理想、执着的信念作为早期共产党先进分子战胜一切艰难险阻的力量之源,在今天依然具有很现实的实践意义。红船精神中的立党为公、忠诚为民的奉献精神是中国共产党的建党初心,是一个共产党员高尚的道德素质和情操的集中体现,时刻提醒广大青年不忘立党初心,牢记先辈们用无私奉献铸就的伟大精神,不断提高道德素质,向优秀的共产党员学习,树立崇高的理想和全心全意为人民服务的理念,并不断提高自身道德修养,践行社会主义核心价值观。

三、红船精神在思想政治教育工作中的路径探讨

红船精神内涵深刻，育人价值高，因此必须从多渠道、多角度、多平台入手，结合高校实际情况，通过形式多样，贴近学生实际生活的方式，深入挖掘红船精神融入大学生思想政治教育的路径，以期更好地发挥红船精神的育人功能。

首先，将红船精神融入高校思想政治理论课。思想政治理论课是高校对大学生进行思想政治教育的重要途径之一，作为高校思政课的老师，更要把立德树人贯穿于思想政治教育的全过程，尤其是在研究了红船的精神价值之后，应创新思想政治教学方法，并将红船精神融入思想政治教育理论课教学之中。同时可将红色革命理论与党的先进性理论，红色革命道路与中国特色社会主义道路，红色文化与先进文化，红色革命精神与改革开放的时代精神，有机统一地贯穿于教学全过程。根据思想政治课程的不同科目特点，细化到不同章节，有针对性地结合红船精神并融入每一个知识点中。在大数据时代，充分利用多媒体等手段组织学生参与到教学过程中，比如以专题汇报等方式，从而加深学生对红船精神的理解，提升他们的精神境界，使得红船精神内化于学生心中，外化于平时的行动中，从而提升高校思想政治教育理论课的有效性。

其次，拓宽红船精神的传播路径，把红船精神融入校园文化建设中，实现全方位育人，构建内容丰富的红色文化教育体系。红色教育对弘扬大学生的艰苦奋斗精神起着不可估量的作用。为坚持理论与实践相结合的原则，把"红船精神"教育融入校园文化建设中，举办形式多样的、内容丰富的红色文化活动，发挥校园红色文化精神的凝练作用，打造红船精神文化品牌建设，开展各种社团活动①。例如，第一，可通过举办红船精神相关主题研讨会活动，从前期的资料收集到活动中的讨论及活动后的总结归纳，在这一过程中不断加深学生对红船精神的理解，提升学生的精神境界。第二，校内可组织丰富多样的以红船精神为主题的征文活动、演讲比赛及诗歌朗诵等形式丰富多样的活动，并组织学生积极参与，可将比赛评定成绩纳入学生的学分评定标准中，不断激发学生的竞争动力，并在这一过程中不断加深学生对红船精神的深刻理解，同时也使得校园文化建设更具活力、创新力。第三，可

---

① 闫力：《新时代红船精神融入大学生思想政治教育的路径探析》，载《柳州职业技术学院学报》2019年第4期，第68页。

利用当前互联网大数据平台，实施红色文化教育，充分利用"微讲台"等形式，定期播放一些与红船精神相关的内容，充分发挥校园网络文化的教育功能。第四，利用各类重大红色节日，并以此为契机，充分开展各类形式的志愿服务活动和参观教育活动，并做好宣传活动。例如，在每年五四青年节的时候，开展大学生志愿服务活动，进而更好地激发大学生的社会服务和奉献意识；在七一建党节的时候参观红色景点，使学生深刻感受中国共产党的建党艰辛、建党的初心和使命，开天辟地、敢为人先的首创精神，坚定理想、百折不挠的奋斗精神。第五，以大学生的日常生活为基点，积极开展文明校园建设，让"红船精神"渗透到学生的日常生活中，引导学生在日常生活中自觉践行"红船精神"。第六，可鼓励有文艺特长和文艺兴趣爱好的学生进行红船精神文艺作品的创作，中国共产党在红船上宣告诞生，从此开启建设中国特色社会主义伟大复兴的新征程，其间涌现了很多可歌可泣的人民英雄，谱写了壮丽的革命史诗，① 所以这些素材都可以成为高校学生文艺创作的灵感。把红船精神融入艺术创作中，既可以继承和传播红船精神，推动红船精神的发展，推动红船精神时代价值的发挥，又可以推动校园红色文化建设，加深广大师生对民族红色文化的认同感，更好地践行不忘初心的建党使命。

最后，努力将红船精神推广到社会实践服务中。理论来源于实践，同时理论也可以指导实践，所以可将红船精神的理论融入志愿服务的实践中，在实践中传承红船精神。例如，在学校的允许下拓宽与思想政治教学相关的实践教学的渠道，创新思想政治实践的路径方法，为学生多渠道提供社会志愿服务的机会和平台。一方面，学校可与就近的养老机构、医院、火车站等机构或场所定期开展社会合作，让学生自愿参与到志愿服务中，参与活动可与思想政治科目综合成绩的评定相关，在这个过程中促使学生在自我服务中深刻体会共产党人的初心与使命，以便更好地传承红船精神。另一方面，不断引导学生利用互联网、大数据等渠道，积极宣传红船精神正能量，比如，可设计以红船精神为主题的宣传网站以及微信公众号等，建设独具特色的官方网站，并在网站上发布一些志愿服务活动等，让学生在重塑自我奉献意识的过程中深刻体会红船精神的价值和力量，树立正确的人生理想。

---

① 贾延林：《红船精神及其当代价值研究》（硕士学位论文），黑龙江大学2019年。

四、结语

红船精神是马克思主义与中国革命具体实践相结合的重要的精神文化，是宝贵的精神财富，深刻地体现了中国共产党的革命宗旨，更加彰显了中国共产党人的建党初心和使命，它也是以爱国主义为核心的民族精神的继承和发展，同时更是新时代高校进行思想政治教育的宝贵红色资源。高校思想政治教育要充分挖掘红船精神的时代价值，并将其重要精神融入高校思想政治教育中，充分把红船精神的理论和实践价值相结合，并给予学生更多的把红船精神理论变成实践的平台，让广大青年学生充分深刻地理解红船精神的时代内涵，在促进自身发展的同时，不断地把共产党人开天辟地、敢为人先的首创精神，坚定理想、百折不挠的奋斗精神，立党为公、忠诚为民的奉献精神，真正应用到日常生活的方方面面，更好地为实现中华民族伟大复兴的中国梦贡献自己的力量。

"三全育人"视域下构建南路革命文化协同育人新机制研究

——以广东海洋大学学生党建工作为例

李文河* 宋玉忠**

摘要：革命文化是一种先进的政治文化，在大学生党建工作中具有教化作用、传承作用和激励作用。当前南路革命文化协同育人面临着协同育人目标不够明确、内容与形式单一、成果和实效彰显不足等问题。广东海洋大学以学生党建工作为主抓手，以"三全育人"为理念，通过建立南路革命红色文化系列化研究基地，打造粤西红色文化育人"卓越思政"特色品牌，开展一系列传承革命基因、弘扬红色文化的宣讲活动，开展具有南路革命文化特色的思想政治工作与活动，通过建设粤西高校南路革命红色文化教育与传播大型网站等措施构建南路革命文化协同育人新机制，形成党委领导、多方协同的党建育人协同创新平台，致力于打造学生主动式党建育人模式，推动实现校地共享共建的良性互动状态。

关键词：三全育人；南路革命文化；协同育人；机制；学生党建

一、引言

党的十九大以来，高校聚焦实现全员全程全方位育人，在大学生思想政

---

* 作者简介：李文河，男，广东海洋大学经济学院辅导员，主要研究方向为中共党史党建和大学生思想政治教育。

通信方式：广东省湛江市麻章区海大路1号广东海洋大学主楼725-2室。邮政编码：524088。

** 作者简介：宋玉忠，男，广东海洋大学马克思主义学院教授、硕士生导师，主要研究方向为马克思主义理论。

治教育领域尤为突出。习近平总书记在全国高校思想政治工作会议上指出，要坚持把立德树人作为中心环节，把思想政治工作贯穿教育教学全过程，实现全程育人、全方位育人，努力开创我国高等教育事业发展新局面。① 习近平总书记重要讲话为高校思想政治教育工作指明方向和要求，高校学生党建工作是高校思想政治教育的核心内容之一。革命文化是一种先进的政治文化，在大学生党建工作中具有教化作用、传承作用和激励作用。新时代做好高校学生党建工作，提高党建质量，增强党建育人成效，用好用活革命文化资源无疑是重要的实践路径。南路革命文化所蕴含的精神内涵和文化品质，与红船革命文化、井冈山革命文化、延安革命文化等一样，既继承了中华优秀传统文化的基因，又彰显了中国共产党人的鲜明品格，在高校学生党建育人工作中具有重要意义，应积极构建革命文化协同育人机制，发挥革命文化在实现"三全育人"中的重要作用。

二、"三全育人"视域下南路革命文化协同育人面临的问题

"三全育人"是做好新时代高校思想政治教育工作的重要方法、必要手段和衡量标准。"三全育人"主体在"人"，重点在"育"，关键在"全"②，全员、全程、全方位育人从思想政治教育者和教育对象、思想政治教育过程及规律、思想政治教育环境等多个角度都说明"协同"育人机制在其中发挥的重要作用。思想政治教育协同育人机制是实现"三全育人"的重点和难点。当前，对南路革命文化的研究方兴未艾，在南路革命文化协同育人方面还面临着一些问题和挑战。

（一）协同育人的目标不够明确

由于缺乏统一的南路革命文化协同育人工作体制机制，协同育人工作上随意性较大，协同的意向性不高、目标不明确，有时候甚至存在形式主义问题，没有形成系统的协同育人体系。作为协同育人主体的南路革命文化教育基地和高等院校，在具体目标上都有各自的考量，二者既有共同之处也有不

---

① 《习近平在全国高校思想工作会议上强调 把思想工作会议贯穿教育教学全过程 开创我国高等教育事业发展新局面》，载《人民日报》2016年12月9日第1版。
② 丘剑华：《全员育人 全程育人 全方位育人》，载《南方日报》2004年11月21日第001版。

同的方面，需要秉承"三全育人"的理念，从制度机制层面明确双方协同育人的共同目标，在实现双赢的同时，达到协同育人的最大化成效。

（二）协同育人的内容和形式较为单一

革命文化之所以具有持久的生命力，是源于其与当代精神追求的契合。当前一些高校在与南路革命文化教育基地开展协同育人的过程中内容较为单一，基本上停留在高等院校组织学生到南路革命文化教育基地开展主题活动，形式集中体现在参观学习、接受理论宣讲、开展寒暑期社会实践调研活动等方面。活动对象主要局限于学生党员和学生干部等少数群体。活动过程中除去来回花费在路上的时间，在现场实际开展活动的时间往往较短，有时甚至走马观花。可见，南路革命文化协同育人的内容和形式都需要进一步丰富和创新。

（三）协同育人的成果和实效彰显不足

协同育人的机制、目标、内容和形式等都会对协同育人的成果和实效产生重要影响。调研发现，一些院校和南路革命文化教育基地在协同育人过程中还存在彼此之间配合度不够、主导性不足的问题，过程难以连接，无法形成完整的育人体系，很难达到预期的目标和效果。短暂的参观学习和聆听理论宣讲等形式难以形成育人成果，其实效性彰显度也不高。短期的寒暑期社会实践活动形式最终形成的成果往往是质量参差不齐的实践心得体会、实践报告等。项目化、品牌化、精品化的成果目前还较为欠缺。

三、"三全育人"视域下构建南路革命文化协同育人新机制措施

广东海洋大学高度重视党建育人工作，不断探索实践将党史和革命文化，尤其是地方革命历史和革命文化融入大学生思想政治教育和学生党建工作，不断深化与地方相关单位部门合作，开展协同育人，取得了一系列工作成果和育人成效。特别是近两年，学校党委以学生党建工作为主要抓手之一，充分整合党委组织部、党委宣传部、学生工作部、马克思主义学院、研究生院、校团委等职能部门和南路革命研究所等科研院所的资源和力量，以中国共产党领导的南路革命研究为重点，着力于粤西红色革命文化历史遗存

的挖掘、整理与研究，经过努力，创新建成集科研、教学、育人、活动为一体的综合性网格化优势特色品牌。其中，在"三全育人"视域下构建起南路革命文化协同育人的新机制。

（一）建立南路革命红色文化系列化研究基地

以南路革命烈士纪念地"黄学增故居"为代表建立系列化研究基地。包括遂溪南路革命纪念地、雷州烈士陵园、霞山中共广州湾支部旧址、吴川广东省农民协会南路办事处梅菉旧址等。以这些系列化研究基地为平台，加强南路革命历史资源与红色文化历史遗存的挖掘、整理与研究，如南路革命红色历史遗存的收集、整理；南路革命老同志口述史采访记录；编写红色文化案例、教材；发表科研论文与出版专著；等等。

（二）打造粤西红色文化育人"卓越思政"特色品牌

联手地方政府及地方相关组织、机构，共同建设红色文化育人基地，增强红色文化育人的即视感与"在场"教育实效。开展"讲好南路革命故事"活动，追寻南路革命的足迹，学习南路革命的事迹，讲好南路革命的故事。组织学生开展"红色基因代代传　长征精神永放光""十九大精神宣讲调研""寻访红色乡村，传承红色基因"等主题的红色文化育人实践活动，着力提升思想政治教育与大学生党建工作的真实性、时代性及感染力。

（三）开展传承革命基因、弘扬红色文化系列化宣讲活动

与研究生院、校团委、学生工作处等部门联合举行红色文化宣讲活动。宣讲方式包括：充分动员学校思政小助理、青年马克思主义者培养工程培训班（以下简称"青马工程"）成员、校学生会及学生社团组织，采用小分队的形式，到当地党政机关、中小学校开展红色文化宣讲活动。利用寒暑假期，结合"三下乡"社会实践活动，第一期组织以大学生党员为骨干的大学生社会实践团队，深入寻访100个红色乡村，开展革命历史、红色文化、精准扶贫和乡村振兴等主题的理论宣传和实践调研活动。依托广东省名辅导

员工作室培育对象——大学生党团和班级建设工作室——举办学生党员讲党课竞赛活动，发挥学生党员的朋辈教育作用。

（四）开展具有南路革命文化特色的思想政治工作与活动

开展以"黄学增"命名的培育思想政治工作与活动。在组织与开展红色文化宣讲的过程中，以宣传和学习南路革命英雄人物黄学增为契机，立足我校，面向粤西，开展"黄学增青年团""黄学增少年团""黄学增好青年""黄学增好少年"等思政工作与活动。

（五）建设粤西高校南路革命红色文化教育与传播大型网站

依托学校的网络平台，把南路革命遗迹（址）、南路革命老战士口述史、南路革命先辈事迹、南路革命红色文化、南路革命研究成果，以及新时代南路革命精神宣讲与红色文化育人等各种资源资料，利用现代信息技术，建立综合性大型网站。

四、"三全育人"视域下创新南路革命文化协同育人的经验

（一）党委领导、多方协同的党建育人协同创新平台

在学校基本形成的以书记、校长（含各学院书记、院长）思政"第一课"为统领，思政课教师与辅导员队伍为骨干，学校各级党政工团组织为保障的大思政和党建育人新格局的基础上，由学校党委直接领导，综合全校多部门力量，打造思政育人、党建育人的协同创新机制，政治站位高，综合力量强，集体攻关，努力开创高校思政和党建育人新局面。在这个南路革命文化协同育人新机制中，学校及其相关的职能部门发挥着各自优势：马克思

主义学院有研究与教育优势，学工部（处）有思政小助理，校团委有"青马工程"与学生社团，研究生院有成熟的学生挂职锻炼经验。南路革命文化教育基地则发挥其资源和平台等的优势。此外，下一步争取建立"黄学增基金"，创建"黄学增"系列品牌活动，首创以南路革命英雄人物命名的红色青年培育工作，形成"卓越思政"品牌，引领粤西地区红色文化的发展。

（二）致力于打造学生主动式党建育人模式

一方面，学校在主题宣讲活动、社会实践活动和调查研究活动的设计、开展、总结全过程都注重学生的主动参与性以及受教育的主体地位。另一方面，创新选拔由品学兼优、具有较高组织管理能力的学生党员组成"思政小助理"团队，充分发挥学生党员在大学生思想政治教育中的骨干带头作用和先锋模范作用，引导他们自下而上地主动参与大学生思政教育和党建工作，起到桥梁纽带和骨干引领作用。学校通过"思政小助理"的队伍建设，不断推进思想政治理论课改革，增强思想政治工作的实践育人功能，为实现全员全程全方位立德树人的根本任务打下扎实基础。

（三）推动实现校地共享共建的良性互动状态

加强校地共建，切实推进学校思政和党建育人工作的协同创新。整合"青马工程"、思政小助理、研究生实践教育、本科生暑假实践教育等多重力量，进行革命文化系列主题活动。一方面，实现校内思政育人、校园文化建设等多领域的协同创新；另一方面，实现校园内外红色文化交互发展、资源共享，高校与地方共享共建的良性互动。通过加强与南路革命文化教育基地、当地政府的合作，强化红色文化交流活动，有效提升学校在粤西地区思政教育和党建工作上的话语权及影响力，助力粤西地区红色文化与政治经济的协同发展。

五、结语

"培养什么人、怎样培养人、为谁培养人"是高等教育的根本问题与首要问题。习近平总书记强调，红色文化资源作为诠释中国共产党人理想信念的鲜活教材,是文化自信的根本源泉。① 积极挖掘和构建南路革命文化协同育人新机制,打造高校红色文化育人及科研、宣传一体化特色品牌,有利于增强学校思想政治教育与学生党建工作的特色与实效,突显全员全程全方位人才培养的特色优势,有助于高校完成培养担当民族复兴大任的时代新人、培养德智体美劳全面发展的社会主义建设者和接班人的最终目标。

---

① 习近平:《在庆祝中国共产党成立95周年大会上的讲话》,人民出版社2016年版,第12页。

红色文化资源在大学生思想政治教育中的价值实现

韩 英[*]

摘要：加强和改进大学生思想政治教育是一项重大而紧迫的战略任务，而红色文化资源在大学生思想政治教育中具有非常重要的价值，它可以提供优质的大学生思想政治教育教学资源，丰富大学生思想政治教育的方式，完善大学生思想政治教育的功能体系，确保大学生思想政治教育的方向和性质。大力发挥教育主体的主导功能，能充分保障教育客体的主体地位，加强思想政治教育的介体建设，着力提升教育环体的效用，从而推动红色文化资源在大学生思想政治教育中的价值实现。

关键词：红色文化资源；大学生；思想政治教育；价值实现

一、红色文化资源的内涵与特点

（一）红色文化资源的内涵

关于红色文化资源的内涵，目前国内学术界还没有统一的界定。本文采用的红色文化资源，指的是中国共产党领导人民在革命斗争实践中形成的并能够开发利用的革命精神及其载体的总和。[①] 从其定义来看，红色文化资源既包括中国共产党领导和带领人民在新民主主义革命时期形成的革命精神和

---

[*] 作者简介：韩英，女，广东海洋大学讲师，主要研究方向为马克思主义中国化。
通信地址：广东省湛江市麻章区海大路1号 广东海洋大学马克思主义学院。邮政编码：524088。
① 陈始发、李立娥：《红色文化资源在高校思想政治理论课教学中运用的思考》，载《思想理论教育导刊》2014年第11期，第70页。

革命传统，又包括在新中国成立后的各个历史时期形成和发展的新精神和新传统。红色文化资源的呈现形式多样，以人、物、事、魂为典型形态，是物质文化资源、制度文化资源和精神文化资源的有机载体。

（二）红色文化资源的特点

红色文化资源是一种文化资源，除具有一般文化资源的共性外，还具有其本身的特性。

红色文化资源具有精神内涵的丰富性。一方面，红色文化资源以故居、遗址、文物、纪念馆等物质形态展示在大众面前，向大众传递其精神内核。中国共产党在领导中国人民推翻三座大山的不懈征程中，形成了以为共产主义事业奋斗终身的崇高理想，保家卫国、不怕牺牲的爱国主义情操，毫不利己、专门利人的集体主义观念，"实事求是，敢闯新路"的首创精神等为典型代表的宝贵精神财富。另一方面，党的革命根据地分布广泛，遍布全国各地，其中不乏少数民族聚居地，红色文化资源在吸收了地方特色尤其是少数民族特色之后，其民族性更加显著，内涵更加丰富。

红色文化资源具有表现形式的多样性。红色文化资源在长期的革命斗争事件中，涌现了一批又一批仁人志士，为了挽救民族危亡奔走在生死边缘，是革命先贤们舍生忘死，用热血换回了民族解放和国家富强。每一处革命遗址都是中国共产党奋斗史的缩影，每一件珍贵文物都是革命烈士的爱国主义象征，每一片红土地上都有无数可歌可泣的英雄儿女，无数惊天动地的感人事迹。红色文化资源或以原生态的物质形态真实展示在世人面前，或以红色故事、人物传记、红歌、纪录片、影视剧、网络博文、官媒评论等形式在大众面前传颂。

红色文化资源具有价值功能的永恒性。红色文化资源萌芽于20世纪初，当时的中国贫穷落后，民不聊生，受列强侵略。中国共产党从诞生之日起，就义无反顾地选择了马克思主义作为指导思想，将实现共产主义理想作为最高的奋斗目标，坚定不移地带领中国人民走上了社会主义道路。红色文化资源的形成与发展过程就是马克思主义与中国国情相结合、与时代相结合的发展过程。红色文化资源对于教育青年大学生始终坚持马克思主义的指导地位，始终坚定"四个自信"具有恒久意义。

二、红色文化资源在大学生思想政治教育中的价值

红色文化资源内涵丰富，形式多样，分布广泛，为大学生思想政治教育工作充实了内容，增加了方式，增强了思想政治教育的吸引力和感染力，提升了思想政治教育的效果。

（一）红色文化资源确保了大学生思想政治教育的方向

红色文化资源的萌芽形成阶段正是中国共产党带领中国人民义无反顾走上中国革命道路，意志坚定地选择社会主义道路的历史阶段。革命先辈们崇高的理想信念、令人折服的高尚品德是对大学生进行思想政治教育的鲜活素材，革命先辈用实际行动向大学生传递了选择中国共产党、选择社会主义道路的正确性。红色文化资源所蕴含的正确的政治导向，解决了举旗定向的问题，保证了思想政治教育的方向和性质，对于培养社会主义合格的建设者和接班人，实现中华民族伟大复兴有着深远的意义。

（二）红色文化资源充实了大学生思想政治教育的内容

我们党领导中国人民进行新民主主义革命，一路走来风雨兼程，从城市转向农村、从南方迁往北方，革命根据地遍布全国，英雄儿女魂归各地。一件件文物、一处处遗址、一座座故居都是中国共产党人大无畏精神的生动诠释，都是中国人民爱党爱国爱军的历史印证，这些真凭实据向人们真实展示了历史人物的英雄事迹，鲜活讲述了革命先烈的感人事迹，用真实再现的历史、活泼鲜活的人物形象代替空洞的说教，将思想政治教育枯燥的理论性内容转化为直观的、饱含感情的体验性内容，让大学生沉浸在历史的厚重感中，润物无声般地影响着大学生的理想信念、道德素养、价值观念。

(三) 红色文化资源创新了思想政治教育的方式

红色文化资源由器物形态、制度形态和精神形态组合成有机统一体,为思想政治教育提供了多样化的教育形式,创新了思想政治教育的方式。针对革命遗址、名人伟人故居、烈士陵园等的红色文化资源可以选择实地参观瞻仰的教育方式,而针对革命先贤的书信、诗词、人物传记、回忆录、红色影视作品等的文化资源可以选择写读后感、观后感的教育形式。思想意识层面的精神学习则有更多教育方式上的可能性,榜样激励法、情景再现法、访谈法、案例分析法等都是运用红色资源对大学生进行思想政治教育的有效方式。

(四) 红色文化资源丰富了大学生思想政治教育的功能体系

红色文化资源是中国共产党领导中国人民争取民族独立和人民解放的血泪历史,真实记录了中国人民反帝反封建反官僚资本主义的英勇斗争史,是对历史虚无主义的强烈反击,是对青年大学生最好的历史唯物主义教育。中国共产党的领导地位从来都不是自封的,红色文化资源用最鲜活的事迹证明中国人民接受中国共产党的领导是经过检验和证明的,是历史的选择,是人民的选择,是最生动的党史教育。中国共产党人带领中国人民在新民主主义革命中生动诠释了不怕牺牲、保家卫国的爱国主义情操,胸怀理想、意志坚定的共产主义理想信念,无私奉献、团结群众的思想道德境界,忠于党、忠于国家、忠于人民的价值观和人生观,百折不挠、忍辱负重的强大心理素质,在抗日战争和解放战争中展现的灵活军事技能和高超的战略战术等,对大学生的理想信念教育、道德教育、心理教育、军事教育都具有重要的资源价值,使得大学生思想政治教育的功能体系更加完善。

三、红色文化资源在大学生思想政治教育中的价值实现路径

思想政治教育不是一个独立的概念,而是一个是由教育主体、教育客

体、教育介体和教育环体四个基本要素构成的有机系统。① 根据系统论的观点，任何系统都是一个有机的整体，它不是各个部分的机械组合或简单相加，而是几个要素之间相互联系、相互作用，使得这个有机系统的整体功能大于部分功能相加之和。大学生思想政治教育的教育主体就是指在高校对大学生进行教育的主要组织者、实施者，包括学校党政领导、思政课教师、班主任、辅导员等学生工作队伍、党团组织等。教育主体在系统中发挥主导作用。教育客体就是指在校大学生，在系统里发挥主体功能。教育介体就是指开展思想政治教育的方式和载体。教育环体就是指大学生所处的时代背景、社会环境和校园氛围。

习近平总书记在学校思想政治理论课教师座谈会上指出：党中央对教育工作高度重视，要用新时代中国特色社会主义思想铸魂育人。② 习近平总书记的讲话铿锵有力，既为高校进一步加强和改进大学生思想政治教育工作提出了要求，又指明了方向。

（一）大力发挥教育主体的主导作用

主导作用就是指在高校对大学生进行思想政治教育时，教育主体在关键位置起着引领方向的作用。主导作用集领导、向导、传导作用为一体。

各高校党政"一把手"处于领导地位，是高校顶层设计的决策者。从全局的角度，对红色文化资源在大学生思想政治教育中的价值实现的各方面、各层次、各要素进行统筹规划，以集中有效资源，高效快捷地实现目标。找准红色文化资源方向，选定红色文化资源内容，强调思想政治教育纪律，是党政领导义不容辞的责任。党委书记、校长要带好头，真正落实好书记、校长"思政第一课"，带头走进课堂，讲述红色文化，党政领导身体力行对推动红色文化资源进课堂具有领导示范的积极作用。

思政课教师处于向导地位，高素质的思政课教师队伍为大学生思想政治教育指引方向。当前对大学生进行思想政治教育的主渠道仍旧是思政课，思政课的主要实施者是思政课教师。当前，我国红色文化资源总量较大，且多以革命遗址、纪念堂、故居、红色影视等传统方式分散分布，如何将总量庞大又分散的红色文化资源转化为思想政治教育的优质资源是教育主体需要解决的关键问题。对红色文化资源进行整合分析，对史料进行搜集、整理、分

---

① 邱伟光、张耀灿：《思想政治教育学基本原理》，高等教育出版社1991年版，第100页。
② 习近平：《习近平谈治国理政》第三卷，外文出版社2020年版，第329－331页。

析、组织、编写，形成统一的教学素材，然后在课前组织教师开展教研，进行课堂设计，根据教学目标和教学内容精心策划，对红色文化资源的呈现方式、内容，可能出现的效果进行预判，形成相对完整的课堂教学程式，从而避免教育的随意性和无序性，引导大学生顺利实现知情意行相统一。

高校学生党团组织、学工队伍是最具思想传播优势的团队，处于红色文化资源在思想政治教育中的传导地位，党团组织和学工队伍与学生有最紧密的联系，是大学生最亲密的教育主体，是最容易将教育目标传递给大学生的组织。学生党支部吸收大学生中的优秀分子到党的组织中来，学生党员的学生身份，使其骨干带头作用和先锋模范作用更易在学生中发挥。共青团是党领导下的先进青年的群众组织，在团结和联系大学生方面有天然的优势；学生工作队伍能引导学生健康成长，既有管理者的地位，又有服务者的身份，对于推进红色文化资源在思想政治教育中的价值实现具有就近传导的优势。

（二）充分保障教育客体的主体地位

随着第一批"世纪宝宝"踏入大学校门，目前我国在校大学生的主体部分已经不再是"90后"。"00后"的新生代思维更加活跃、情感更加丰富，有着更强的自我意识。作为教育客体，他们不是被动的接受教育者，而是能够充分发挥主观能动性，积极主动参与到教育活动中来的大学生。这就要求高校思想政治教育必须贴近实际生活、树立合适目标、契合发展需要，有效发挥红色文化资源在大学生思想政治教育中的价值，充分保障在校大学生的主体地位。

（1）传承红色基因，贴近现实生活。红色文化资源的内容十分丰富，包容性和开放性决定了其在不同时期可以有不同的表现形式。以勤俭节约为例，在物质匮乏、战乱不断的年代，井冈山上，中国共产党人经常吃红米饭喝南瓜汤，在长征路上经常煮树皮、腰带充饥，衣服破了补，补了再补。虽然现在的大学生生长在国家繁荣发展的新时代，但对学生开展勤俭节约教育依然十分必要，用这些红色文化资源教育大学生的目的不是每天就只让他们吃米饭喝粥，而是要让他们极力践行光盘行动，不浪费每一粒粮食。

（2）将普遍性和特殊性的内容要素相结合，树立合适目标。在校大学生既是一个朝气蓬勃的青年群体，又是一个个鲜活独立的个体。我们在对大学生进行思想政治教育，选取英雄人物作为榜样的时候，既要考虑群体的普遍性，又要兼顾个体的特殊性，应将毛泽东、周恩来等革命伟人作为榜样学习，将方志敏、刘胡兰等革命先烈作为榜样来推崇。同时，对学生单独辅导的时候应选用更适合其身心发展的红色人物形象——或是跟学生的性格特点相似，或是兴趣爱好相同，或是均具有某一方面的才能或者德行，这样的教育可能更加具有感染力，从而真正做到因时制宜，因材施教。

（3）新时代大学生的发展需要与高校思想政治教育目标高度契合。在全国人民努力实现中华民族伟大复兴的今天，当代大学生也渴望在守初心、担使命的大潮中有作为，有建树，做社会主义事业的建设者和接班人，实现自我的全面发展。红色文化资源所蕴含的热爱中国共产党、为民族独立和人民解放而顽强不屈的伟大斗争精神，为实现共产主义信仰舍小家为大家的忘我牺牲精神，团结统一、顾全大局的集体主义观念等都为大学生思想政治教育提供了丰富的素材支撑和强大的精神支撑，与青年大学生立志为中国特色社会主义事业奋斗终身的坚定理想信念高度契合，为他们实现人生价值指明了方向。

（三）加强思想政治教育的介体建设

教育介体是指实施思想政治教育的载体和方式。以往的教育模式往往以"我讲，你听"的单项灌输式教育为主，忽视了大学生的参与权和表达权，红色文化资源的形式多样性可以有效实现教育方式讲授、引导、互动的有机统一，实现教育方式的多样化。

（1）丰富教学资源，提升课堂质量。思想政治理论课的课堂教学依然是对大学生进行思想政治教育的主要渠道。将红色文化资源纳入教学体系，编写具有地方红色文化特色的教材，根据思想政治理论必修课的特点，将红色文化专题教育引入其中，对大学生进行正面的红色文化教育，将系统教学与专题教育结合起来，综合运用专题式、案例式、访谈式等教学方式，打造高质量的红色教育课堂。

（2）拓展教学形式，注重实践参与。在校大学生多数都出生在21世纪，他们的生活经历决定了他们对红色历史的认识大都还停留在感性认知阶段。真实地参与到历史中去，社会实践是行之有效的方法。在真实的环境中认知，开展具有实践性、情境性、体验式的教育活动，能增强思想政治教育的实效性。

（3）整合线上资源，加强融媒体建设。传统媒体、单一化媒体在红色文化传播方面有其自身缺陷，融媒体将传统媒体和新媒体结合起来，实现资源共享、教育功效最大化。加强红色文化融媒体教育平台建设，一方面，顺应了大学生群体无人不网的真实状态，以网络阵地为教育的平台，同时将自媒体的功能效用发挥到最大；另一方面，将散布在全国各地的红色文化资源集中起来，形成一个超大容量、超多内容的红色文化资源数据库，实现对大学生进行全面红色文化教育，多角度提升大学生的思想政治素养的目标。

（四）着力提升教育环体的效用

教育环体是指影响在校大学生思想政治教育的一切环境因素的总和。每个人都是社会人，不能脱离社会而独立存在。对大学生进行思想政治教育同样不能离开环境纯谈教育，而是要在时代的大背景中，立足当地，共建育人环境。

国家历来将大学生的思想政治教育摆在十分重要的位置。国家需要培养一批又一批拥护党的领导和社会主义制度的栋梁之材。红色文化资源的形成、发展、继承、创新无一不在中国共产党的领导下，红色文化资源的精神内核就是坚定的共产主义信念，为实现中华民族的伟大复兴而不懈奋斗。时代的呼唤、国家的需要保障了红色文化资源在大学生思想政治教育中的崇高地位。

地方政府应充分利用社会资源，建设红色文化资源教育基地。对当地的红色文化资源进行整合，加以保护，积极主动与典型示范基地开展共建活动，努力打造几个相对稳定的社会实践基地，组织学生定期参观，让学生在亲身体验中接受心灵洗礼和情感升华。

着力营造红色校园氛围。校园环境对大学生思想政治教育的成效起着直接的影响作用。校园是大学生的生活、学习、工作的主要场所，在校园内营造浓郁的红色文化氛围，一方面可以将校园网络、学校微信公众号等建设成红色网络矩阵，另一方面可以开展形式多样的红色文化活动，推动校园文化建设，唱响红色主旋律。大学生在充满红色文化的校园环境中接受熏陶，其思想观念就会在不知不觉中被影响，在潜移默化中得到提升。

红色文化融入高校思想政治教育之思考

陈玄德*

摘要：红色文化是我党领导人民群众在新民主主义革命、社会主义建设以及改革过程中凝练而成的特色文化，它是我党革命精神的源头，彰显着以爱国主义为核心的民族精神与时代特色。新时代，加强对红色文化的挖掘、应用，将红色文化融入高校思想政治教育中，充分发挥红色文化的思想政治教育功能，这对于把广大青年学生培养成为合格的社会主义事业建设者和接班人具有重要意义。

关键词：红色文化；高校；思想政治教育

习近平总书记强调："要把红色资源利用好、把红色传统发扬好、把红色基因传承好。"① 利用好红色资源、发扬好红色传统、传承好红色基因，目的是充分发挥它们的教育功能，培养造就合格的社会主义接班人。红色文化作为红色资源、红色传统和红色基因的重要载体，是我们党宝贵的精神财富，是我们党领导人民在谋求民族独立、追求国家富强的过程中所形成的，体现了中国共产党人的精神追求，永远激励着我们前进，从胜利不断走向胜利。在开展思想政治教育工作时，高校要充分利用红色文化的教育价值，实现红色文化与思政教育深度融合，提升思想政治教育实效。

---

* 作者简介：陈玄德，男，广东机电职业技术学院辅导员，广东海洋大学马克思主义学院硕士研究生，主要研究方向为马克思主义中国化。

通信地址：广东省广州市白云区钟落潭镇高职园区社区马沥环村路1号。邮政编码：510550。

① 龙飞：《当代大学生红色基因传承研究——以江西师范大学为例》（硕士学位论文），江西师范大学2018年。

一、红色文化融入高校思政教育的重要性

(一) 红色文化能更加坚定青年大学生的理想信念

"青年一代有理想、有本领、有担当,国家就有前途,民族就有希望。"① 习近平总书记对青年学子的深切寄语,体现了加强对作为国家富强和民族复兴事业接班人的青年学子培养的重要性。当前,大学生逐渐以"00 后"为主体,他们自出生起就直接享受改革开放的成果,拥有优厚的物质生活条件,追求个性的张扬与自由。与出生在革命和社会主义建设时期的那一代人相比,他们对中国的革命、社会主义建设的历程并不了解,没有在生活中吃过苦头,不懂得今天的幸福生活是如何得来的。② 因此,帮助他们了解和熟悉中国共产党带领各族人民为中国人民谋幸福、为中华民族谋复兴的历史,坚定他们的理想信念非常有必要。

红色文化中具有坚定不移的爱国情怀、全心全意为人民服务的不懈追求和大无畏的奉献牺牲精神等深刻的思想内容,蕴含着强大的精神感染力和影响力,这是国家观、集体观和利益观的集中体现。将红色文化融入高校思想政治教育中,充分挖掘整合红色文化中的精神品格和价值取向,在教育过程中向青年大学生讲述中国共产党领导全国各族人民谋求民族独立的峥嵘岁月,中国共产党人在面对敌人拷打、迫害时所表现出的铮铮铁骨,有利于解决大学生政治立场不坚定、信仰缺失的问题,有利于大学生树立正确的价值观念,形成自强不息、勇于担当、坚韧不拔的优秀品格,更加坚定自身为实现中华民族伟大复兴和社会主义现代化而献身的理想信念。

(二) 红色文化能增强青年大学生的爱国情怀

有国才有家,家是最小国,国是千万家,祖国是小家的港湾。家国情怀,一直都是中华儿女内心深处最自然的情感。爱国主义情怀从古至今都是

---

① 习近平:《决胜全面建成小康社会 夺取新时代中国特色社会主义伟大胜利——在中国共产党第十九次全国代表大会上的报告》,载《人民日报》2017 年 10 月 28 日第 1 版。
② 王新红、黄彦、马宁:《红色文化融入高校思想政治教育的价值及路径》,载《云南社会主义学院学报》2019 第 2 期,第 131 – 134 页。

中华儿女灵魂深处的一个烙印,是每个中国人不能缺失的精神食粮,是将广大华夏儿女紧密联系在一起的纽带,永远流淌在中华民族儿女的血液当中。作为祖国的未来,大学生更应该持有这份情怀。当前,随着我国国门的深度打开,西方势力也加紧对我国实施和平演变的阴谋,各种西方思想加紧对我国思想领域和国民的意识形态进行冲击。大学生中的"精日分子"事件、台湾间谍案等事件的出现,都表明加强对大学生的爱国主义教育的必要性和紧迫性。

在思想政治教育中,利用好红色文化中包含着的丰富的爱国主义教育资源,以中国共产党人为谋求民族独立而抛头颅、洒热血的事迹,中国共产党人在面对敌人的围追堵截时所表现的英勇不屈、视死如归的崇高品格,中国共产党人在社会主义事业建设过程中展现出的不屈不挠的拼搏精神为主要内容,对大学生进行爱国主义教育,荡涤他们在思想和意识形态领域受到的侵染,使他们对党、国家和社会主义事业有更加透彻的认识,激发、增强他们的爱国情怀。

(三)红色文化能增强青年大学生的时代责任感

青年时代的毛泽东有感于国家被西方列强践踏的屈辱和人民艰难困苦的生活,树立了"天下兴亡,匹夫有责"的使命感;青年时代的周恩来深知国家积贫积弱,早早就立下了"为中华之崛起而读书"的愿望。① 中国共产党人是红色文化的主要创立者和传承发扬者,红色文化深刻诠释了中国共产党人对国家和民族深刻的历史使命感和时代责任感。作为社会主义事业接班人的当代大学生,从小优渥的物质生活条件让他们的社会责任感不够强烈,对自己身处的时代所需承担的时代责任认识模糊不清。因此,在思想政治教育中加强对青年大学生的责任意识教育,唤醒、增强他们的责任感,特别是时代责任感尤为重要。

红色文化中革命先人勇立潮头的事迹以及所表现出来的时代责任感,可以通过思想政治教育课堂去教育并感染学生,让他们明白实现民族独立、国家富强的不易,在潜移默化中用中国共产党人的世界观、人生观和价值观指引大学生,让他们树立正确的政治信仰,树立共产主义远大理想,拥护党的方针政策,坚守为党和人民事业奋斗的初心使命,认同我党提出的"四个

---

① 王新红、黄彦、马宁:《红色文化融入高校思想政治教育的价值及路径》,载《云南社会主义学院学报》2019年第2期,第131-134页。

伟大"的深远意义,明白并勇担实现中华民族伟大复兴和社会主义现代化的时代责任。

二、红色文化与高校思想政治教育的契合性

(一) 红色文化可丰富高校思想政治教育的内容

红色文化所蕴含、传递的文化内涵与高校的思想政治教育的目的、任务、内容与原则相一致,影响着青年大学生生活的各个方面,是新时代推进大学生思想政治教育的有效载体。红色文化是每个时代及其精神的集中表现,它所展示的伟大精神,如长征精神、西柏坡精神、雷锋精神、"两弹一星"精神、抗洪精神、抗击"非典"精神、奥运精神以及抗疫精神等都是中华民族传统精神与时代精神的有机结合。红色文化当中那些可歌可泣、感天动地的优秀人物,如刘胡兰、焦裕禄、邓稼先、黄大年、南仁东等,那些气势恢宏、彪炳史册的重大历史事件,都承载着厚重的历史内涵、丰富的人文价值,有着深刻的教育功能。结合新形势下高校思想政治教育工作开展的要求,深入挖掘红色文化,在高校思想政治教育中融入红色文化的元素,不仅可以为高校思想政治教育的内容增添色彩,还能增强青年大学生的爱国情怀,使青年大学生坚定对共产主义的理想信念,为实现社会主义而奋斗终生。

(二) 高校思想政治教育为弘扬红色文化提供重要平台

宝贵的红色文化是引导和培养大学生爱国主义、道德情操、理想信念的重要载体。红色文化要被纳入思想政治教育规划,与高校思想政治教育工作相结合,以思政教师作为红色文化的传播者,通过思想政治教育课堂这个平台传播红色文化,将红色文化蕴含的内容、知识、价值理念,以生动活泼的教学方式教授给大学生,一方面使大学生能够对中国的红色文化有更加清晰的认识与掌握,另一方面使学生在红色文化所蕴含的价值理念的影响下,懂得自我省视,养成良好的道德品质与正确的理想信念。

同时,学生在思想政治教育课堂上长期接受红色文化所蕴含的内容、知识、价值理念的濡养,在耳濡目染的课堂环境中渐渐产生对红色文化的浓厚

兴趣，自主地学习、研究红色文化，并从教师手中接过传播红色文化的接力棒，成为红色文化的弘扬者。在这个过程中，教师与学生都是红色文化的传播者与弘扬者，高校的思想政治教育课堂不仅为红色文化的传播提供了平台，而且实现了弘扬红色文化的接力。总的来说，红色文化在某种程度上丰富、充实了高校思想政治教育的内容，与此同时，高校也为红色文化的传播与弘扬提供了重要平台，这对高校思想政治教育的发展是大有裨益的。①

三、红色文化融入高校思想政治教育的路径

（一）融入红色文化，充实思政教育内容

红色文化的内蕴与思想政治教育的内容在本质上是一致的。在高校思想政治教育中，单纯的书面教学会让学生感到乏味，学生没有产生对思想教育课程的兴趣，在这样的情况下，思想政治教育的效果无从谈起。将红色文化融入思想政治教育，充实高校思想政治教育的内容是十分有必要的。

首先，高校应就红色文化的融入制订具体的教学规划，通过搜集、整理红色文化，在思想政治教育课中，由任课教师讲述红色文化中我党领导全国各族人民谋求和实现民族独立、国家富强的艰辛历程的故事，英勇不屈、敢于牺牲的精神，以讲故事的形式来授课，增强思想政治教育课堂的趣味性。其次，为了进一步丰富思想政治教育的内容，增强思想政治教育的实效性，在思想政治教育的课堂上可以采取播放革命题材影片、让革命老兵现身说法的形式进行授课，还可以组织学生到抗战遗址、革命历史博物馆等爱国主义教育基地，模拟实际情景进行现场教学。通过以上形式，促使学生产生对思想政治教育课程的兴趣，引起学生内心的情感共鸣，激励学生以革命志士为学习榜样，立志报国，为实现中华民族伟大复兴而努力。

（二）善用网络渠道，拓宽红色文化教育平台

在社会信息化的今天，大学生学习、生活、娱乐、交流与互联网和手机等密不可分。要将红色文化融入思想政治教育中，高校除了坚持在校园电

---

① 郑岚：《红色文化融入高校思政教育的路径探析》，载《大庆社会科学》2019 年第 5 期，第 69–71 页。

视、报刊、广播等传统平台对红色文化进行传播、应用之外，还应该瞄准网络，善用各种渠道、方式，拓宽红色文化教育平台。首先，在高校的主网站以及院系网站开辟红色文化专题专栏，利用网络强大的传播力、影响力推进红色文化与高校思想政治教育的深度融合，让红色思想、红色精神在各个网站上占领宣传高地，引领主旋律，让大学生在浏览校园网站的同时接受红色文化的熏陶，潜移默化地提升思想政治素质。同时，针对青年大学生群体的思想、生活特点，红色文化专题网站内容既要有思想性，又要充满趣味性与知识性，注重增强红色文化专题网站内容对学生的吸引力，扩大网站的影响力。[①]

其次，以大学生喜闻乐见的形式，用大学生的视角、语言、体验和方式开展红色文化教育。例如，通过抖音、微视以及快手等网络直播平台在抗战遗址、博物馆、纪念馆等场所以网络直播的形式，[②] 通过微信、微博以推文、图片、视频的形式，从不同的角度向大学生讲述中国共产党的峥嵘岁月，重温共产党人的初心使命，深入解读红色文化题材的历史内涵与时代意义，进一步引导大学生深刻认识自身的时代使命和责任担当，为实现中华民族伟大复兴的中国梦贡献自身的力量。

（三）加强社会实践，增强红色文化教育的实效性

"人的认识规律是从实践到认识，再从认识到实践，循环往复以至无穷"，如果说理论学习是高校大学生对红色文化教育的认识和认知，那么大学生社会实践则是对红色文化教育的认同和践行。高校思想政治教育传统的教学模式，只是在课堂上将理论知识直接灌输给学生，学生仅凭课堂教学无法切身领会红色文化带来的精神教育。因此，在做好传统思政课堂教育的同时，加强学生对红色文化的社会实践十分必要。

高校要积极开展各种社会实践活动，引导、组织学生利用寒暑假的时间深入基层一线做社会调查，开展文化科技卫生三下乡、志愿者服务或者考察红色基地等活动，组织师生赴革命老区或民族地区开展义务支农、支教、支医、问卷调查、走访调研等活动，在社会实践中身体力行地接受教育。学生

[①] 郭培荣，徐永超：《红色文化融入高校思想政治教育的价值与路径》，载《学校党建与思想教育》2020年第8期，第75-76页。

[②] 卞成林：《红色文化创造性地融入高校思想政治教育的实践路径》，载《社会科学家》2020年第5期，第9-13页。

通过社会实践后能深刻领悟红色精神的内涵，自觉接受红色文化教育，自愿传承红色基因，从而增强红色文化在思想政治教育中的实效性。

　　红色文化有着与生俱来的思想政治教育作用，将红色文化与高校思想政治相融合，充分发挥红色文化在思想政治教育方面的功能，有利于更加坚定青年大学生的理想信念，增强他们的爱国情怀与时代责任感，把他们培养成合格的社会主义事业建设者与接班人，为实现民族复兴、国家富强而奋斗终生。

第四章
新时代青年教育研究

红色文化视野下大学生人文精神的培育

丘有光[*]

摘要：党的十八大以来，习近平同志强调要把红色资源利用好、把红色传统发扬好、把红色基因传承好。红色文化对推进当代大学生思想道德建设，培育和塑造大学生的人文精神，使其成为有理想、有本领、有担当的社会主义、共产主义事业建设者和接班人具有重要意义。在当代大学生人文精神的培育中，应转变教育理念，充分利用好红色文化教育资源，从平台和路径上探寻操作性强、便于应用推广的示范性红色文化传播模式。遵循价值指向、人本指向、问题指向和实践指向，通过整合红色文化教育体系，优化育人环境，拓展网络虚拟空间以及转换话语方式等多种举措，着力构建"协同一体"的红色文化传播模式，才能取得较为理想的效果。

关键词：红色文化；当代价值；大学生；人文精神

文化是一个国家繁荣昌盛和持续发展的深层动力，是一个民族绵延发展的精神血脉和独具一格的思想灵魂。党的十八大以来，习近平同志曾到西柏坡、延安、遵义、井冈山、古田等革命圣地和革命老区考察，指出红色文化是中国共产党人世界观、人生观和价值观的全面展示，是我们党在前进路上战胜各种困难和风险，不断夺取新胜利的强大精神力量和宝贵精神财富，强调要把红色资源利用好、把红色传统发扬好、把红色基因传承好。

---

[*] 作者简介：丘有光，男，广东海洋大学马克思主义学院副教授，主要研究方向为马克思主义中国化。
通信地址：广东省湛江市麻章区海大路1号 广东海洋大学马克思主义学院。邮政编码：524088。

一、红色文化及其价值

(一) 红色文化的内涵

红色文化的定义多种多样,有学者认为,红色文化就是党和人民创造的文化,即革命文化和社会主义先进文化的统称。① 有的学者从广义和狭义的视角去解释它,从狭义视角看,红色文化特指革命文化,即党和人民军队在新民主主义革命时期形成的革命精神;从广义视角看,红色文化是党领导中国人民在革命战争年代与和平建设时期所创造的物质文化与精神文化之总汇。② 有的学者认为,红色文化是中国共产党领导中国人民在新民主主义革命过程中,将马克思主义与中国具体实践相结合,为实现国家统一、民族独立和人民解放而浴血奋战形成的革命精神和优良传统,主要包括苏区精神、井冈山精神、长征精神、延安精神、西柏坡精神等,是激励中国人民克服一切艰难险阻、为实现中华民族伟大复兴而奋斗的强大精神动力。③

尽管对红色文化具体内涵的语言表述存在一定的差别,但红色文化的基本内涵往往包括:在中国共产党领导下,在实现中华民族独立、人民解放和社会主义建设等历史进程中形成;以马克思主义为指导,与中国实际相结合;其源头是中华民族优秀传统文化;其原点、核心是革命文化;其表现为先进文化。可以说,红色文化主要指中国共产党在领导全国各族人民的长期斗争实践中,在马克思主义指导下,继承中华优秀文化传统,不断扬弃传统文化思想的基础上形成的极具中国特色的革命文化和社会主义先进文化的统一。其精神内核是崇高的革命理想、坚定的革命信念、人民至上的政治立场、实事求是的科学品质等。

首先,红色文化中凝聚着党和人民为共产主义不懈奋斗的远大理想。这一崇高理想信念成为激励中国共产党人和全国人民前赴后继、逐梦奋进的精神支柱。正如习近平同志在庆祝中国共产党成立 95 周年大会上所指出的:"我们党之所以能够经受一次次挫折而又一次次奋起,归根到底是因为我们

---

① 刘润为:《红色文化与文化自信》,载《红旗文稿》2017 年第 12 期,第 4 页。
② 杨栋:《红色文化的内涵解读与时代价值》,载《红色文化学刊》2020 年第 1 期,第 84 页。
③ 黄蓉生、丁玉峰:《习近平红色文化论述的思想政治教育价值探析》,载《思想教育研究》2018 年第 9 期,第 3 页。

党有远大理想和崇高追求。"① 也正是在"革命理想高于天"的共产主义信念支撑下，我们党由弱变强、愈挫愈刚。

其次，红色文化中包含着坚定的革命信念，主要表现为革命英雄主义和革命乐观主义的统一。革命英雄主义传承着中华民族精神的优良基因，诠释了共产党人坚定的革命信念。在革命年代集中体现为中国共产党及其领导的人民军队为了救国救民，不怕艰难险阻，不惜一切的牺牲精神。"砍头不要紧，只要主义真"，"敌人只能砍下我们的头颅，决不能动摇我们的信仰"，这些视死如归、大义凛然的誓言，生动表达了革命英雄主义者勇于战斗、敢于牺牲的浩然之气。革命乐观主义体现为革命者在逆境下对革命前途的坚定信念和奋发有为的精神面貌。在新民主主义革命时期，在缺衣少食、缺医少药、缺枪少炮的艰苦条件下，中国共产党领导的人民和军队始终保持着旺盛的革命斗志，抱定必胜信念，渡过了一个又一个难关，创造了一个又一个人间奇迹。革命乐观主义的精神内核是艰苦奋斗。自力更生、艰苦奋斗是中华民族的传统美德，是马克思主义政党的政治本色，是我党我军的光荣传统。我党正是凭着艰苦奋斗精神，凝聚起党心军心民心，使党领导的革命队伍成为一支无坚不摧的力量，战胜了重重艰难险阻。可以说，党是靠艰苦奋斗起家，在艰苦奋斗精神的支撑下，带领人民取得了创建人民当家作主的新中国的光辉成就，实现了从站起来到富起来，并逐步强起来的伟大跨越。事实上，党的每一个脚印都是艰苦奋斗精神的真实写照，每一次胜利都离不开艰苦奋斗精神的涵养。艰苦奋斗精神熔铸在党的基因和民族血脉之中，是红色文化的重要象征和红色精神的重要内容，是新时代推进中国特色社会主义事业的重要法宝。

再次，红色文化中体现着人民至上的政治立场。人民至上是红色文化至为坚定和醒目的政治立场，人民性是红色文化的根本特征。中国共产党始终遵循民意，服务于最广大的人民群众，充分体现人民群众的主体地位，把人民至上原则和群众发展需要作为根本出发点与落脚点。中国共产党紧紧依靠群众并践行群众路线而得以不断发展壮大，牢牢把握民心趋向，牢固树立全心全意为人民服务的宗旨，这种人民至上的价值抉择和政治立场直接塑造了红色文化鲜亮的政治底色和价值内核。人民性是马克思主义最鲜明的品格和中国共产党人最根本的宗旨。"人民立场是中国共产党的根本政治立场，是马克思主义政党区别于其他政党的显著标志。党与人民风雨同舟、生死与

---

① 习近平：《在庆祝中国共产党成立95周年大会上的讲话》，人民出版社2016年版，第18页。

共,始终保持血肉联系,是党战胜一切困难和风险的根本保证。"① 坚守人民至上立场,服务广大人民群众,推进社会主义事业,这是新时代红色文化人民性的具体写照。

此外,实事求是的科学品质是红色文化始终充满活力的重要源泉。中国共产党一直立足于用马克思主义唯物史观分析和解决问题,结合具体国情、时代主题,解放思想、实事求是成为贯彻始终的思想路线。实事求是精神贯穿于党的全部历史,这种可贵品质保证着红色文化的生生不息和发展创新。

所有思想认识和理论思维都是具体历史时期的产物。诚然,红色文化在不同时期和不同阶段具有差异化的精神内涵和形式。革命战争时期,红色文化主要表现革命与战争的时代主题,深刻反映旧中国错综复杂的社会矛盾和激烈曲折的革命进程,着重体现民族独立和人民解放的革命初心、坚定的理想和不怕牺牲的斗争精神。和平建设时期,红色文化主要表现和平与发展的时代主题,深刻反映社会经济政治的发展变化和社会主义核心价值,着重体现恪尽职守的服务意识与坚韧不拔、艰苦奋斗的创业精神,深入展现科学求实、实干兴邦的家国情怀和与时俱进、开拓创新的进取精神。红色文化始终从时代发展趋势和社会大众需求出发,以解决社会主要矛盾和时代突出问题为导向,在实践中发展创新,在创新中丰富发展。红色文化是与时俱新、因时而化的文化体系,是我党带领全国人民奋斗进取、无往不胜的思想基石。

总之,红色文化植根于五千年传承不息的民族文化,孕生于三十载风云激荡的革命岁月,发展于新中国成立七十余年来天翻地覆的辉煌征程,已然融入中国共产党的精神谱系和民族复兴的中国梦之中,焕发出璀璨的理论光芒具有非同寻常的时代价值和跨越时空的永恒意义,是新时代建构中国精神、中国价值、中国力量的重要源泉,是中华民族和中国人民牢记初心、砥砺奋进的精神土壤。

(二) 红色文化的当代价值

文化是人的精神力量的显现,红色文化这种精神的力量转化为足以创造史诗般人间奇迹的伟大力量,显现出巨大的正能量和软实力。红色文化积淀着中华民族最深层的精神追求,代表着中华民族独特的精神标志,是极具当代价值的文化。在政治导向上,可以增进政治认同,凝聚各方共识;在文化

---

① 习近平:《在庆祝中国共产党成立 95 周年大会上的讲话》,人民出版社 2016 年版,第 18 页。

引领上，可以增强文化自信，建设先进文化，增强文化软实力；在教化育人方面，通过红色文化教育，推进思想道德建设，培养有理想、有本领、有担当的社会主义、共产主义事业建设者和接班人。总之，红色文化在整体推进中国特色社会主义事业的历史进程中，愈益凸显出其意义和价值。

1. 政治导向价值

红色文化具有政治导向性，它是中国共产党执政的文化基础，有利于培育人民群众的政治认同感。红色文化的政治导向作用主要表现为促进政治认同，即在政治情感认同、政治价值认同、政治理论认同和政治制度认同的基础上，形成对现行国家治理体系的认同。当前中国的政治认同，集中体现为对中国共产党领导下的现行政治体系和治理模式的认可和参与，特别是对中国当前所走的社会道路和所实行的社会制度的深刻认同。

可以说，红色文化是坚定中国特色社会主义道路自信、制度自信的思想利器。社会主义在20世纪初，实现了从理论到实践，从一国到多国的发展，但在1990年前后遭受了东欧剧变、苏联解体的严重挫折，使社会主义道路失败论一时甚嚣尘上。随着社会主义在中国显示出勃勃生机，中国特色社会主义道路取得了瞩目成就。中国共产党带领人民开辟的中国特色社会主义道路是马克思主义中国化的伟大成就和生动体现，其间饱含着红色文化的理想信念、宗旨作风、精神气度和价值范式，红色文化精神已然内化为中国共产党人代代相承的价值理念和行动范式，升华为推进中国特色社会主义事业和实现中华民族伟大复兴的道德感召和精神自觉。时至今日，红色文化愈发成为保持政治定力、克服陷阱困难、化解风险挑战的思想利器，成为激发中国共产党人行动自觉和价值自省的思想之源。我们要传承红色基因，弘扬革命传统，使红色文化成为塑造中国特色社会主义道路自信、制度自信的信念源泉和精神支撑。

近年来，历史虚无主义思潮对马克思主义史学及其关于中国近现代历史、中国共产党历史和新中国历史予以全盘否定，诋毁、消解红色文化，对国人的历史认知、政治认同产生了严重误导。在新时代下，务必加强对红色文化的挖掘和阐发，也就是从政治文化的视角重温党的奋斗发展史，有助于坚定对党的历史的自信，深化对党的领导地位的历史根基的认识。旗帜鲜明地提倡红色文化，以红色文化的精神感召的力量，充分发挥红色文化的政治导向作用，克制历史虚无主义思潮、"普世价值"论，增强社会主义意识形态话语权，对于贯彻落实习近平新时代中国特色社会主义思想和实现民族复兴宏伟目标，具有极其重要的精神引领作用和无可替代的实践指向意义。

总之，红色文化是构建新时期社会共识的基础。发挥红色文化特有的精神感召、价值引领的作用,对增强广大人民群众对中国共产党的认同感和向心力,增进政治认同,维护当今中国的文化安全尤其是意识形态安全具有极其重要的意义。

2. 文化引领价值

党领导人民在长期的革命斗争和社会建设实践中缔造的红色文化,是中华民族的宝贵精神财富。在当代中国文化建设中,要大力弘扬中国红色文化,深入挖掘中国红色文化的思想内涵和独特价值,扩大中国红色文化的传播影响力,从而提升中国红色文化战略引领力,最终从根本上全面提升中国红色文化软实力,增强文化自信。

习近平同志在庆祝中国共产党成立95周年大会上的讲话指出:文化自信,是更基础、更广泛、更深厚的自信。文化自信是一个民族、一个国家以及一个政党对自身所拥有的文化价值的充分肯定和积极践行,并对自身文化的生命力持有坚定的信心。简而言之,就是在中国特色社会主义伟大实践中,深刻把握和顺应时代发展潮流,对中华优秀文化价值予以充分肯定,以及对中华优秀文化生命力抱有坚定信念。

我们提倡的"文化自信"的强大底气源自5000多年文明发展中孕育的中华优秀传统文化。这也是我们民族自信的源头,是我们战胜风险挑战、开创美好未来的精神动力和自信源泉。

我们的文化自信,还源自我们拥有鲜明独特、奋发向上的红色文化。从红船精神、井冈山精神、长征精神、延安精神、西柏坡精神,到雷锋精神、大庆精神、"两弹一星"精神,再到航天精神、北京奥运精神、抗震救灾精神,这些富有时代特征、民族特色的宝贵精神财富,脱胎于中华民族优秀文化传统,同时又在新形势下不断再生再造、凝聚升华,从而为我们在新的历史条件下推进文化建设奠定了坚实基础。

所以,对于五千多年的文化传统,我们要珍视;对于新民主主义革命以来形成的红色文化,我们同样需要珍视。在未来实现中华民族伟大复兴中国梦的道路上,我们既要从优秀传统文化中汲取智慧,又要传承和弘扬红色文化的精神内核,更要建设社会主义先进文化,弘扬社会主义核心价值观,弘扬以爱国主义为核心的民族精神和以改革开放为核心的时代精神,不断增强全党全国各族人民的精神力量,实现我们增强文化自信的最终目的。

因此,可以说,文化自信归根结底是对红色文化的自信,红色文化是进一步引领中国特色社会主义文化前进的方向。习近平总书记指出:"光荣传统不能丢，丢了就丢了魂；红色基因不能变，变了就变了质。"① 新时代弘扬红色文化，一方面可以彰显中国文化的独特气质和民族特色，另一方面在文明交锋和文化交融的过程中，博采众长，去粗取精，推动民族传统与红色基因在开放包容、批判吸收的格局中获得创新性发展和传承，确保中国特色社会主义文化永不偏航、永具活力。红色文化为社会主义先进文化坚守根本立场和保持前进方向提供了思想保障。

3. 教化育人价值

2014年12月14日，习近平在南京军区机关视察时指出，要把红色资源利用好、把红色传统发扬好、把红色基因传承好。② 这为思想政治教育实践中解决"培养什么人、怎样培养人、为谁培养人"的根本问题提供了行动指南。

红色文化不只是一种文化形态，更是一种博大精深的民族精神，应该成为中国社会发展进步的文化基础。在中国当代社会主义文化建设中，红色文化是推进思想道德建设与引领社会主义核心价值观导向的重要宝库。红色文化同传统文化、社会主义先进文化具有内在一致性和纵向贯通性，其所蕴含的各种价值范式和内生的各种精神指向，是激励人们树立远大理想和崇高信仰的思想源泉，是坚定人们政治立场和价值取向的精神武器，对于形成坚定正确的价值范式与健康向上的道德风尚具有极其重要的引领作用。简言之，红色文化体现着中华民族共同的思维范式、情感表达、价值范式和精神导向，是新时代凝心聚力、开拓奋进的精神纽带，是塑造社会主义核心价值认同、传播国家主流意识形态的思想基础。③

今天传承和弘扬红色文化，提升红色文化的吸引力、影响力，还要秉持求真务实、与时俱进的精神，通过教育引导、舆论宣传、文化熏陶、实践养成、制度保障等，将红色文化纳入培育和践行社会主义核心价值观的系统工程之中，将其内化为人们的精神追求、外化为人们的自觉行动。为此，当前的一个迫切任务就是有力地应对历史虚无主义思潮的侵扰。同时，因地制宜地发掘、整理、开发、转化和利用好各地积淀的独特的红色资源，把潜在的红色资源转化为显性的育人资源，把分散的红色资源转化为整体的育人资源，把历史的红色资源转化为现实的育人资源，从而形成包括理论研究成

---

① 习近平：《习近平谈治国理政》第二卷，外文出版社2017年版，第183页。
② 习近平：《贯彻全军政治工作会议精神 扎实推进依法治军从严治军》，载《人民日报》2014年12月16日第1版。
③ 杨栋：《红色文化的内涵解读与时代价值》，载《红色文化学刊》2020年第1期，第92页。

果、思政课教学成果、文化传播成果和实践教育成果等在内的一系列红色文化育人成果，注重用中国近现代史、中共党史和中华人民共和国国史上的革命人物、英勇事迹、崇高精神和优良传统等感染、启发、教育、引导人们，使学习红色历史与树立坚定信念相结合，学党史、知党情与跟党走相结合，开发资源与以文化育人相结合，以体现历史与现实、理论与实践、传承与弘扬、文化与育人的有机统一。

红色基因是中国共产党人的精神内核，也是中华民族的精神纽带，鼓舞着一代又一代人为实现伟大复兴的中国梦而坚强自立、勇往直前。高校是意识形态主阵地和前沿风向标，是红色文化传扬的主阵地，因此更需要运用好红色资源，发扬好红色传统，传承好红色基因。

二、红色文化精神对大学生人文精神培育的作用

（一）人文精神的内涵

所谓人文精神，从整体上讲，是一种重视人和人的价值的思想观念，是关注人生存的意义、尊严和价值，关注人类平等和谐的理念，其实质是以人为本。人文精神是以人为中心，以学习和传承人类历史发展所形成的优秀文化传统为核心，以完善人的精神世界、塑造人的健康人格为己任的一种文化精神，它是对人类精神理想及其价值理念的一种终极关怀。在处理人与自然、人与社会、人与文化的关系时，突出人的主体性；在认识和实践活动中，强调以满足人的各种需要为目的；在处理人与物的关系时，突出生命价值优先的人道主义和人本主义原则，强调人的价值重于物的价值；在处理人与人的关系时，突出人人平等原则，强调相互尊重和人格尊严。

人文精神作为整个社会文化的内在灵魂，它像一条红线贯穿于文化发展过程的始终，它时刻贴近时代与生活，并以一种开放的态势，把完善人的主体精神世界及展示人的超越性追求作为根本的价值指向，这也正是人文精神在当代文化生活中引起人们广泛关注的原因所在。

人文精神作为时代文化生活的内在灵魂，对中国文化的现代化生长起着价值导向的作用。因此，当代中国人文精神的重建在价值取向上应该是：汲取20世纪世界文化精神的精华，在光大民族优秀传统文化的前提下，把当代中国人主体自我意识的培养和现代人格的塑造作为一项基础工程，以求得在一种宽广的人文背景下实现我国市场经济的健康发展和社会的全面进步。

人文精神的培育标志着国家或民族文明的进步程度，任何一个国家或民族都要对其成员进行人文精神的培育。

（二）新时代大学生需要培育人文精神

人文精神关注的是"人之为人"的价值、尊严和意义，是对"人应当如何生活"的价值标准等一系列命题的自我意识。大学生正处于成长的关键时期，他们朝气蓬勃、充满活力，学习能力、认知能力强，可塑性大，乐于接受新鲜事物，但缺乏社会经验和人生阅历，自我控制能力较差，认知水平还处于成长和巩固阶段，尚未形成稳定的价值观念，亟须正确引导和教育。因此，人文精神是当前高校大学生教育改革中的重点内容和发展方向，也是对高校大学生全面发展的理想人格的肯定和塑造，是当代大学生实现自我价值的基础。因此，当代大学生在确立科学精神的同时，亟待培养、塑造当代大学生的人文精神。

就当下而言，大学生需要培育的人文精神主要包括：一、坚定的理想、信念和强烈的爱国情怀，正确的世界观、人生观和价值观。二、高尚的道德情操，较强的社会责任感。三、注重理想人格的塑造和个人修养的提升，珍视人类遗留下来的各种精神文化成果，追求真善美，珍爱生命、善待他人。四、自强不息，敢于奋斗，不畏挫折，积极向上的精神和人生态度。五、全面的文化素质。没有文化素质，人文精神培养就如同缘木求鱼，无从谈起。人文精神的获得必须经过人文知识的内化、整合而变成主体意识、思想、情感等生命体验和善行。

（三）红色文化精神对大学生人文精神培育的作用

人文精神可以看作是一种普遍的人类自我关怀，对人的价值、尊严及命运的追求和维护，对各种精神文化现象的重视以及对全面发展理想人格的肯定等。而红色文化在每个不同时代中都彰显着一种人文立场、一种人文态度、一种人文意识，它的人文价值最终就体现在对中国劳苦大众最深切的关怀上。人文精神中因为有了红色文化的元素，才让人文精神更富有时代感，也更显厚重。

红色文化精神凝结了中国共产党人崇高的理想信念、优良作风和高尚品德，是党先进性和纯洁性的集中体现，红色文化教育是大学生不可缺少的教育，它可以使大学生坚定自身理想信念，完善自己的个人品格。把红色文化传统真正地融入大学生的学习、生活当中，内化于心、外化于行，能使他们成为不辱时代使命，不负人民希望的社会主义建设者和接班人。

1. 加强红色文化教育，筑牢理想信念

理想信念是指路明灯，是人生前进的动力，是人生的精神支柱，是思想道德观念的基础。坚定的理想信念是红色文化的核心精神内涵之一。没有理想信念就没有方向、没有动力、没有积极性。红色文化中，诸如"革命理想高于天"等，无不体现了革命者以大无畏的革命勇气，践行着对共产主义理想的坚定信念。共产主义理想和中国特色社会主义共同理想是科学社会主义最崇高的社会理想，是中国共产党人经受任何考验的精神支柱和政治灵魂，也是保持党的团结统一的思想基础。中国共产党自成立之日起就确立了马克思主义的信仰，树立了社会主义、共产主义的理想信念。此后，在长期艰苦的新民主主义革命斗争中，中国共产党人始终没有动摇自己的革命理想信念。正是坚定的社会主义、共产主义理想信念，激励着革命者在革命的征程中克服了种种困难和挫折，战胜了强大的敌人，取得了新民主主义革命的伟大胜利。红色文化蕴含着丰富的理想信念内涵，如红船精神体现的"坚定理想、百折不挠的奋斗精神"，井冈山精神体现的"坚定执着追理想"，长征精神体现的"把全国人民和中华民族的根本利益看得高于一切，坚定革命的理想和信念"，等等，都是开展理想信念教育最好的教科书。

2. 加强红色文化教育，增强爱国情怀

中共中央、国务院《关于进一步加强和改进大学生思想政治教育的意见》中明确指出，加强和改进大学生思想政治教育工作的一项重要任务是以爱国主义教育为重点，深入进行弘扬和培养民族精神教育。红色文化是加强对当代大学生的爱国主义教育，培养大学生崇高民族精神的天然教材。红色文化资源中有着极丰富的爱国主义情怀。进行红色文化教育，在某种程度上就是对学生进行爱国主义教育，通过组织学生参加红色文化社会实践活动，如让学生参观革命烈士纪念馆，革命英雄故居，切身感受革命烈士及革命英雄的生活环境，了解他们热爱祖国，为国奋斗、为国捐躯的光荣历史，学生能更好地树立热爱祖国的情怀。在不同的历史时期，红色文化的含义不尽相同，但红色文化最主要的精神内容之一仍然是爱国主义。红色文化，从一定意义上来讲，就是爱国主义的文化，红色文化和社会主义核心价值体系在思想内涵上具有内在的一致性。

3. 加强红色文化教育，完善道德人格，提升社会使命感和责任感

人是一种社会性存在，教育应该致力于生命与文化的和谐统一，培养完整的人格。不断追求人格完善是高校教育永恒的立足点，人文教化在唤起人

的自我意识的同时，也要通过一定的形式把这种自我意识体现在现实生活中，使人顺应社会发展，在立志为社会做贡献中自觉达到自我人格的完善。人文教化的目标是使社会的每个人成为整体素质全面发展的现代文明人，具有独立、健康、健全的道德人格，道德感、使命感和社会责任感正是人自身的尊严和生命质量在社会生活中的体现。

红色文化是在中国革命中产生的道德实践的精华。全心全意为人民群众谋福祉是中国共产党为人民服务的道德核心之源，忠贞爱国、无私奉献、顾全大局、公而忘私的集体主义等是社会主义道德原则之源，为思想道德教育提供了丰富的内容和源泉。红色文化是开展公民道德建设的优质资源，将红色文化运用到道德建设中，将有助于提升我国公民道德建设的整体水平。

革命战争年代，无产阶级革命家的高风亮节和全心全意为人民服务的宗旨，是中国共产党人无私奉献的道德精神的集中体现。忠诚守信，这意味着对国家与人民、对理想与事业、对职务与工作忠贞不贰，尽心尽职。这些既是社会主义核心价值观对公民个人行为的具体要求，也是公民最基本的道德修养。红色文化之所以能得到世人的尊重和认可，就在于它诚实守信、表里如一，不管是处于什么样的逆境，都勇于担当责任。

总之，加强红色文化教育，可以使大学生在教育中思考自身的使命与责任，在实践中培养道德人格，为社会主义现代化建设服务，将个人的人生目标与国家的需要、人民的意愿紧密结合起来，将自身的专业所长与服务基层的具体实践相结合，将个人的价值追求与国家和人民的需要统一起来，逐步形成完善的道德人格，提升社会使命感和责任感。

4. 加强红色文化教育，树立自强不息，不惧挫折，勇于奋斗，开拓进取的人生态度

艰苦奋斗是我国的优秀传统，是我国革命和建设事业不断发展壮大的法宝。树立艰苦奋斗的思想对于践行人文精神、形成良好的习惯、培养对社会负责的思想具有重要的作用。因此，很有必要在当今的大学生思想政治教育中，积极利用红色文化资源，对大学生进行艰苦奋斗的相关教育。

中华民族历来都是不畏艰难困苦的，革命战争年代和社会主义建设初期，中国共产党人在极端艰苦的环境下，艰苦奋斗、自强不息，闯过了一个又一个难关，取得了一个又一个重大胜利，正是依靠我党艰苦奋斗的优良的工作作风。

无数的艰苦奋斗的事例，告诫大学生在当前我们国家的经济水平和人民的物质生活水平都有了显著提高的情况下，仍然不能丢弃艰苦奋斗的优良传统，必须始终坚持和努力发扬。当前，我国社会主义现代化建设取得了举世

瞩目的成就，但改革开放的道路还很漫长，中国经济、社会等的发展还不充分，部分大学生仍面临难就业的情况。加强红色文化教育，深刻理解革命先烈在艰苦卓绝的环境中，自强不息、努力进取的精神，利用红色文化的教育功能，以红色文化中鲜活的艰苦奋斗的典型事例，教育和培养大学生的艰苦奋斗精神，使大学生进行深刻的自我剖析，积极进取、刻苦钻研、开拓创业，以勤俭务实的精神投入到中国特色社会主义事业的建设中去。

5. 加强红色文化教育，贯彻和践行人民至上的宗旨和理念

红色文化坚持人民群众是历史创造者的唯物史观，强调人民群众是根本出发点和落脚点，如井冈山精神的"组织群众、服务群众、依靠群众求胜利"，长征精神的"紧紧依靠人民群众，同人民群众生死相依、患难与共"，沂蒙精神的"党和人民水乳交融，党把人民利益放在第一位，为人民谋解放，人民跟党走"，等等，这都充分体现了红色文化始终把人民立场作为根本政治立场，把人民利益摆在至高无上的地位，不断为人民谋幸福的初心、使命。要时刻把人民群众的利益和需要放在首位，深入群众，关心群众，依靠群众，融入人民群众的生活中，倾听人民群众的呼声，从人民群众中汲取智慧，增强为人民服务的本领，在不断满足人民群众日益增长的美好精神生活需求的过程中推进学科创新发展。

因此，作为社会主义、共产主义事业的建设者和接班人的当代大学生，务必深入学习和把握红色文化的鲜明政治立场，践行人民至上的宗旨和理念。

6. 加强红色文化教育，培养积极开拓、创新的精神

红色文化始终坚持马克思主义指导，坚定了发展的政治立场，强化了创新发展的根本原则，引领创新发展。

红色文化中蕴含着开天辟地、敢为人先等要义，是马克思主义中国化理论成果的具体体现，为创新发展增添了有益养分，成为创新理论大厦的重要奠基石。以毛泽东为代表的中国共产党人探索的"农村包围城市，最后夺取全国胜利"的革命道路，就是把马克思主义理论与中国实际相结合进行的实践创新和理论创新的伟大成果。改革开放，建设有中国特色的社会主义，也是中国共产党人开拓创新的重要成果。总之，中国共产党始终走在时代前列，敢闯敢干，勇于创新，敢为人先，实事求是开拓新路，紧紧依靠群众，全心全意为人民服务，这些都是党的先进性和根本宗旨的充分体现。

加强红色文化教育，使大学生能够更深刻地认识到开拓、创新对个人、国家及社会的重要性和意义，促使大学生努力在大学期间培养自己的开拓创新意识和能力，为个人及国家发展服务。

三、红色文化精神对大学生人文精神培育的基本途径

在人文精神的培育中,思想政治教育始终是学校工作的重中之重。在新时代,应转变教育理念,充分利用好红色文化教育资源,从平台和路径上探寻操作性强、便于应用推广的示范性红色文化传播模式。遵循价值指向、人本指向、问题指向和实践指向,通过整合红色文化教育体系,优化育人环境,拓展网络虚拟空间以及转换话语方式等多种举措,着力构建协同一体的红色文化传播模式,才能取得较为理想的效果。

1. 转变教育理念,坚持以人为本

培养当代大学生的人文精神,首先要转变教育理念,坚持"以人为本","全方位育人"。传统的学校教育往往重理论知识的讲授,忽略知识运用和在实践中解决问题的能力的养成。要彻底改变原有的做法,就必须把衡量教育教学质量和教师教学水平的标准更多地侧重于人文精神的培育,全面实施素质教育。

文化是社会整合的基础,是综合国力的重要组成部分。任何国家都十分重视自己的文化建设,目的就在于能够促进社会整合与民族文化认同。英国社会学家吉登斯认为,民族是以文化同质性为基础的"观念共同体",社会成员是在共同文化缔造的结构化社会关系中被组织起来的。"认同"是文化固有的特定功能,文化的核心价值就是使社会成员对民族文化产生身份认同。

文化认同是指人们在一个共同体中长期共同生活所形成的对本共同体最有意义的事物的肯定性认识,是个体对于所属文化以及文化群体形成归属感及内心的承诺,从而获得、保持与创新自身文化属性的社会心理过程。被个体认同的文化会内化为个体的生活方式、行为模式、价值观念、思维方式和情感表达方式等,从而成为对个体进行生活、行为、价值教育和思想品德教育等活动的本源性优质资源。文化认同构成了国家的核心价值观和意义系统,从而促进了国家认同。

红色文化教育实质上是红色文化的认同教育,是指对中国共产党领导的在新民主主义和社会主义革命实践过程中形成的红色文化的肯定性认识,对红色文化群体形成的归属感和内心的承诺,并在生活方式、行为模式、价值观念和思维情感等方面表现出鲜明的红色文化特征。

2. 创立、完善全方位育人环境

"文化认同"是民族认同存在的根基,是民族存在和发展的源动力。文化认同需要一个有利的环境。因而,提高红色文化的教育效果,必须建立和完善一个全方位的育人环境。具体包括以下五个方面。

(1) 营造整体健康向上的文化氛围。

要实现以文化人,以文育人,离不开健康向上的文化氛围。健康向上的文化氛围能够以生动的形象、优美的文字、感人的故事、真挚的情感等吸引人、感染人、打动人,使人们在浓郁的文化氛围中潜移默化地汲取文化的滋养,启迪心智,提升品位,陶冶情操,进而不断积淀思想、储备知识、修身养性,在春风化雨、润物细无声中达到知、情、意、行的统一,最终实现思想政治教育的目标。红色文化有着丰富的文化内涵,生动反映了老一辈无产阶级革命家的优良传统和作风,体现了中国共产党人的政治本色和精神特质。同时,这些丰富的文化内涵以多样的文化形式呈现,附着在一定的文化资源上,如遗物遗址、烈士陵园、纪念场馆、文学作品等,具有极强的感召力,直接为思想政治教育实现以文化人、以文育人,营造健康向上的文化氛围奠定了坚实的文化基石。

(2) 营造和谐、温馨的家庭环境。

有研究表明,父母的文化程度越高,子女对红色文化的认同程度越高。[①] 其原因可能有二:其一,在当前的社会文化背景下,教育机构是国家开办的,都不同程度地开展了红色文化教育,父母在接受教育的过程中受到红色文化的熏陶,受教育时间越长,受到的红色文化的熏陶越多,对红色文化的认同程度越高,对下一代的影响也就越大。其二,父母的文化程度高,父母文化认知能力也高。文化程度高的父母易于获取各种社会文化信息,理解当前多元的社会文化,从而在各种文化交互作用的过程中,激活对当前主流的红色文化的认同,进而潜移默化地影响下一代。可见,父母良好的文化修养带来良好的文化认知环境,有利于下一代良好的文化认知能力的形成,从而有利于形成红色文化的早期认知,进而可能认同红色文化。[②]

(3) 营造积极、活泼、向上的学校环境。

高校是大学生学习生活的主要场所,也是培养大学生人文精神的主战

[①] 方燕红、尹观海、叶木旺:《当代大学生红色文化认同心理研究》,载《井冈山大学学报(社会科学版)》2019年第6期,第31页。

[②] 方燕红、尹观海、叶木旺:《当代大学生红色文化认同心理研究》,载《井冈山大学学报(社会科学版)》2019年第6期,第33页。

场，由于学生大部分时间都在校园中度过，因此营造良好的校园人文环境对大学生人文精神的培养十分重要。

高校对有关红色文化的课程、活动等持有的态度，直接影响红色文化对大学生的影响。为提高高校红色文化教育的效果，高校相关部门应组织开展红色文化相关活动，将校园人文建设融入平时的教学和学术研究之中，融入学校的社团活动之中，提供红色文化传播平台，定期组织培训，使高校教师参与红色文化教育。在对教师进行培训提升的同时，也不能忽略大学生在传播过程中的作用，学校相关机构应对大学生组织的与红色文化相关的活动及成立与红色文化相关的社团予以资金及政策上的支持，做大学生宣传红色文化的坚强后盾，激发大学生对红色文化的兴趣。只有全方位营造良好的校园人文环境，真正服务学生，才能有效促进大学生人文精神的培育。

学校在上红色文化课程的同时，可以组织学生周末去参观革命纪念馆以及走访红色基地，让学生感受红色精神和文化，更好地构建红色思想意识框架，激发学生的爱国情怀，更好地传承红色文化精神。

学校还可以在暑假或是寒假组织学生开展以红色文化假期为主题的志愿者活动，去探望老兵，听老兵们讲述革命的故事和见闻，这不仅能使老兵们感到温暖，更能激发学生心中的爱国热情和民族自豪感，增强红色文化教育的实践性和互动性，让学生从老兵身上感受红色文化精神。

(4) 营造并保持稳定发展的社会环境。

社会既是一个大家庭，又是一所大学校，尤其是在经济快速发展的今天，社会对大学生人文精神的培育影响更深。每个人都在一定的社会环境中生活，良好的社会环境能够对大学生人文精神的培养起到潜移默化的作用。因此，必须加大力度，通过多种宣传渠道和媒介进行有效的红色文化宣传和教育，如电视公益广告、权威报纸杂志的宣传等。通过对具有红色文化底蕴的体现社会主义核心价值观的人文精神理念的宣传，为大学生营造一个积极健康的人文社会环境。

(5) 确保干净、安全的网络环境。

由于现代社会网络的发展越来越快，大学生沉迷于网络世界的现象也日趋严重，而网络中的不健康信息对大学生身心的危害也越严重。为了帮助大学生重塑人文精神，社会必须积极净化网络环境，消除网络文化的不良影响。删除那些不健康的网页、内容，关闭那些发布不健康内容的不法网站，积极引导大学生自觉屏蔽、抵制网络上的不良信息。

高校应加强使用新兴媒体进行红色文化教育，如聘请校外红色文化专业人才及新媒体运作能力强的专业人才，来促进高校红色文化在新媒体平台的专业化传播。利用互联网建立红色文化数据库系统，为学生搭建红色文化数据库平台，让学生通过这个平台就能了解中国各个时期的红色文化背景、红色文化内容，更重要的是在这里能够寻找他们所需要的各种红色资源数据，为他们研究红色文化提供必要的信息。通过新媒体传播红色文化是将红色文化与大学生的生活紧密联系在一起最直接的方式，也是提高红色文化传播效果最直接的方法。

3. 转换传播话语

习近平同志在谈到对待中国传统文化的态度时指出：要处理好继承和创造性发展的关系，重点做好创造性转化和创新性发展，使中华民族最基本的文化基因与当代文化相适应、与现代社会相协调，以人们喜闻乐见、具有广泛参与性的方式推广开来。这就告诉我们，要实现对中国传统文化的创造性转化，就是要用符合时代需要的形式对传统文化作出新的"阐释"，使之得以推广开来。

红色文化虽然形成于革命战争年代，但是其蕴含的文化精神、崇高理想、价值取向在当今和平建设年代依然有着跨越时空的时代价值。要实现红色文化的时代价值，不但要从历史走进现实，实现"历史空间的转换"，更要以一种能与当今时代现实对接的"话语"，以一种广大社会成员愿意听、能听懂的"话语"来表达红色文化的精神内涵。因此，在传承红色文化的进程中，必须实现当代的话语转换和传播方式的转变。①

首先，要从革命战争话语向改革发展话语转换。就是用和平发展的话语重新阐释红色文化，使之在新的和平发展条件下获得新的生命力与影响力。比如红色文化所传承的共产主义理想，在革命战争年代就表现为"砍头不要紧，只要主义真"的革命话语，而在当下，则表现为"为实现中华民族伟大复兴的中国梦而只争朝夕、上下求索"的敬业话语。

其次，要从历史文本话语向现实生活话语转换。在和平发展年代，红色文化传承如果依然基于革命理想主义而过分强调"宏大叙事"，忽视与"日常生活""微观世界"的对接，忽视现实世界的差异性、多样性与实践性，试图用一种普遍的抽象的话语感染文化受众，其最终结果必然是不理想的。唯一能使红色文化得以有效传承的方法就是使红色文化精神内化为当代人的物质、精神、文化和心理需要，把以历史文本形态存在的红色文化话语转变为充满时代与实践气息的现实生活话语。

---

① 曾杰：《论红色文化传承中的当代话语转换》，载《贵州社会科学》2017年第11期，第32页。

4. 转变传播方式

红色文化过去传播的主要媒体是广播、电视、杂志、报纸等，这种传统传播媒体的有效性有赖于信息和话语环境的封闭性，在信息不对称的话语环境里面就有可能形成一种单向度的信息传播。当今，随着以互联网为支撑的网络"新媒体"逐渐成为主流的传播手段，显然传统的文化传播方式已不太适应"新时代"。新媒体具有的"超越时空""双向互动""多人参与"等特点，驱动着话语环境中的"说者"与"听者"的关系发生着革命性改变。每一个"听者"既是一个话语的接受者，又是一个话语的编织者、传播者，具有巨大的信息制造与传播能力。在新媒体话语环境下，传统的信息来源和权威的文化信息解读不再具有独占性、排他性优势，一切都已经平面化、平等化和大众化。因此，要将红色文化基因植入现代文化受众的灵魂，改变文化受众的精神生态，就必须适应新媒体"超越时空""双向互动""多人参与"等特点，将过去传播红色文化的传统媒体话语转换为现代新媒体话语，使红色文化在现代新媒体信息海洋的滋润下无声地进入人们的精神世界。

新时代提振大学生制度自信的探讨

吴 琼*

摘要：大学生制度自信是当前高校思想政治教育的重要内容，提振大学生制度自信对实现中华民族伟大复兴中国梦、社会主义核心价值观的价值引领、国家治理现代化的推进具有深远的价值意蕴。新时代大学生制度自信还存在制度认知模糊化，制度情感冷淡化，制度信念薄弱化以及制度践行动力不足等不良现象。内生性的问题主要源于社会生态之复杂、教育生态之弊端、媒体生态之混杂，外生性问题主要源于制度理解浅薄、制度显著优势认同滞后、制度观取向具象化。需要从制度自信的经常化、生活化、具象化、网络化、制度化等五个方面着力，把制度自信的种子播撒进大学生的心灵，从而提振新时代大学生的制度自信。

关键词：新时代；大学生；制度自信

一、前言

制度自信是主体对中国特色社会主义制度理念、特点、优势、实践的认知认同并外化为实际行动。党的十八大报告提出要坚定中国特色社会主义道路自信、理论自信、制度自信。党的十九届四中全会进一步指出，中国特色社会主义制度和国家治理体系是具有强大生命力和巨大优越性的制度和治理体系。这都揭示了只有制度自信才能有力地推动国家制度的运用和执行，有效地提升国家治理体系和治理能力，从而有助于形成全社会对国家制度充满信心和希望的良好社会氛围。提振新时代大学生的制度自信对国家、民族及个人的未来发展有着深刻意蕴，同时，也应全面检视处在人生"拔节孕穗

---

* 作者简介：吴琼，女，广东海洋大学马克思主义学院讲师，主要研究方向为思想政治教育。
通信地址：广东省湛江市麻章区海大路 1 号 广东海洋大学马克思主义学院。邮政编码：524088。

期"的大学生制度自信式微的主要表征及问题归因,着力探赜提振大学生制度自信的有效路径,助力高校为推进国家治理体系和治理能力现代化提供智慧支持。

二、新时代提振大学生制度自信的价值意蕴

中国特色社会主义制度是以马克思主义为指导、植根中国大地、具有深厚中华文化根基、深得人民拥护,并彰显出强大生命力和巨大优越性的制度形态。人民属性是中国特色社会主义制度的本质属性,大学生是国家、民族和人民的未来和希望,因此,提振大学生制度自信是实现中华民族伟大复兴中国梦的精神支撑,是强化社会主义核心价值观引领的题中之义,是推进国家治理现代化的应然要求。

1. 凝聚实现中华民族伟大复兴中国梦正能量的精神力量

制度自信诠释了新时代大学生对中国特色社会主义的根本制度、基本制度、重要制度的认同和肯定,这种隐性的心理状态是一种理性的政治宣言,对凝聚大学生奋力实现中华民族伟大复兴中国梦具有重要意义。其一,制度自信有利于深化大学生的国家制度认知、增强大学生的国家制度情感,进而规范大学生投身于中国特色社会主义事业的社会行为,为中国梦的实现提供力量源泉。其二,制度自信能引领新时代大学生的政治认同,坚定大学生对中国共产党领导下制度体系的信仰信念,提高思想政治觉悟,正确看待改革开放关键期的问题和矛盾,以时代新人的使命和担当为实现国家富强、民族振兴、人民幸福而奉献力量。

2. 强化社会主义核心价值观引领的题中之义

伟大的事业需要正确的价值观引领,正确的价值观推进伟大的事业。在经济全球化、网络信息化、文化多元化的背景下,我国改革开放进入了深水区和攻坚期,社会各领域矛盾和问题凸显,大学生是中国特色社会主义的践行者、参与者和推动者,他们的制度自信关系到他们投入社会主义现代化建设的主动性、积极性、创造性。党的十八大提出的社会主义核心价值观是推动社会主义建设的凝心铸魂的力量,提振大学生制度自信将有利于展现中国特色社会主义的价值追求,促进社会主义核心价值观的认同与传播。在西方多元文化渗透、社会媒体舆论良莠不齐、社会思潮的交流交融交锋等复杂文化生态空间下,一方面,需要增强大学生的制度自信,让大学生充分认识到中国特色社会主义制度具有西方资本主义制度无法比拟的优势,透过国家制度的政党性、民族性、人民性优势,增强大学生对不良西方文化、错误舆论

价值观和社会思潮的抵抗力和免疫力,自觉做社会主义核心价值观的信仰者、传播者和践行者;另一方面,国家制度是社会主义核心价值观的外在表现形式,大学生建立制度自信,将有助于新时代大学生自觉学习、理解与认同国家制度内蕴的社会主义核心价值观,并主动将社会主义核心价值观融入日常生活,指导个人价值和社会价值的实现。

3. 推进国家治理现代化的应然要求

中国特色社会主义进入新时代,坚持和完善中国特色社会主义制度、推进国家治理体系和治理能力现代化是新时代中国特色社会主义的应然要求。大学生是推动新时代中国特色社会主义建设的主力军,大学生制度自信的强弱将直接或间接地影响国家治理现代化水平的高低。一方面,增强大学生制度自信,既表现为大学生对党和国家治理能力和水平的高度认同、积极评价和充满信心,也表现为相信党和国家能统筹安排、解决现代化建设过程中的各类矛盾和问题,坚信中国特色社会主义制度能为提高国家治理水平和治理能力指明方向、提供指导。另一方面,大学生制度自信是大学生作为中国公民的重要意识、精神和态度,提升大学生制度自信有助于大学生通过理性参与国家和社会公共事务来推动国家治理现代化。

三、新时代大学生在坚定制度自信方面存在的不足

中国特色社会主义制度体系是在党的领导下,坚持马克思主义与中国实际相结合而不断探索形成的制度体系,具有鲜明而独特的制度优势,是激励新时代大学生制度自信生成的物质基础和精神力量。改革开放30多年来,大学生对中国特色社会主义制度的态度经历了从反思到理性、从认同到逐步自信的历程。可见,当前大学生制度自信的总体现状是好的,但新时代大学生在坚定制度自信方面仍存在一些不足,应引起高度重视。

1. 制度认知模糊化

制度认知是大学生树立制度自信的首要前提,当前,有的大学生对中国特色社会主义制度的感知模糊,主要表现在:一是对中国特色社会主义制度的理论知识把握不理想,对制度的理念、构成、特点、作用等缺乏感性认知,进而影响对制度进行判断和评价的理性认知。二是对制度发展前景认知不足,受西方舆论对中国特色社会主义制度的误读、歪曲甚至污蔑的影响,一些大学生对国家制度的前景缺乏足够的认识和信心。

2. 制度情感冷淡化

制度情感是基于制度认知产生的持续而稳定的内心体验。制度自信源于制度情感，只有大学生对制度的接受、信任和热爱，才有助于制度自信的生成。事实上，有部分大学生由于对制度的优越性认识不足、信心不够，萌生出疏远、怀疑、抗拒的消极意识；也有些大学生将就业、民生、收入差距等方面的社会问题完全怪罪于制度，从而在情感上难以产生尊重、敬畏、忠诚之情。

3. 制度信念薄弱化

制度信念是制度信服和执着追求的态度，是制度认知、制度情感、制度信仰有机统一的信念体系，对制度践行具有执着的驱动力。部分大学生制度信念的弱化，一方面是对中国特色社会主义制度彰显的优势体会不深，由于未能体会由制度优势转化成的看得见、摸得着的实实在在的制度获得感，这些大学生对国家制度未能产生执着追求的态度；另一方面是正处在价值观塑造关键期的部分大学生，极容易受西方宣扬的所谓民主、自由制度的误导，在很大程度上弱化对中国特色社会主义制度的自豪感。

4. 制度践行动力惰化

制度践行是制度认知、情感、信念共同作用下的外在表现。实践中，有的大学生对中国特色社会主义制度的自主性学习动力不足、兴趣不浓；而有的大学生党员、学生干部、学习标兵也未能发挥制度自信的榜样作用；甚至有的大学生在个人遇到挫折时会质疑国家制度的合理性。

四、新时代大学生在坚定制度自信方面存在不足的原因及深入分析

立足于内生性与外生性因素，准确分析新时代大学生在坚定制度自信方面存在的不足，才能有针对性地探赜大学生制度自信的提振之道。

1. 外生性原因分析

（1）社会生态之复杂。

复杂的国际国内社会生态影响着大学生的制度自信，具体而言，第一，当今世界正面临百年未有之大变局，在经济全球化、世界多极化的复杂多变的世界格局下，"西方制度优越论"无孔不入，在一定程度上动摇了意志不坚定的大学生的制度自信。第二，我国正处于实现中华民族伟大复兴的关键时期，推进中国特色社会主义伟大事业殊为不易，既要面对由基本国情和社会主要矛盾带来的特殊性问题，也要面临世界大部分国家社会转型中出现的

共性问题，国家制度和治理体系是否能通过高效运行来应对前所未有的各种严峻挑战，影响着大学生制度自信的强弱。

（2）教育生态之弊端。

针对当前大学生在制度自信方面的不足，必然要对学校教育和家庭教育进行反思。一方面，是因为学校教育错位。高等教育受到功利主义和实用主义思想的影响，注重智育，专业课程教学一直被摆在高校育人的重要位置，而德育的实效性却有待进一步提升。党的十八大以来，党和国家重视加强和改进大学生思想政治教育，然而，制度自信教育如何有效地融入思想政治理论课仍有待挖掘。另一方面，是因为家庭教育缺位。家庭的制度自信教育功能是缺位的，许多中国父母注重孩子的学业，并不关注要教育孩子树立正确的政治观、制度观，也极少为孩子的制度自信创设生活情境，使制度自信的培养缺乏家庭的精神指导和情感支持，这必然对大学生树立制度自信带来不良影响。

（3）媒体生态之混杂。

全媒体时代的到来，舆论生态、媒体格局、传播方式无不发生了深刻的改变，最为突出的是舆论生态的变化，尤其是"后真相"的网络舆论生态，以情绪性、想象性事实代替客观性事实，价值迷惘、裂变、失范的网络生态不时呈现，是非混杂、认同式微、观念分化的重大挑战愈益突出，① 大学生是参与网络舆论生态的重要主体，舆论生态空间对大学生思维方式、价值观念、生活方式、行为方式都有着潜移默化的影响，网络舆论生态幻象、假象、乱象的泛滥，给制度自信的培养带来阻力。一些西方资本主义国家凭借资本与媒介技术优势，占据着媒体舆论生态话语的主导地位，一直戴着"有色眼镜"质疑、蔑视中国特色社会主义制度，为中国特色社会主义制度的大众化、生活化、网络化带来严峻挑战，不利于提振和深化大学生制度自信。

2. 内生性原因分析

（1）制度理解浅薄。

中国特色社会主义制度根植于中国独特的历史命运、文化传统和基本国情，制度自信就是源于对中国历史传承、中华优秀传统文化和现实国情的理性的理解、认同和支持，如果大学生对国家制度学习的主观能动性没有被调动起来，就谈不上制度自信教育的入脑、入心，制度自信自然难以呈现。

---

① 骆郁廷、吴楠论：《"后真相"网络空间的价值澄清》，载《思想理论教育导刊》2020 年第 6 期，第 139 页。

（2）制度显著优势认同未得到全面贯彻。

党的十九届四中全会第一次系统地总结了我国国家制度和国家治理体系具有 13 个方面的显著优势，并明确指出，这些显著优势是我们坚定中国特色社会主义道路自信、理论自信、制度自信、文化自信的基本依据。中国制度的 13 个显著优势逻辑严谨、内容系统、阐述精确地概括了"中国之治"的制度密码，但有的大学生由于缺乏政治学习兴趣和动力，并没有认真地领会吸收，制度自信也就无从谈起。

（3）制度观取向的具象化。

制度自信是大学生对中国特色社会主义制度的信仰、信念、信心的价值取向表达，但在现实生活中，部分大学生的制度观取向呈现具象化，也就是说，这些大学生会从满足自身利益诉求的角度出发来进行制度的价值选择，在中国特色社会主义制度未能真正融入大学生的生活，解决大学生最为关心的现实生活的问题时，大学生的制度自信也难以建立。

五、新时代提振大学生制度自信的着力点

要把制度自信的种子播撒进大学生的心灵[①]，提振大学生制度自信的任务是迫切之举、必行之举，可以从制度自信的经常化、生活化、具象化、网络化、制度化等五个方面着力。

1. 制度自信的经常化——制度自信的一元主导与多元参与的协同

提振大学生制度自信离不开教育和宣传，中国特色社会主义制度理念、构成、优势、地位的教育宣传有利于增进国家制度认同，进而能对国家制度产生高度信任和肯定，并催生制度自信。这需要从学校教育、家庭教育、社会实践教育三个维度着力。

（1）强化学校教育。

中国特色社会主义制度有着丰富的内涵，要全面正确地理解，就要夯实学校教育作为主渠道的作用，用全员、全程、全方位的"三全育人"理念来开展大学生制度自信教育。首先，思想政治理论课教师、专业课教师、通识课教师要发挥言传身教的"经师人师"作用。既要增强自身的制度自信意识，又要在守好一段渠，种好责任田的前提下，将中国特色社会主义制度的理论知识融入日常的教学实践中，激发大学生在知识学习中增强对国家制

[①] 习近平：《坚持和完善中国特色社会主义制度　推进国家治理体系和治理能力现代化》，载《前进》2020 年第 1 期，第 8 页。

度的认知、认同,并提振和深化制度自信。其次,遵循不同年级大学生的学习规律,秉持循序渐进、螺旋上升的全覆盖育人原则,对大一学生进行国家制度理论认知性教育,对大二学生进行国家制度情感培养教育,对大三学生进行国家制度信仰教育,对大四学生进行国家制度实践性教育,各阶段教育的目标与内容应明确,杜绝交叉和重叠。再次,采用多种教育方法全方位调动大学生的学习能动性。既可采用专题教学、对话式教学、实践教学等常规方法,又可借助校园文化宣传、体验式比赛、师生宣讲、社会调研等大学生喜闻乐见的方法,以增强制度自信教育的亲和力、吸引力和渗透力。

(2) 抓牢家庭教育。

家庭教育对大学生制度自信具有基础性影响,要发挥家庭制度自信教育功能,父母首先要增进自身对国家制度的信任感和认同感,父母对制度的忠诚与信仰会在一定程度上影响子女的制度自信程度,家庭作为大学生政治社会化的第一个场域,大学生出于对父母的信任和依赖,家长权威也有助于大学生提振制度自信,因此,家长应提高自身的制度自信意识,积极营造良好的家庭教育环境,以利于大学生在家庭制度自信的教育下,提升个人的制度自信。

(3) 加强社会实践教育。

实践是大学生制度自信的外化平台,一方面,体验式教育可以增进大学生对制度显著优势的情境性认知,从而增进制度自信。学校可以通过走进红色文化基地、改革开放前沿阵地、军民融合产业基地、产学研基地的方式,让大学生通过亲身体验来感知国家发展、社会稳定、人民幸福背后的制度优势和力量。另一方面,鼓励大学生通过社会调研的方式对制度显著优势进行学术检验,围绕13个显著制度优势,以走访、调查、座谈等实践调研方式,收集真实的第一手资料,以实证数据为佐证,使制度自信获得调研成果的支撑。

2. 制度自信的生活化——制度自信从文本世界到生活世界的转化

国家制度的显著优势源于人民现实生活,也是为了更好地保障人民生活,以实现人民对美好生活的期盼。大学生制度自信是生活世界不可缺少的精神构成因素,要强化大学生的制度自信,自然要回归生活世界,因此,应在社会宣传、榜样引领、环境营造等方面下功夫。

(1) 社会宣传是强化大学生制度自信的必然要求。

人的意识是物质世界的主观映像,强化大学生制度自信意识,就必然要对中国特色社会主义制度的本质特征和优越性进行广泛的社会宣传,这样才能引起情感共鸣、思想共识,达到制度自信。首先,将国家制度的社会宣传融入政治生活中。抓住党和国家重大纪念日、改革开放纪念日、香港澳门回归纪念日等重要政治生活契机进行国家制度宣传,以中国特色社会主义制度的历史性成就为支撑,增进大学生制度自信。其次,将国家制度的社会宣传融入大众生活中,借助《中国正在说》《这就是中国》等思想政论节目,以及讲述中国制度优势的文化宣传作品,在满足大学生精神文化生活需求的同时,让大学生在体会中国制度优势中增进制度自信。再次,将国家制度的社会宣传融入现实生活中。中国人民奋力抗疫的实践集中体现了党集中统一领导的中国特色社会主义制度的本质特征,调动各方的积极性,集中力量办大事的国家制度的显著优势,自豪而接地气地向大学生展现了中国制度具有西方资本主义制度无法比拟的优势,促进大学生在现实生活中真切体悟制度自信的价值真谛。

(2) 榜样引领是强化大学生制度自信的重要手段。

榜样可以通俗、形象地拉近大学生与国家制度的认知认同距离,是以春风化雨、润物细无声的方式增强大学生制度自信的重要手段。一方面,要强化教育者的思想引路人的榜样形象。一个有着坚定国家制度信仰的高校教育者,他所培养的学生也必然会有着忠诚于国家制度的坚定意志,因此,大学教师既要担当好"经师"角色,也要承担"人师"责任,以自身对制度自信的信仰信念来为学生树立楷模。另一方面,发挥优秀朋辈示范带动的榜样作用。要广泛宣传学生干部、同学、校友以实际行动表达制度自信的先进事迹,凝练优秀朋辈榜样在实践中支持和认可中国特色社会主义制度优势,来激发大学生制度自信的思想自觉。

(3) 环境营造是强化大学生制度自信的保障条件。

制度自信能凝心铸魂,营造万众一心的社会风气,同样地,强化大学生制度自信也应有良好的社会生态环境作保障。一是要营造制度自信的学术氛围。只有清晰地向大学生表达和阐释中国特色社会主义制度是什么,以及中国制度的本质特征和优越性,才能引导大学生在认知认同的基础上,生成制度自信。中国特色社会主义制度理论的彻底性来源于学术研究,建立在科学理论研究基础上的制度自信,才能为大学生制度自信提供持久而深远的力量。二是营造制度自信话语传播环境。话语是制度自信思想的载体,建构制度自信话语并有效地传播,是提振大学生制度自信的有效方式。在西方媒体一直吹捧西方制度优越性的形势下,营造中国制度自信话语,并通过传统媒体和新媒体充分融合的全媒体技术手段进行积极传播,这可以让制度自信的气息渗透在大学生的学习与生活环境中,成为大学生常听、常谈、常思的一个话题,无疑能促进制度自信入脑入心,对强化大学生制度自信的作用不可小觑。

3. 制度自信的具象化——制度自信的合目的性与合规律性对接

强化大学生制度自信既要顺应符合高校立德树人的根本任务指向，又要遵从大学生自身的利益诉求，实现二者的有机契合，是具象化之道的逻辑要求，这样才能有助于大学生制度自信扎根于心。因此，一方面，要做好制度自信的"三进"工作。①推进制度自信进教材，为大学生从各类文本中正确认知何为制度自信、为何要树立制度自信以及制度自信的价值何在，从理论层面说服大学生树立制度自信，并形成持续学习的习惯。如中共中央宣传部理论局组织撰写的《中国制度面对面》读本，以中国历史开篇，以中国制度故事为叙事手法，是讲好中国制度优势的生动教材，有助于大学生认同、坚守和捍卫国家制度，种下制度自信的种子。②推进制度自信进课堂，利用好课堂的制度自信育人主渠道，教师在修炼好中国制度理论基本功的前提下，要积极在课堂上向大学生传播中国制度的本质和优势，有效地提升大学生对国家制度的接纳力和认同度，并树立大学生的制度自信。③推进制度自信"进头脑"，根据大学生的现实需要和学习习惯，善用大学生更愿意和能够接受的教学方法，将中国制度的学习与大学生的利益诉求相结合，才能有效地实现制度内化于心，外化于行，逐渐形成大学生的制度自信。另一方面，要发挥校园阵地作用。校园是涵育大学生制度自信的重要空间，提振大学生的制度自信，就要把中国制度核心理念融入校园生活理念中，深化大学生对坚持党的领导是中国特色社会主义制度的最大优势的理性认知，要把中国制度的根本特色融入校园日常规范中，促使大学生在内心深处深刻懂得人民性是中国特色社会主义制度的根本特色，还要把中国制度高效运行的智慧融入到校园日常交往中，让大学生在实践活动中真切领会民主集中制度是中国特色社会主义制度的中国智慧。

4. 制度自信的网络化——制度自信的现代技术与媒体传播的耦合

现代网络信息技术的广泛应用和迅速发展，为传播中国制度内容，增强大学生制度自信创造了技术之便，并引导大学生从制度自觉走向制度自信。要从"互联网＋制度自信"的快车中体验成就感，需要充分发挥好互联网技术与媒体有效传播的作用。一是要以校园信息网络为基础，建设传播国家制度的校园网络传播平台，让坚持党的集中统一领导、紧紧依靠人民推动国家发展、坚持全国一盘棋、铸牢中华民族共同体意识等国家制度价值导向通过可感性特质进行网络传播，营造制度自信教育无时不在、无时不有的学习气氛，促进大学生在持续学习中自觉生成制度自信。二是建设有吸引力的网络文化产品，以匠心独运的方式开发设计呈现国家制度清晰图景的网络文化产品，以诸如网络音乐、网络视频、网络故事、网络电影等优质的网络文化产品供给，满足大学生对国家制度文化的精神需求，以深化大学生的制度自觉和制度自信。三是善用微信、微博、微电影、微视频，将它们作为新时代大学生接受国家制度宣传教育的重要载体，以其独特的影响力，发挥着亲和力和渗透力的作用。

5. 制度自信的制度化——制度自信的软激励与硬约束并重

提振大学生的制度自信，不仅要依靠教育宣传的柔性手段，更要依靠刚性制度的激励和约束。软激励和硬约束是相辅相成的，要对两者进行合理搭配与运用。首先，软激励强调对师生的精神激励，例如，鼓励教师把制度自信的信仰融入日常教学实践中，将教师开展常态化制度自信教育情况及取得的成效纳入教师的年度考核，并作为日后晋升的业绩参考指标。针对大学生，对积极参与制度自信教育的宣讲会、交流会、研讨会等系列活动，并表现突出的大学生给予荣誉证书奖励。其次，硬约束强调制定并严格执行有关制度自信的教育宣传制度，营造一个制度自信教育的动态氛围。如把制度自信教育作为每学期学生社会实践的必选主题，与学生的社会实践学分相挂钩，以鼓励大学生通过社会实践来增强制度自信意识；还可以把制度自信列为班主任每学期的主题班会议题，将参与制度自信主题班会作为评选优秀班集体和优秀班主任的参评条件之一。通过建立健全的硬约束性制度，营造大学生制度自信的制度氛围。

六、结语

培育大学生制度自信对新时代国家、民族和个人发展都有着深远的价值意蕴，既要对大学生制度自信的式微进行问题归因，又要着力从制度自信的经常化、生活化、具象化、网络化、制度化等五个方面久久为功、绵绵用力，才能使大学生树立更坚定、更彻底、更久远的制度自信，才能培育能担当民族复兴大任的时代新人。

本文原载《高教论坛》2022年第4期。

弘扬红色精神　增强青年大学生文化自信

王梦婷*　林　鹏**

摘要：改革开放极大地改变了中国面貌，多元文化向我们提出了新的挑战。想要获得真正的民族自立、人民自强，就需要以中华民族自己的现代性立场，实现中华传统文化与现代社会的衔接。红色精神作为新的中国精神、时代文化，是推动中华民族精神重新凝聚，自我身份认同的必然选择。只有当青年群体普遍地心怀理想和信仰，并愿意追寻共产主义远大理想与中国特色社会主义共同理想，红色精神才能更好地转化为中国精神，并转化为现实的实践力量。

关键词：文化自信；红色精神；青年观；中国精神

改革开放极大地改变了中国面貌和人民的生活方式，随之而来的多元文化，也向我们提出了新的挑战。贺麟先生说，中国近百年来所面临的危机，其根本原因在于文化层面上的失调。这种文化危机表现为传统文化与现代文化之间的冲突与不协调，导致我们无法有效地应对新的文化环境。党的十九大报告中，习近平提出了"文化是一个国家、一个民族的灵魂。文化兴国运兴，文化强民族强。没有高度的文化自信，没有文化的繁荣兴盛，就没有中华民族伟大复兴"。① 想要获得真正的民族自立、人民自强，注定了我们必须要走符合自身特点的发展道路，要以中华民族自己的现代性立场实现中华传统文化与现代社会的衔接，培养高度的文化自觉和文化自信。抛弃传

---

* 作者简介：王梦婷，女，广东海洋大学马克思主义学院讲师，主要研究方向为马克思主义基础理论。

通信地址：广东省湛江市麻章区海大路1号 广东海洋大学马克思主义学院。邮政编码：524088。

** 作者简介：林鹏，男，广东海洋大学海洋工程学院讲师，主要研究方向为思想政治教育。

基金项目：广东海洋大学2020年校级教改项目"红色精神视阈下增强大学生文化自信的现实路径"（编号：010202012003）。

① 习近平：《习近平谈治国理政》第三卷，外文出版社2022年版，第47页。

统，丢掉根本，就是断掉了自己的精神命脉。

红色文化精神是中国人民在长期的革命实践中，不断地扬弃中外文化思想所形成的。将中国特色传统文化融入时代挑战和机遇中，为培育人才及建构和谐社会提供精神支持。

习近平总书记多次指出，"无论过去、现在还是未来，中国青年始终是实现中华民族伟大复兴的先锋力量"。① 青年大学生责任担当与时代诉求密不可分，在危难时期凝聚精神的共同力量；在和平时期葆有精神激情；在社会富裕起来后保持不懈的精神追求、重拾文化自信。中国精神，是我们的民族的灵魂，是人民共同的精神家园。离开高度的文化认同，就没有基本的文化自信，就没有中华民族的伟大复兴。

一、相信青年，青年要担当历史责任

一个没有精神力量的民族难以自立自强，一项没有文化支撑的事业难以持续长久，一个民族的文明素养很大程度上体现在青年一代的道德水准和精神风貌上。② 能够真正带来这一转变的，正是最富有朝气、最富有梦想的青年群体。

在中国，改革正如火如荼地展开着。学界在总结改革开放的历史经验中基本达成了下述共识：首先，改革开放以其丰硕成果，改变了国人的物质生活条件，同时也打造了当代人的精神世界。它不单是政治、经济层面的改制与变革，亦是一场思想、文化层面的解放运动。其次，改革开放归根结底是以"人"的全面发展、人与社会的和谐统一为目标。它在培育个体独立性的同时，也需要个体发挥其创造性来促进改革的深化。

青年担当历史责任是马克思主义关于青年的基本观点。马克思认为，青年不是一个独立的阶级，但青年的成长发展与社会发展密切相关，青年是推动社会进步的重要力量，决定着人类社会的发展方向。"最先进的工人完全了解，他们阶级的未来，从而也是人类的未来，完全取决于正在成长的工人一代的教育。"③ 习近平对广大青年寄予厚望，广大青年须坚定马克思主义理想信念，增强中国特色社会主义道路自信、理论自信、制度自信、文化自

---

① 习近平：《在纪念五四运动100周年大会上的讲话》，人民出版社2019年版，第5页。
② 习近平：《在同各界优秀青年代表座谈时的讲话》，载《人民日报》2013年5月5日第2版。
③ 《马克思恩格斯选集》第1卷，人民出版社2012年版，第133页。

信。青年一代的理想信念、精神状态和综合素质是构成一个国家核心竞争力的重要因素，体现了一个国家的发展活力。"我国广大青年要坚定理想信念，培育高尚品格，练就过硬本领，勇于创新创造，矢志艰苦奋斗，同亿万人民一道，在矢志奋斗中谱写新时代的青春之歌。"①

二、赢得青年，红色精神提升青年的文化自信意识

近代以来，由于西方列强入侵和"西学东渐"的影响，中华文化本身出现了危机，中华民族对自己的文化变得不自信，对传承千年的民族文化、既有的社会道德伦理规范产生怀疑；也在政治立场、价值观念、人生追求等方面日渐异化；还有对社会主导价值和信仰的游离态度。

高速的经济增长在给人们带来物质财富的同时，并没有给人们带来相应的精神安慰和提升。生活中的世界一切都被打上了商品属性的标签，青年人在精神上逐渐被推向拜金主义、功利主义、享乐主义的一端。

想要激活中华文化，来应对当前所面临的价值冲突和困扰社会转型的危机，仅靠原原本本地恢复中国传统文化已经不够。红色精神作为新的中国精神、时代文化，是推动中华民族精神重新凝聚，自我身份认同的必然之选择。红色精神支撑起中国传统文化的转型，并使传统文化勃发了新的生机，生成了新的时代价值和精神。通过发展文化软实力，完成与西方社会文化的融合甚至超越，成为中国文化自信的底色和本源。要确立一种弘扬传统文化与实现中国梦内在一致的"文化自觉"，唤起大学生的"文化自信"意识。让青年人在了解自身文化的基础上，自觉地从世界文明史的高度来认识中国、认识世界。②

"红色文化"精神是教育青年的鲜活教材：第一，不受地域局限、不受形式约束，更容易为青年人所接收。新媒体时代背景下，青年学生获得信息的途径越来越丰富。"红色文化"精神丰富了意识形态引导模式，充分发挥了对青年人的美感教育及人格培养的作用。红色文化的每一个区域都是红色精神凝聚的区域，红色文化的每一种形式，也都是红色文化的载体，它具有

---

① 习近平：《习近平致全国青联十三届全委会和学联二十七大的贺信》，载《中国共青团》2020年第16期，第5页。

② 朱宗友：《近年来学界关于文化自信研究的回顾与前瞻》，载《当代世界与社会主义》2019年第4期，第202页。

丰富多样性，不应该受到约束和规制。① 第二，内在价值与精神意义，具有革命先进性。红色文化是承载着中华文化精髓的实践智慧，是摆脱强权、寻求解放的革命诉求；是改革建设过程中的奋进力量；是"兴我中华，强我国家"的文化自觉意识。第三，红色文化不受时间限制，不因经济因素冲击而改变，具有开放的永恒性，满足当下青年群体精神生活多样性的需求。既有已经成为历史的红色文化资源，也是不断发展、生生不息的中国精神的传承。应将中国特色传统文化融入时代挑战和机遇中，为培育人才及建构和谐社会提供精神支持。

三、砥砺青年，青年既是追梦者也是圆梦人

新时代青年人日益追求摆脱传统社会"标准化人生"的模式，追求对能彰显个性的语言的使用，厌烦刻板化的官话与教条，更期望通过自己的判断与选择，过上"可选择的人生"。然而，任何追求都不可能唾手可得，需要凝聚整个民族的力量，青年是引风气之先的社会力量。

改革开放改善了人民物质生活境况，也让我们更期待依靠中华文化和中国智慧来解决中国问题。青年群体只有心怀理想和信仰，自发追寻共产主义远大理想、中国特色社会主义共同理想，对中华民族伟大复兴的实现葆有坚定的信心和信念，才能更好地将中国精神转化为现实的实践力量。

"人民有信仰，民族有希望，国家有力量。实现中华民族伟大复兴的中国梦，物质财富和精神财富都需要极大丰富。"② 不同时代的青年肩负不同的责任，青年人应以足够的文化自信与自觉，凸显中华民族传统文化的实践精神与价值追求。习近平对广大青年寄予厚望，青年是全社会最富活力、最具有创造性的群体。青年人在成长过程中，以文化自信为根基，笃定、坚韧、奋进是新时代中国青年不断拓展的红色精神。中国特色社会主义建设新时代，为青年的成长提供了广阔的空间，在文化自信的引领下，中国特色社会主义先进文化会在持续探索中焕发生命力。

---

① 沈成飞、连文妹：《论红色文化的内涵、特征及其当代价值》，载《教育与研究》2018年第1期，第99页。

② 习近平：《人民有信仰民族有希望国家有力量》，载《党建》2015年第4期，第1页。

"强军梦"视域下退役大学生适应性问题研究

王 景*

摘要：自征集大学生入伍起，越来越多的大学生积极响应国家号召步入军营。退役大学生回归校园后面临学业、生活、心理、职业规划等诸多问题。针对以上问题，高校通过做好"入伍"和"退伍"两本精准台账，建立政府、高校、军队联动机制，开展主题教育，培育退役大学生的积极心理，做好职业规划教育等措施，帮助退役大学生完成角色转变，更好地适应校园生活。

关键词：退役大学生；适应性问题；途径；

实现中华民族伟大复兴是中华民族近代以来最伟大的梦想。这个伟大的梦想，就是强国梦；对军队来讲，就是强军梦。自征集大学生入伍起，越来越多的大学生积极响应国家征兵号召步入军营。《征兵工作条例》对普通高等学校学生的服役及复学作出了相关规定："已被普通高等学校录取或者正在普通高等学校就学的学生，被批准服现役的，服现役期间保留入学资格或者学籍，退出现役后两年内允许入学或者复学。"① 数十年间，数以万计的大学生进入部队，一定程度上提升了部队的整体文化水平。大学生从"校门"步入"营门"，又从"营门"回归"校门"或者"社会"，退役大学生是有高文化素质、高军事素养的群体，普遍面临难以融入校园、社会等问题。高校及时开展退役大学生适应性教育工作，一方面能帮助退役大学生顺利适应角色转变，促进他们成长成才；另一方面能更好地激励更多的在校大学生入伍，促进高校圆满完成征兵工作。

---

* 作者简介：王景，女，广东医科大学教师，原广东海洋大学教师，硕士，主要研究方向为思想政治教育。

通信方式：871151723@qq.com。

基金项目：本文系广东省教育科学"十三五"规划2020年度研究项目（德育专项）"新时代广东高校校园文化与岭南特色文化融合的实践探索"（项目编号：2020JKDY033）的阶段性成果。

① 《征兵工作条例》：见中华人民共和国国防部网站（http://www.mod.gov.cn/gfbw/fgwx/16216169.html）。

一、开展退役大学生适应性教育工作的重要意义

（一）高校"立德树人"的本质要求

党的二十大报告指出，办好人民满意的教育，落实立德树人根本任务。退役大学生有着"军营学历和大学学历"双重学历，思想政治素质过硬、身体素质过硬，这一群体是高校宝贵的财富。退役大学生从军营重新步入校园、社会会面临诸多适应性问题，高校应对退役大学生给予高度重视，加强对其学业、心理、生活、就业的指导，帮助他们健康成长成才，这是落实高校"立德树人"的本质要求。

（二）以人为本的具体体现

教育要培养德智体美劳全面发展的社会主义建设者和接班人。参军入伍彰显了大学生有坚定的理想信念和强烈的爱国主义思想，军队政治教育使他们理想信念坚定、政治素养高；严格的军事训练使他们的意志坚定、吃苦耐劳。高校应坚持以人为本的人才培养理念，有针对性地开展退役大学生适应性教育，加强对他们的关心、教育引导，从而为社会主义现代化建设培养合格的建设者和接班人。

二、退役大学生现状分析

（一）退役大学生数量逐年增加

"国防责任重，祖国在心中。"自军队向全国高校征兵起，截至2022年，数以万计的高素质青年大学生响应国家号召应征入伍。S校的官方数据显示，自2018年起至2021年，越来越多的在校大学生选择参军入伍（见表1）。大学生携笔从戎可以丰富人生阅历，两年的兵役期既能满足大学生从戎的心愿又不耽误学业，因此，越来越多的大学生选择参军入伍。随着参军入伍大学生的数量逐年增加，退役大学生的数量也随之逐年增加。

表1　S校2018—2023年在校大学生参军入伍（含大一新生）人数

入伍年份	2018	2019	2020	2021	2022	2023
入伍人数	85	106	111	142	111	56

（二）退役大学生特点分析

随着参军入伍大学生数量的增加，退役大学生的数量呈递增趋势。大学生应征入伍不仅可以保家卫国，更能丰富人生阅历；不仅可以体验大学生活，更能体验军营生活。拥有双重"学历"的退役大学生，身上具备鲜明特征。一是政治觉悟高、理想信念坚定。退役大学生在服役期间接受部队系统的思想政治教育，每周的爱国主义教育、革命传统教育、军人价值观教育、政策教育，使得大学生士兵政治觉悟高、理想信念坚定，有强烈的社会责任感和使命感。二是作风优良、执行能力强。高强度的军事训练、严明的纪律使退役大学生形成了"特别能吃苦、特别能战斗、特别能奉献"的优良作风，执行能力强。三是渴望被重视。大学生入伍时若表现优秀，多被安排在部队机关、营连部工作，深受重视。两年的部队生涯，退役大学生渴望回到校园后被重视，施展自己的才华，为班级、为学校做出应有的奉献。

三、退役大学生适应性问题分析

大学生在部队服役期间，生活、学习、训练环境相对封闭，学习内容、训练科目、生活方式相对统一。返校后，面对从纪律严明的部队到轻松自由的高校校园的环境变化，少数退役大学生出现了一些生理和心理的落差，一时难以适应新的校园生活。①

（一）学业适应问题

退役大学生普遍存在学业压力，尤其是在校期间入伍的大学生，两年的服役期内没有接触本来的专业知识，基础知识的遗忘使他们复学时感到困难

---

① 方美华、刘乐、李辉：《退役复学大学生兵适应期教育对策研究》，载《教育教学论坛》2021年第28期，第173页。

重重。人才培养方案调整、课程计划更改、考核方式的变化，加剧了专业学习的困难。少数退役大学生入伍前就"挂科"严重、成绩不理想，服役后的知识断层更加剧了基础知识的遗忘。也有少数学生从原专业转入其他专业学习，与同专业的学生相比，在知识储备上存在一定差距，导致成绩落后。

（二）生活适应问题

退役大学生回到校园后，生活环境由封闭式管理变为自由式管理，由单一的交友环境变为复杂的交友环境，退役大学生如未能及时适应校园环境，容易产生孤独感，怀念部队生活。有些大学生在部队服役时深受部队干部的喜爱和器重，回到学校却变得默默无闻，前后落差让退役大学生感到不适应。因服役原因，导致其比同班同学年龄大，与班上同学交流较少，无知心朋友。生活上，在部队养成的作息习惯、卫生习惯与宿舍同学不一致，可能会导致宿舍矛盾，人际关系紧张。

（三）心理适应问题

退役大学生复学后，往往会存在心理落差大、迷茫、焦虑的情况。在部队服役期间，强调"令行禁止"，严格落实各项规章制度，高标准、高质量完成各项任务，每天的操练、用餐、工作和作息都有很强的时间性和规律性。回到校园后，从严格的军事化管理的环境转变为轻松自由的大学环境，学习、用餐、锻炼更强调自我管理，前后巨大的变化给退役大学生带来了心理上的困扰。部分退役大学生一时过度放纵，养成不良的生活习惯，对未来充满迷茫，变得焦虑。

（四）职业规划问题

第一，多数大学生在入伍前未对自己的职业做长远规划，在就业压力和国家政策的影响下，不少大学生是因为加分政策而参军的。国家大学生应征入伍政策规定，在完成本科学业后三年内参加全国硕士研究生招生考试，初试总分加 10 分，同等条件下优先录取，但是很多退役大学生在考研过程中成绩并不突出。第二，因年龄偏大，与同届毕业生共同求职时，退役大学生面临年龄劣势，尤其是应聘一些有年龄限制的工作岗位时，容易求职受挫；与原来的同学相比，原来的同学已顺利毕业、及时就业、升职加薪，但退役大学生却要面临就业压力，这容易诱发心理问题。第三，对自己的期望值过高，目标就业岗位集中在事业编制、公务员编制，研发、管理等热门岗位，以上岗位竞争激烈，退役大学生在求职过程中容易受挫。

四、提升退役大学生适应性教育的有效途径

退役大学生作为高校一个较为独特的群体，两年内从"校门"步入"营门"、从"营门"回归"校门"，每次角色转变，每次学习环境、生活环境、个人身份的变化，都给退役大学生带来了一系列适应性问题。做好退役大学生适应性教育需要政府、高校、军队及个人的共同努力，帮助退役大学生适应校园生活、正确面对角色转变、合理发泄情绪以及做好心理健康教育与心理危机干预工作。

（一）做好"两本"精准台账

一是做好"入伍"精准台账。在"中国梦"和"强军梦"的背景下，越来越多大学生进入军营，高校要向大学生宣讲大学生应征入伍的相关政策，并做好入伍大学生的精准台账（见表2），了解每位大学生的入伍时间、入伍原因，确保大学生"入伍欢心"。二是做好"退役"精准台账。根据入伍台账，了解退伍时间，制定"一人一册"的教育方案，开展精准的适应性教育。

表2　入伍台账

入伍时间	入伍原因	服役时长
高中毕业	丰富人生阅历、保家卫国	两年
在校期间	丰富人生阅历、缓解学习压力、家庭经济压力等	两年
毕业后	丰富人生阅历、缓解就业压力等	两年（直升士官）

（二）建立政府、高校、军队联动机制

退伍前期，高校应主动联系地方武装部了解入伍大学生的退伍时间，了解入伍大学生在军营的表现、变化，联合学校教务处、学生工作部、学院制

定"一人一册"帮扶手册，帮助退役大学生复学后顺利适应校园学习、生活环境。及时与退役大学生联系，告知其复学所需材料，寄送心理帮扶手册，及时送去关爱，帮助其有效克服退伍前期的心理焦虑。

（三）开展主题教育，培育退役大学生的积极心理

1. 加强心理疏导

一是根据"入伍"台账，制定心理辅导手册，举办心理健康讲座，分析大学校园生活与部队生活的不同之处和相同之处，帮助退役大学生从心理上实现角色转变，学会体验大学生活的丰富多彩。二是根据"退役"台账，做好定期回访，建立心理危机干预机制。学校心理咨询中心要做好每月回访记录，辅导员或班主任要做好每周回访记录，记录退役大学生每一次的进步。三是建立"年级—班级—宿舍"的心理委员小组，掌握退役大学生的心理状况，在其所在宿舍安排一名心理联络员，由宿舍长兼任，对宿舍长、心理委员进行培训；根据每学期初心理健康测试结果，对退役大学生建立定期谈话机制，定期召开班级主题班会，掌握思想动态；心理委员每周收集退役大学生的心理状况汇报材料，以班级为单位统一汇报给辅导员。对重点关注学生和需关注学生分别建立干预机制，对需关注学生如学业困难学生、家庭经济困难学生、失恋学生、单亲家庭学生、性格内向的退役大学生等给予特别关注，在班级中以教育为基础、以预警为重点、以干预促转化，建立有效的退役大学生心理危机干预机制。

2. 发挥朋辈作用，提供学业"一对一"帮扶

首先组建退役大学生帮扶小分队，召集已复学的退役大学生对即将退伍的大学生提供帮助，发挥朋辈帮扶作用。其次，召集专业课老师，班级成绩优秀的学生、党员对退役大学生实行"一对一"的精准专业帮扶，帮助他们解决学业问题。

3. 搭建平台，发挥退役大学生的自我优势

第一，成立优秀退役大学生事迹宣讲团。经过部队大熔炉的历练，退役大学生淬火成钢，他们思想好、觉悟高、作风正。利用班级报告会的形式，让他们讲述军旅生涯、分享军营生活，提高思想政治教育的有效性。

第二，推动学校国防教育有效开展。退役大学生拥有大学生和退役士兵的双重身份，首先，在军事教育课堂上，请退役大学生担任"授课小老师"，讲述国家安全、部队作战，提高军事教育课堂的授课效果。其次，退役大学生可以担任学校国旗护卫队的列队教官。再次，退役大学生还可以承

担新生军训的组训、帮训任务，发挥其自身价值，肯定部队所学。

第三，成为学校征兵工作的"宣传手"。做好榜样宣传工作，在学校宣传栏、官方媒体定期推送退役大学生的先进事迹，讲述参军的真情实感、部队生活的酸甜苦辣，用真实的案例现身说法，动员大学生积极参军。在建党节、建军节、迎新活动中，可以让退役大学生参与文化教育活动，展现他们良好的精神风貌，发挥榜样力量。

第四，积极参与班级事务管理和校园文化建设。退役大学生有相对丰富的人生阅历、有较强的责任感，辅导员和班主任可以积极引导其主动参与学生管理、班团建设、社团工作，发挥模范带头作用。

（四）做好职业规划教育

根据"入伍"台账和"退伍"台账，帮助退役大学生做好职业规划。一是宣讲国家政策，讲清、讲透退役安置政策，让大学生结合所学专业合理规划长远目标。二是根据不同年级，合理开展就业指导，帮助退役大学生认清自身优势和劣势，不断提升专业技能。三是做好毕业班退役大学生的精准帮扶，根据退役大学生就业意愿调研情况，了解毕业班退役大学生对就业岗位、就业地点、薪资待遇的意愿，提供面试辅导，为退役大学生推荐合适的工作岗位。

此外，还要做好毕业后入伍的毕业生就业帮扶工作，了解退伍毕业生的求职情况，为退伍毕业生推荐就业岗位。

五、结语

深刻认识开展退役大学生适应性教育的重要意义，分析退役大学生的现状，根据退役大学生的适应性问题开展适应性教育，提高教育效果的针对性、精准性。这不仅有利于退役大学生发挥自我价值、服务地方，更有利于引导更多的大学生参军入伍，为国家国防建设奉献力量。

高校开展马克思主义新闻出版观培育之路径探析

韩弘峰*

摘要：马克思主义新闻出版观是高校大学生马克思主义理论学习的重要部分。马克思主义经典作家关于新闻出版的重要论述包含"党性与人民性相统一""真实性与客观性相统一""舆论监督与正面宣传相统一"等基本理念，突显出马克思主义新闻出版观的思想政治教育功能。高校应积极发挥马克思主义新闻出版观的正面引导作用，通过教育路径、融入路径、方法路径等培育大学生马克思主义新闻出版观，以提升思想政治教育工作质量。

关键词：高校；马克思主义新闻出版观；培育路径

马克思主义新闻出版观是马克思主义经典作家对无产阶级新闻出版事业具体实践做法和经验规律的总结，体现出鲜明的意识形态属性，是关于新闻出版内在规律的思想，也是大学生必须掌握的马克思主义基本理论成果之一，具有与时俱进的特征。然而，在目前的大学生群体中，尤其是非新闻传播学类专业的学生在面对敏感出版物时容易呈现出非理性、不成熟的情况。因此，加强大学生马克思主义新闻出版观培育的路径探析，就成为推进高校思想政治教育供给侧结构性改革的关键一招，是健全高校思想政治教育生态体系的重要一步，有助于切实增强高校思想政治教育的示范性、引领性和辐射性作用，进一步提升高校思想政治教育的效力。

---

* 作者简介：韩弘峰，男，广西师范大学马克思主义学院博士研究生，广东海洋大学助理研究员，主要研究方向为思想政治教育。
通信方式：hhf007668@163.com。
基金项目：本文系广东省高校思想政治教育课题"数字时代基于CIPP模型的高校网络思想政治教育时效性评价与提升策略研究"（课题编号：2021GXSZ048）、广东海洋大学学生工作研究项目"新媒体背景下大学生学习行为研究"（项目编号：GDOU0708）的研究成果。

一、马克思主义新闻出版观的基本理念

马克思主义新闻出版观主要涵盖新闻出版的本质、属性、规律、原则、地位、作用等,是马克思主义的世界观、人生观和价值观在新闻出版领域的反映。由于高校非新闻传播学专业的大学生缺乏专业知识背景,故而引导其正确理解马克思主义经典作家关于社会主义新闻出版的一系列核心理念,全面把握马克思主义编辑出版基本原理中国化、时代化、大众化最新成果,加强马克思主义新闻出版观培育,有助于增强高校思想政治教育的实效性。

(一)坚持党性与人民性相统一的理念

坚持党性是马克思主义新闻出版观的显著特征。社会主义新闻出版事业反映的是社会主义的经济建设和社会发展,是党的重要宣传阵地。习近平总书记在党的新闻舆论工作座谈会上强调,新闻舆论工作必须坚持党的领导,党和政府主办的媒体必须姓党,必须坚持党性原则。① 社会主义新闻出版工作应该在党的领导下,重点把握和深入宣传党在新时期的路线、方针、政策,坚持为人民服务、为社会主义服务的方针,倾听人民群众呼声,传递人民群众意愿。这种人民性与党性原则在本质上是统一的,新闻出版工作既要向人民群众大力宣传党的各种理论政策,引导人民群众开展社会主义建设实践;也要实现、维护、发展好最广大人民群众的根本利益,坚持以人为本,把服务群众同教育引导群众结合起来,把满足需求同提高素养结合起来,从巩固中国共产党的执政地位和实现"两个一百年"奋斗目标的战略高度出发,通过对人民群众热情投入社会主义现代化建设的报道和先进典型、感人事迹的宣传,不断满足人民群众日益增长的精神需求。②

(二)坚持真实性与客观性相统一的理念

马克思认为人民报刊的客观性是指报刊具有自身的独立性和规律性,不被任何外部使命左右,也不受任何外部力量摆弄,这是它能够完成自己使命

---

① 习近平:《坚持正确方向创新方法手段　提高新闻舆论传播力引导力》,载《人民日报》2016年2月20日第1版。

② 习近平:《在全国宣传思想工作会议上的讲话》,载《人民日报》2013年8月21日第1版。

的前提条件,① 这也是其真实性的表现。马克思还通过自己因为没有什么事件要写而连续几周都没能寄发通讯的真实体验,② 进一步辩证地阐释了客观真实性对新闻出版活动的重要意义。新闻出版工作用事实描述事实,包括从宏观上准确把握事实的全貌,也包括从微观上保证报道事件的细节,③ 只有注重报道的真实性和客观性,才能确保其价值。新闻出版工作者努力根据事实来描写事实,而非用想象来描写事实,从而达到观念世界不断从现实中涌出,又作为越来越丰富的精神唤起新的生机,流回现实世界④的效果,使读者在情感层面接受新闻出版物事实的同时,进一步把握报道背后的隐形规律,从而实现传播内容客观性与真实性的统一。

(三) 坚持舆论监督与正面宣传相统一的理念

舆论是人民群众根据固有观念,对特定社会现象不断关注而形成的各种不同意见和态度的总和。监督是新闻出版工作应有的一项基本管理职能,起到直面社会冷暖丑恶、激浊扬清、针砭时弊⑤之作用。马克思认为,报刊生活在人民之中,真诚地同情并报道人民的一切希望与忧患、热爱与憎恨、欢乐与痛苦,并且尖锐地、充满激情地判断倾听而来的各种报道与新闻,这主要依赖于报刊作者当时所处的情感状态和认知程度。一旦判断见解有不当之处,也会及时被推翻。⑥ 这就是舆论监督的力量。党在长期的新闻出版工作中,遵照经典作家的相关论述,结合新民主主义革命、社会主义革命与建设以及改革开放的具体实际,总结出"坚持正确的舆论导向"的基本经验。正如习近平总书记指出的:"新闻舆论工作各个方面、各个环节都要坚持正确舆论导向。"⑦ 所以社会主义新闻出版观要坚持正面宣传为主,增强作品的吸引力和感染力,唱响主旋律、传播正能量,加强舆论引导,面对重大原则和大是大非问题,要敢于交锋、勇于亮剑,履行好舆论监督的职责。因此

---

① 《马克思恩格斯全集》第 1 卷,人民出版社 1995 年版,第 397 页。
② 《马克思恩格斯全集》第 12 卷,人民出版社 1962 年版,第 726 页。
③ 习近平:《习近平在党的新闻舆论工作座谈会上强调 坚持正确方向创新方法手段 提高新闻舆论传播力引导力 刘云山出席》,载《人民日报》2016 年 2 月 20 日第 1 版。
④ 《马克思恩格斯全集》第 1 卷,人民出版社 1995 年版,第 179 页。
⑤ 习近平:《坚持正确方向创新方法手段 提高新闻舆论传播力引导力》,载《人民日报》2016 年 2 月 20 日第 1 版。
⑥ 《马克思恩格斯全集》第 1 卷,人民出版社 1995 年版,第 352 页。
⑦ 习近平:《习近平在党的新闻舆论工作座谈会上强调 坚持正确方向创新方法手段 提高新闻舆论传播力引导力 刘云山出席》,载《人民日报》2016 年 2 月 20 日第 1 版。

坚持舆论监督与正面宣传的统一，是我们牢牢把握意识形态阵地制高点，凝心聚气，促进高校培育非新闻传播学类专业大学生新闻出版素养的重要保障。

二、高校开展马克思主义新闻出版观培育的积极意义

新闻出版涉及国内经济社会发展、国际外交风土人情等，内容丰富且自带思想政治教育功能。加强马克思主义新闻出版观培育，对高校思想政治教育的发展与效果提升、大学生思想政治教育接受能力的增强，都具有积极意义。

首先，新闻出版观的培育促进了大学生思想政治教育的发展。大学生接受思想政治教育的途径主要有参加公共政治课程和课外实践活动两种，相对固定、"沉闷"的教育方式与大学生丰富的内心需求之间存在较大差距，导致大学生充分运用学到的思想政治教育原理去分析解决实际问题的机会比较少。因此对大量新闻出版物的接触、甄别、挑选、评判，既丰富了高校思想政治教育的内容，又有利于大学生运用马克思主义新闻出版观筑牢自己的理性防线，促进高校思想政治教育健康发展。

其次，新闻出版观的培育提高了大学生对思想政治教育知识内容的接受能力。以往以课堂教学为主的近乎封闭式的德育教育模式，在实际操作中的教育效果有限，学生的抵触情绪较明显。社会主义新闻出版观主张运用多种出版方式，激发大学生的求知欲，以弥补思想政治教育"课堂灌输式"教育方式的不足。随着大学生对马克思主义新闻出版观的认可度不断加深，优秀新闻出版物中包含的社会主义核心价值观在无形中就成为大学生价值观的主动选择。这既提高了大学生对现实问题的解释力，提升了其对思想政治教育内容的接受能力，也是高校履行育人职责和使命的生动体现。

再次，新闻出版观的培育验证了大学生思想政治教育的效果。大学生学习掌握有关新闻出版方面的思想政治教育知识，除了完成课堂考查外，更重要的是具体实践的运用。对待编辑出版读物的态度就成为检验大学生思想政治教育成效的重要材料。思想政治理论课教师通过组织学生运用相关知识对各类新闻出版物中记录的时事进行评价，鼓励学生提出解决方案，最大限度地实现了理论与实践的结合，提升了大学生独立的思想能力和高校思想政治教育立体化、系统化程度，从而验证了大学生思想政治教育的效果。

三、高校开展马克思主义新闻出版观培育的路径设计

高校思想政治教育工作者要正确认识马克思主义新闻出版观在高校大学生思想政治教育中的作用,借助融媒体技术发展的有利契机,按照习近平总书记提出的"高举旗帜、引领导向,围绕中心、服务大局,团结人民、鼓舞士气,成风化人、凝心聚力,澄清谬误、明辨是非,联接中外、沟通世界"[1]的工作要求,把马克思主义新闻出版观的核心理念融入高校思想政治教育工作,创新培养路径,着重培育大学生正确评价新闻出版活动和出版物的能力,引导他们在树立积极的监督意识和提高信息辨别素养的过程中,实现自身更好的发展。

(一)第二课堂:强化培育大学生马克思主义新闻出版观的教育路径

高校对于马克思主义新闻出版观的教育,除了有第一课堂的讲授外,还应该在第二课堂建设之中,结合中国共产党史、新中国史、改革开放史和社会主义发展史教育中相关红色新闻出版史教育,使学生能够走近红色新闻出版史,挖掘、整理"四史"期间的红色刊物、红色记者的历史资料,撰写传播红色故事,运营主题微信公众号,开展红色新闻出版故事宣讲和读后感网络跟帖评比等,把马克思主义新闻出版观教育融入大学生在校培养整体过程,实现第一课堂与第二课堂的紧密结合,让非新闻传播学类专业大学生在第二课堂活动中潜移默化地接受新闻出版观教育,立志成为新时代勇担民族复兴大任和社会主义文化强国建设重任的新闻出版人才。高校可以充分利用大学生记者团、院刊院报、校刊校报、马克思主义理论宣讲团、学生文化类社团等丰富多样的学生社团力量,采访、整理新闻出版事业中先进模范的光辉事迹,宣传马克思主义新闻出版观,加强政治素养培养;通过编辑技能比赛、记者基本功展示大赛、新闻评论大赛、班级读书沙龙、书评大赛、微电影拍摄大赛等主题实践活动,吸引更多学生运用马克思主义新闻出版观武装

---

[1] 习近平:《习近平在党的新闻舆论工作座谈会上强调 坚持正确方向创新方法手段 提高新闻舆论传播力引导力 刘云山出席》,载《人民日报》2016年2月20日第1版。

头脑，培养科学信仰和高尚的道德情操。

同时还应注意到，随着数字媒介的发展，新时代高校思想政治教育活动中学生与教师的界限正日渐模糊。因此在高校大思政格局的背景下，教育工作者要创新工作思路，进一步拓宽在高校开展马克思主义新闻出版观教育的空间，将马克思主义新闻出版观列为通识教育的重要对象，努力探索学生喜闻乐见、教师容易掌握的教育教学方法，邀请新闻传播学院资深教师或从事新闻出版工作、具有实践经验的专业人才走近学生，以自己的经历为材料，向学生讲解马克思主义新闻出版观的实际应用，用生动的事例激发学生对新闻出版事业的关注和兴趣，培养学生对众多出版作品进行甄选的能力，让学生理解"理论一经掌握群众，也会变成物质力量"[①]的深刻道理，并将其内化为个人价值观的重要部分。

（二）信息素养：推进培育大学生马克思主义新闻出版观的融入路径

信息素养教育是大学生新闻出版观教育的重要组成部分。在自媒体时代，大学生面对的信息源呈多元化状态。帮助大学生在面对海量信息时掌握"断舍离"能力，摆脱网络"意见领袖"观点的干扰，练就在庞杂信息中去伪存真的本领，是信息素养教育的主要目标，也是当前高校思想政治教育的重要任务之一。

大学生信息素养的提高，体现在对媒体参与的边界意识上。自媒体技术让新闻出版活动由传统的使用文字、图片的平面传播转变为使用音频、视频的立体传播，实现了从印刷文化传播到视觉文化传播的转变。由于自媒体用户通过媒介解读各类文化现象时传递的往往是个体的看法，需要其他用户具有更高的信息素养和思考能力才能捕捉判断，再加上新闻出版活动的意识形态性，就特别要求大学生在接触、参与新闻出版实践时具备良好的信息素养。高校思想政治教育工作者可以借助受大学生喜爱的社会公众人物的解说，让学生逐步领会党的新闻出版事业必须要对党和人民负责，必须要与社会主义发展方向一致，必须要遵循党的新闻出版宣传纪律的道理。作为时代新人的重要组成部分，大学生要有政治家的头脑、思想家的灵魂、学问家的学识和企业家的智慧，要充分认识到社会主义新闻出版事业有自己的工作伦

---

① 《马克思恩格斯文集》第1卷，人民出版社2009年版，第11页。

理和边界范围，应该协调好个人感受和社会影响之间的关系。同时，大学生在面对敏感的新闻出版活动时不能盲目参与，不能图一时之快，针对某些评论、报道发表不合时宜的评论。这些信息素养和媒体参与边界意识是担当民族复兴大任者全面发展的必备素质。

（三）故事叙述：丰富培育大学生马克思主义新闻出版观的方法路径

随着信息技术的发展，在高校开展马克思主义新闻出版观教育，要顺应变化，充分发挥新媒体传播优势，① 创新理念、形式和方法，增强针对性和实效性，在适应分众化、差异化传播趋势的同时，也要突出高校特色。高校思想政治教育工作者要结合大学生熟悉校园环境、关心学校事业发展的实际，鼓励对新闻出版实践感兴趣的同学多捕捉周围新闻热点，深挖契合广大师生利益诉求的事件，在学校职能部门或学生社团的指导下开展既有正面宣传也有合理质疑的新闻出版实践，打造全面而深刻的校园新闻出版活动生态环境。大学生在参与新闻出版话题讨论时，既要做到紧扣问题、立足真实，又要学会利用专业知识、创新传播手段，充分发挥大学生在新媒体技术方面的优势。

在新时代，大学生更需要有国际视野。在百年未有之大变局下，我们的综合国力和国际地位不断提高，中华民族经历了从站起来到富起来再到强起来的伟大飞跃。但是，目前我们在国际舞台上的声音还存在传不远、传不开的情况。其重要原因在于我们对外传播的话语体系相对薄弱，且未能完全得到以美国为首的西方国家的承认。因此大学生要对"西强我弱"的国际舆论格局有清醒的认识，要深刻领会习近平总书记的破题良方：向世界讲好中国特色社会主义故事，讲好中国梦的故事，讲好中国人的故事，讲好中华优秀文化的故事，讲好中国和平发展的故事，把我们党的最新理论成果贯穿于各类新闻故事之中，借助新媒体技术传播中国声音，宣传中国形象，帮助世界读懂中国。这种"润物细无声"的爱国主义教育，更加凸显出马克思主义新闻出版观的思想政治教育功能。

高校是立德树人的地方，也是以文化人的重要阵地，马克思主义新闻出版观对大学生思想政治教育具有积极作用。高校肩负着培养社会主义建设者

---

① 习近平：《习近平在党的新闻舆论工作座谈会上强调　坚持正确方向创新方法手段　提高新闻舆论传播力引导力　刘云山出席》，载《人民日报》2016年2月20日第1版。

和接班人的重任,因此在面对非新闻传播学类专业学生开展新闻出版观教育时,既要抓住马克思主义新闻出版观的核心理念,又要在充实第二课堂、加强学生信息素养教育和媒体参与边界意识培育上下功夫,还要在巧妙运用故事叙述方式讲好中国新闻出版故事上做文章,努力用生动的新闻出版故事提升大学生的思想认识、道德觉悟和文明修养,为解决各种现实问题提供思想观念条件。总之,高校开展大学生马克思主义新闻出版观培育实践,可有效提升大学生思想政治教育工作质量,促进培养担当民族复兴大任的社会主义建设者和接班人这一育人目标的实现。

第五章 "大思政"育人的文化传承与创新专题研究

论红色文化的"大德"特质及其在新时代的传承与创新

颜文皎[*]

摘要：爱国主义、集体主义、社会主义的紧密联系和有机统一，集中体现了红色文化的"大德"特质，与宣扬自由主义、个人主义等思想的种种文化相比，红色文化有着鲜明特点，呈现出文化的中国风格、中国特色。爱国主义、集体主义、社会主义是中国共产党在思想上精神上的一面旗帜，是社会主义社会共同的思想道德基础。红色文化承载了爱国主义、集体主义、社会主义之道，传递了爱祖国、爱人民、爱社会主义之情，培植的是报效祖国、服务人民的大德，为社会主义中国构筑了社会共同的思想道德基础和民族共同体的共同意识。新时代爱国主义教育、公民道德建设和社会主义核心价值观的培育践行，使红色文化不断守正出新，在培育中华民族共同体意识、建设中华民族共有的精神家园中继续发挥重要的作用。

关键词：红色文化；大德；爱国主义；集体主义；社会主义

党的十九大报告明确指出："文化是一个国家、一个民族的灵魂。文化兴国运兴，文化强民族强。没有高度的文化自信，没有文化的繁荣兴盛，就没有中华民族伟大复兴。"文化的力量，深深熔铸在民族的生命力、创造力和凝聚力之中。红色文化是中国共产党领导全国人民在革命、建设和改革的伟大实践中形成的优秀文化，有着丰富的思想道德内容，彰显出高尚的精神品格和崇高的价值追求，在构筑社会共同的思想道德基础方面呈现出与其他

---

[*] 作者简介：颜文皎，女，广东海洋大学马克思主义学院副教授，主要研究方向为马克思主义中国化。

通信地址：广东省湛江市麻章区海大路1号 广东海洋大学马克思主义学院。邮政编码：524088。

文化不一样的"大德"特质。习近平总书记指出:"对中国人民和中华民族的优秀文化和光荣历史,要加大正面宣传力度,通过学校教育、理论研究、历史研究、影视作品、文学作品等多种方式,加强爱国主义、集体主义、社会主义教育,引导我国人民树立和坚持正确的历史观、民族观、国家观、文化观,增强做中国人的骨气和底气。"①《中华人民共和国宪法》第二十四条也明确规定:"在人民中进行爱国主义、集体主义和国际主义、共产主义的教育,进行辩证唯物主义和历史唯物主义的教育,反对资本主义的、封建主义的和其他的腐朽思想。"爱国主义、集体主义、社会主义是中国共产党在思想上精神上的一面旗帜,是社会主义社会共同的思想道德基础。红色文化一以贯之地宣扬爱国主义、集体主义、社会主义思想,与宣扬自由主义、个人主义、资本主义、封建主义、拜金主义、享乐主义等思想的种种文化形成鲜明的差异,呈现出文化的中国风格、中国特色。可以说,红色文化是高扬爱国主义、集体主义、社会主义思想旗帜的中国特色文化,是超越中华传统文化的时代局限形成的一种新形态文化,是社会主义先进文化的核心主体和当前文化自信的重要支撑。

一、红色文化有其"大德"特质

文化是民族生活的样法。②"当我们明确地认为,文化行为是地域性的、人所做出的、千差万别的时候,我们并没有穷尽它的重要意义。文化行为同样也是趋于整合的。一种文化就如一个人,是一种或多或少一贯的思想和行为的模式。各种文化都形成了各自的特征性目的,它们并不必然为其他类型的社会所共有。"③ 本尼迪克特指出,文化是有模式的,文化模式所体现的文化的整体性不是外在的,而是内在的,它是由内在的文化整合力而形成的。从这个角度说,红色文化与其他文化相比较,也有自己的内在统一精神和价值取向的特征性目的,有自己的整体性模式。

作为整体模式的红色文化,是在广袤的中华大地上经历了百年时光形成和发展起来的,包括了丰富的层面和内容。对于红色文化的界定,红色文化研究会会长刘润为认为,中华优秀传统文化一经中国共产党人和人民群众在

---

① 习近平:《提高国家文化软实力》,见《习近平谈治国理政》外文出版社2014年版第1版,第162页。
② 梁漱溟:《东西文化及其哲学》,商务印书馆1999年版,第32页。
③ [美]鲁思·本尼迪克特:《文化模式》,张燕、傅铿译,浙江人民出版社1987年版,第45页。

实践中的创造性转化和创新性发展，也就脱胎换骨，变成了革命文化和社会主义先进文化，通常我们统称为红色文化。① 有人则认为"红色文化"应被规范地称为"革命文化"。② 不少人则认为可以把红色文化理解为宽泛意义上的和狭窄意义上的。"从狭义视角看，红色文化特指革命文化，即党和人民军队在新民主主义革命时期形成的旧址遗存及蕴育其间的革命精神，从红船精神到西柏坡精神的一系列主体革命精神正是革命文化的核心内容与价值归宿。从广义视角看，红色文化是党领导中国人民在革命战争年代与和平建设时期所创造的物质文化与精神文化之总汇，不仅囊括革命年代形成的革命精神，还包括和平建设年代形成的雷锋精神、探月精神等精神指向。换言之，广义的红色文化就是中华民族人文传统的承续和中国共产党精神谱系的体现。"③ 这种对红色文化界定的理解，与历史阶段的分期紧密相关，是从某个历史分期的意义上来认识和把握红色文化的。应该说宽比窄好。从宽泛意义来理解红色文化，不仅能更好地认识中国共产党领导全国人民的革命与建设和改革是一脉相承的，是全党全国人民为实现中华民族伟大复兴而奋斗的伟大实践；也能认清红色文化是一脉相承的伟大实践中创造发展起来的，能够更好地理解把握红色文化作为中国新文化创造发展的脉络和整体面貌。

红色文化有别于其他文化。如何把握和界定红色文化，从不同的层面探寻总结红色文化特质，是特别值得思考和探讨的问题。红色文化以中国化马克思主义为核心。④ 革命文化有别于其他文化的根本点在于中国革命铺就的红色底色，从大革命失败到新中国成立，党领导的主要战役达到3203个，这样的巨大牺牲和艰苦斗争铺就了革命底色，也形成了红色文化的称谓；革命文化形成于中国革命的伟大实践之中，具有鲜明的精神特质：革命性、民族性、大众性、时代性、创新性。⑤ 红色文化有六个方面的主要特征：民族性是红色文化的首要特征，人民性是红色文化的根本特征，革命性是红色文化的本质特征，实践性是红色文化的基本特征，开放性是红色文化的突出特征，时代性是红色文化的重要特征。⑥ "红色文化的精神内核集中体现在四个紧密依存而又各有侧重的面向：革命理想主义、革命英雄主义、革命乐观

---

① 刘润为：《红色文化是文化自信的根本支撑》，载《中华魂》2019年第8期，第192页。
② 潘宏：《论革命文化的时代价值》，载《光明日报》2018年10月9日第5版。
③ 杨栋：《红色文化的内涵解读与时代价值》，载《红色文化学刊》2020年第1期，第84-85页。
④ 刘润为：《红色文化与文化自信》，载《红旗文稿》2017年第12期，第5页。
⑤ 潘宏：《论革命文化的时代价值》，载《光明日报》2018年10月9日第5版。
⑥ 杨栋：《红色文化的内涵解读与时代价值》，载《红色文化学刊》2020年第1期，第88-91页。

主义和革命集体主义。"① 更有学者用红色文化的主要精神形态，如井冈山精神、长征精神、延安精神、抗日精神、西柏坡精神等革命精神，"两弹一星"精神、铁人精神、北大荒精神、雷锋精神等建设精神，改革创新精神、开放精神、抗洪精神、抗震救灾精神等改革精神来界定红色文化。这些研究从内容核心、精神特质、精神内核、精神形态等视域理解把握红色文化的整体，揭示了红色文化有别于其他文化的红色底色。但理解红色文化的特质应该还可以继续深入。

习近平总书记指出："核心价值观，其实就是一种德，既是个人的德，也是一种大德，就是国家的德、社会的德。国无德不兴，人无德不立。如果一个民族、一个国家没有共同的核心价值观，莫衷一是，行无依归，那这个民族、国家就无法前进。"② 邓小平同志说："中国自鸦片战争以来的一个多世纪内，处于被侵略、受屈辱的状态，是中国人民接受了马克思主义，并且坚持走从新民主主义到社会主义的道路，才使中国的革命取得了胜利。"③ 中国各族人民在中国共产党领导下，在马克思列宁主义、毛泽东思想、邓小平理论、"三个代表"重要思想、科学发展观、习近平新时代中国特色社会主义思想指引下，坚持真理，修正错误，战胜了许多艰难险阻，取得了革命的胜利和建设、改革的伟大成就。社会主义的思想和道路引领了中华民族爱国主义传统和"天下为公"集体价值取向的创造性转化和时代创新，爱国主义、集体主义、社会主义紧密相连，成为党和人民共同的精神动力、道德原则和理想信念。同心同德，关乎国家前途命运，关乎人民幸福安康。从这个意义上说，爱国主义、集体主义、社会主义就是中国共产党领导全国人民进行革命、建设和改革伟大实践的核心价值观，是中国共产党在思想上精神上的一面旗帜，是社会主义社会共同的思想道德基础。爱国主义、集体主义、社会主义是红色文化重要的核心内容，与宣扬自由主义、个人主义、资本主义、封建主义、拜金主义、享乐主义等思想的种种文化相比，有着丰富的思想道德内容，彰显出高尚的精神品格和崇高的价值追求。

文以载道，文以传情，文以植德。习近平总书记指出："要立志报效祖

---

① 罗永宽、李燕：《红色文化的精神内核与当代价值》，载《文化软实力研究》2017年第1期，第5页。

② 习近平：《青年要自觉践行社会主义核心价值观》，见《习近平谈治国理政》外文出版社2014年版，第168页。

③ 邓小平：《邓小平文选》第三卷，人民出版社1993年版，第62页。

国、服务人民,这是大德,养大德者方可成大业。"① 红色文化载的是爱国主义、集体主义、社会主义之道,传的是爱祖国、爱人民、爱社会主义之情,植的是报效祖国、服务人民的大德。哲学家罗素说:"自从人类能够自由思考以来,他们的行动在许多重要方面都有赖于他们对于世界与人生的各种理论,关于什么是善什么是恶的理论。"② 国家富强、民族振兴、人民幸福是中国人民最大的善,爱国主义、集体主义、社会主义是关于中国人民最大的善的思想和理论。"德厚者流光"(《春秋穀梁传·僖公十五年》),从这个意义上讲,红色文化有着蕴涵的优秀品质,表现出"大德"的特质。

二、爱国主义、集体主义、社会主义彰显红色文化的"大德"特质

爱国主义、集体主义和社会主义各自具有不同的内涵。但从新民主主义革命到新中国成立,再到社会主义建设和改革,它们密切联系、相互支持、相互促进,形成内在统一的整体,彰显出红色文化特有的"大德"特质。1994年中共中央印发的《爱国主义教育实施纲要》明确指出:爱国主义、集体主义、社会主义思想教育三位一体,有机地统一在建设有中国特色的社会主义伟大实践之中。

(一)红色文化"红"在弘扬爱国主义精神

红色文化是高扬爱国主义精神的文化。爱国主义是千百年来人们在社会实践中形成的对自己的祖国极其忠诚和热爱的深厚情感,中华民族从来就有爱国主义的光荣传统。爱国主义是中华民族的民族心、民族魂,是中华民族精神的核心,是中华民族最重要的精神财富,是中国人民和中华民族维护民族独立和民族尊严的强大精神动力。红色文化高扬的爱国主义精神,是与社会主义、集体主义紧密联系的爱国主义,是中国历史上传统的爱国主义的新发展。

习近平总书记在纪念五四运动100周年大会上的讲话中指出:"五四运动,孕育了以爱国、进步、民主、科学为主要内容的伟大五四精神,其核心

---

① 习近平:《青年要自觉践行社会主义核心价值观》,见《习近平谈治国理政》外文出版社2014年版,第173页。

② [英]罗素:《西方哲学史》上卷,何兆武、李约瑟译,商务印书馆2015年版,第8页。

是爱国主义精神。爱国主义是我们民族精神的核心,是中华民族团结奋斗、自强不息的精神纽带。五四运动前后,我国一批先进知识分子和革命青年,在追求真理中传播新思想新文化,勇于打破封建思想的桎梏,猛烈冲击了几千年来的封建旧礼教、旧道德、旧思想、旧文化。五四运动改变了以往只有觉悟的革命者而缺少觉醒的人民大众的斗争状况,实现了中国人民和中华民族自鸦片战争以来第一次全面觉醒。经过五四运动的洗礼,越来越多中国先进分子集合在马克思主义旗帜下,1921年中国共产党宣告正式成立,中国历史掀开了崭新一页。"[①] 有学者也明确说道,爱国主义只有与社会主义相结合,才能真正结出丰硕的成果。[②] 古代的爱国主义传统与忠君、维护封建专制相连,绵延发展了古代中国,但也造成了近代中国的落后。近代爱国主义希望通过发展资本主义来反对帝国主义、封建主义,实现民主、独立、自由,却因没有现实道路最终走向失败。从五四运动开始高举的爱国主义精神,在追求科学社会主义的真理中,爱国与真正实现国家利益、民族利益的社会主义道路有机结合起来,成为新思想新文化即红色文化的重要内核,红色文化也逐渐取代几千年来的封建旧礼教、旧道德、旧思想、旧文化,成为主导的文化。

邓小平曾指出:"有人说不爱社会主义不等于不爱国。难道祖国是抽象的吗?不爱共产党领导的社会主义的新中国,爱什么呢?"[③] 习近平总书记指出:"弘扬爱国主义精神,必须坚持爱国主义和社会主义相统一。我国爱国主义始终围绕着实现民族富强、人民幸福而发展,最终汇流于中国特色社会主义。祖国的命运和党的命运、社会主义的命运是密不可分的。只有坚持爱国和爱党、爱社会主义相统一,爱国主义才是鲜活的、真实的,这是当代中国爱国主义精神最重要的体现。"[④] 红色文化发展到当代,高扬的是当代中国爱国主义精神。

[①] 习近平:《在纪念五四运动100周年大会上的讲话》,见新华网(http://www.xinhuanet.com/politics/2019-04/30/c_1124440193.htm)。
[②] 石云霞:《爱国主义集体主义社会主义是推动中国发展的伟大精神动力》,载《教学与研究》1995年第1期,第12页。
[③] 邓小平:《邓小平文选》第二卷,人民出版社1994年第2版,第392页。
[④] 习近平:《大力弘扬伟大爱国主义精神 为实现中国梦提供精神支柱》,载《人民日报》2015年12月31日第1版。

（二）红色文化"红"在坚持集体主义原则

集体主义是中国文化区别于西方文化的一个重要标志。中华传统文化在发展演化中，始终强调整体利益、国家利益和民族利益的重要性，形成了重视整体利益，强调责任奉献的道德传统。但在封建专制制度下片面强调重视整体利益，忽视个人作为感性存在的合理的生命意志和需求，在相当程度上压抑了国人的个性和创造力。可以说，传统的集体主义是有着整体主义特征的集体主义。红色文化坚持的集体主义原则，是五四运动批判旧道德后，在马克思主义世界观和方法论指导下，在长期的中国革命和建设实践中确立起来的，是与社会主义、爱国主义紧密相连的，是正确处理国家、集体、个人之间利益关系的基本原则。这个原则可以集中概括为：以为人民服务为核心、以集体主义为原则。

《共产党宣言》庄严指出："过去的一切运动都是少数人的，或者为少数人谋利益的运动。无产阶级的运动是绝大多数人的，为绝大多数人谋利益的独立的运动。"马克思、恩格斯指出："个人力量（关系）由于分工转化为物的力量这一现象，不能靠从头脑里抛开关于这一现象的一般观念的办法来消灭，而是只能靠个人重新驾驭这些物的力量，靠消灭分工的办法来消灭。没有共同体，这是不可能实现的。只有在共同体中，个人才能获得全面发展其才能的手段。也就是说，只有在共同体中才可能有个人自由。"[①] 中国共产党也反复强调，人民是历史的创造者，要践行全心全意为人民服务的根本宗旨，坚持以人民为中心、坚持人民当家作主，把人民对美好生活的向往作为奋斗目标；强调中国共产党人的初心和使命，就是为中国人民谋幸福，为中华民族谋复兴；强调中国共产党是为中国人民谋幸福的政党，也是为人类进步事业而奋斗的政党，始终把为人类做出新的更大贡献作为自己的使命。

从历史文献和党的重要文件中所记载的对集体主义精神实质的丰富论述来看，党内党外的重要思想家、理论家们，毛泽东、周恩来、邓小平、江泽民、胡锦涛、习近平等党和国家领导人，对利己主义和个人主义的本质和痼疾始终保有清醒而深刻的认识，在认识集体主义的本质和坚持集体主义的立场上都是一致的，非常坚决而全面地倡导和践行集体主义原则。"集体主义

---

① 马克思、恩格斯：《德意志意识形态》，见《马克思恩格斯选集》第1卷，人民出版社1995年第2版，第118－119页。

思想，不论在政治的层面还是在伦理道德的层面，都既是我们党的优秀的传统思想，也是我们党的现实指导思想。归结起来是一句话：集体主义可以说是中国共产党人和革命人民的'道统'之一。"①

1996年10月，中共中央十四届六中全会通过《关于加强社会主义精神文明建设若干重要问题的决议》，把我国社会主义道德建设的基本任务和基本内容，概括为一个核心、一个原则、五个基本要求和开展三大道德领域的道德教育。明确将"以为人民服务为核心、以集体主义为原则"写进中共中央全会的重要决议中，充分肯定了集体主义是中国共产党人和革命人民的"道统"之一，是红色文化的"红色基因"之一。

红色文化坚持的集体主义原则是社会主义道德的原则，强调国家利益、社会整体利益和个人利益的辩证统一。集体主义强调国家利益、社会整体利益高于个人利益，但重视和保障个人的正当利益。人民的立场是马克思主义的根本立场，推动国家发展和社会进步、让人民生活得更加美好是党的执政诉求，立党为公、执政为民的宗旨要求我们党把人民利益放在至高无上的地位。为人民服务作为社会主义道德的核心，是社会主义道德区别和优越于其他社会形态道德的显著标志。

（三）红色文化"红"在坚定社会主义的道路

中国共产党有着坚定的社会主义、共产主义理想。中国共产党领导全国人民在革命、建设和改革中的伟大实践是坚定追求和实现社会主义、共产主义理想的实践。红色文化是中国共产党领导全国人民在伟大实践中形成和发展的优秀文化，坚定社会主义的道路是红色文化最红的底蕴。社会主义的道路也以其先进性引领了爱国主义和集体主义的现代转型。

1949年新中国成立前夕，毛泽东自豪地指出："自从中国人学会了马克思列宁主义以后，中国人在精神上就由被动转入主动。从这时起，近代世界历史上那种看不起中国人，看不起中国文化的时代应当完结了。伟大的胜利的中国人民解放战争和人民大革命，已经复兴了并正在复兴着伟大的中国人民的文化。这种中国人民的文化，就其精神方面来说，已经超过了整个资本主义的世界。"②邓小平同志在总结历史经验时说："中国自鸦片战争以来的

---

① 夏伟东：《从毛泽东是否使用过集体主义概念谈起——兼论五四以来中国革命道德传统中的集体主义概念》，载《道德和文明》2000年第6期，第9页。

② 毛泽东：《毛泽东选集》第四卷，人民出版社1991年第2版，第1516页。

一个多世纪内，处于被侵略、受屈辱的状态，是中国人民接受了马克思主义，并且坚持走从新民主主义到社会主义的道路，才使中国的革命取得了胜利。"① 习近平总书记指出："中国特色社会主义是社会主义，不是别的什么主义。……一个国家实行什么样的主义，关键要看这个主义能否解决这个国家面临的历史性课题。在中华民族积贫积弱、任人宰割的时期，各种主义和思潮都进行过尝试，资本主义道路没有走通，改良主义、自由主义、社会达尔文主义、无政府主义、实用主义、民粹主义、工团主义等也都'你方唱罢我登场'，但都没能解决中国的前途和命运问题。是马克思列宁主义、毛泽东思想引导中国人民走出了漫漫长夜、建立了新中国，是中国特色社会主义使中国快速发展起来了。……坚持和发展中国特色社会主义是一篇大文章，邓小平同志为它确定了基本思路和基本原则，以江泽民同志为核心的党的第三代中央领导集体、以胡锦涛同志为总书记的党中央在这篇大文章上都写下了精彩的篇章。现在，我们这一代共产党人的任务，就是继续把这篇大文章写下去。"② 今天，中国特色社会主义进入新时代，中华民族迎来了伟大复兴的光明前景。

（四）爱国主义、集体主义、社会主义紧密联系、有机统一

爱国主义、集体主义、社会主义紧密联系的表述首次出现在党的十四大报告中。1992年党的十四大报告在"坚持两手抓，两手都要硬，把社会主义精神文明建设提高到新水平"的部分强调：在全国各族人民特别是青少年中，进一步加强党的基本路线教育，爱国主义、集体主义和社会主义思想教育，近代史、现代史教育和国情教育，增强民族自尊、自信和自强精神，抵御资本主义和封建主义腐朽思想的侵蚀，树立正确的理想、信念和价值观。中央重要文件使用爱国主义、集体主义、社会主义三词并联的表述，充分体现了党对坚持发展中国特色社会主义，坚持对思想战线的领导，建设发展社会主义精神文明的高度自觉。20世纪80年代末90年代初，国际国内发生严重政治风波。这种态势影响到我国的社会思想，使之一度发生混乱。对此，邓小平同志多次强调"思想战线不能搞精神污染""旗帜鲜明地反对资产阶级自由

---

① 邓小平：《邓小平文选》第三卷，人民出版社1993年版，第62页。
② 习近平：《关于坚持和发展中国特色社会主义的几个问题》，见求是网（http://www.qstheory.cn/dukan/qs/2019-04/01/c_1124307480.htm）。

化""中国不允许乱""坚持社会主义,防止和平演变"等等,并总结经验"十年来我们的最大失误是在教育方面,对青年的政治思想教育抓得不够,教育发展不够"。(详见《邓小平文选》第三卷)思想建设决定着我们的精神文明的社会主义性质,爱国主义、集体主义和社会主义思想教育会浸润心灵,立德树人,构筑起社会主义社会共同的思想道德基础。

1994年中共中央颁发了《爱国主义教育实施纲要》,明确指出:爱国主义、集体主义、社会主义思想教育三位一体,有机地统一在建设有中国特色的社会主义伟大实践之中。

1997年党的十五大报告在"有中国特色社会主义的文化建设"部分强调:在全社会形成共同理想和精神支柱,是有中国特色社会主义文化建设的根本……深入持久地开展以为人民服务为核心、集体主义为原则的社会主义道德教育,加强民主法制教育和纪律教育,引导人们树立正确的世界观、人生观、价值观。大力弘扬爱国主义、集体主义、社会主义和艰苦创业精神。提倡共产主义思想道德,同时把先进性要求和广泛性要求结合起来,鼓励一切有利于国家统一、民族团结、经济发展、社会进步的思想道德。

2002年党的十六大报告在"文化建设和文化体制改革"中指出:深入进行党的基本理论、基本路线、基本纲领和"三个代表"重要思想的宣传教育,引导人们树立中国特色社会主义共同理想,树立正确的世界观、人生观和价值观。认真贯彻公民道德建设实施纲要,弘扬爱国主义精神,以为人民服务为核心、以集体主义为原则、以诚实守信为重点,加强社会公德、职业道德和家庭美德教育,特别要加强青少年的思想道德建设,引导人们在遵守基本行为准则的基础上,追求更高的思想道德目标。加强和改进思想政治工作,广泛开展群众性精神文明创建活动。

2007年党的十七大报告在"推动社会主义文化大发展大繁荣"中强调:大力弘扬爱国主义、集体主义、社会主义思想,以增强诚信意识为重点,加强社会公德、职业道德、家庭美德、个人品德建设,发挥道德模范榜样作用,引导人们自觉履行法定义务、社会责任、家庭责任。

2012年党的十八大报告在"扎实推进社会主义文化强国建设"部分中指出:大力弘扬民族精神和时代精神,深入开展爱国主义、集体主义、社会主义教育,丰富人民精神世界,增强人民精神力量。倡导富强、民主、文明、和谐,倡导自由、平等、公正、法治,倡导爱国、敬业、诚信、友善,积极培育和践行社会主义核心价值观。牢牢掌握意识形态工作领导权和主导权,坚持正确导向,提高引导能力,壮大主流思想舆论。

2017年党的十九大报告在"坚定文化自信,推动社会主义文化繁荣兴盛"中强调：广泛开展理想信念教育，深化中国特色社会主义和中国梦宣传教育，弘扬民族精神和时代精神，加强爱国主义、集体主义、社会主义教育，引导人们树立正确的历史观、民族观、国家观、文化观。

2019年10月，中国共产党第十九届四中全会强调：坚持以社会主义核心价值观引领文化建设制度；推动理想信念教育常态化、制度化，弘扬民族精神和时代精神，加强党史、新中国史、改革开放史教育，加强爱国主义、集体主义、社会主义教育，实施公民道德建设工程，推进新时代文明实践中心建设。

爱国主义、集体主义、社会主义三词并联的表述成为党中央文件的常用术语，这深刻提示了它们的密切联系和内在一致性。"1947年9月9日，国民党召开六届四中全会暨党团联席会议。根据蒋介石的指示，会上印发了中共延安整风的三个文件，即《关于调查研究的决定》《关于在职干部教育的决定》《关于增强党性的决定》。蒋介石还特别强调，这三个文件'是非常重要的参考资料，大家要特别注意研究，看看他们是如何增强党性，加强全党的统一；如何调查敌情，研究敌情；如何教育干部，改造学习的风气'。败退台湾以后，蒋介石痛定思痛，于1950年开展国民党改造运动。其间，他除再次将延安整风的有关文献作为参考资料外，还要求国民党干部学习四本书，即《辩证法》《中共干部教育》《中共工作领导及党的建设》和《中共整风运动》。当然，由于党的性质的根本不同，党和人民的红色文化是他们根本学不来的。"① 爱国主义、集体主义、社会主义的密切联系和内在一致性体现了党的性质和红色文化的特质。

在中国，共产党是最广大人民根本利益的代表，中国特色社会主义道路和国家制度，是共产党领导中国人民经过几十年奋斗、创造、积累的根本成就，也是中国人民的根本利益所在。因此，要特别警惕"爱国但不爱社会主义"观点背后的"西化""分化"的实质。② 同样，也要特别警惕说中国现在搞的是"资本社会主义""国家资本主义""新官僚资本主义"这些舆论对加强党的领导、加强党中央权威、践行全心全意为人民服务的根本宗旨的"虚化"和"否定"实质。爱国主义、集体主义、社会主义是密切联系和内在一致的，在当代中国具体表现为爱祖国、爱人民和爱党、爱社会主义相统一。爱国主义、集体主义、社会主义彰显出红色文化的红色风格、中国

---

① 刘润为：《红色文化与文化自信》，载《红旗文稿》2017年第12期，第6页。
② 朱桂莲：《关于爱国主义的几种错误观点及评析》，转引自光明理论（https://theory.gmw.cn/2014-06/18/content_11643857.htm）。

特色和大德特质。

三、新时代红色文化"大德"特质的传承与创新

中国特色社会主义进入新时代,近代以来久经磨难的中华民族迎来了从站起来、富起来到强起来的伟大飞跃。同时,世界正经历百年未有之大变局,我国仍处于发展的重要战略机遇期,清醒认识国际国内形势发展变化非常重要。习近平总书记指出:"共和国是红色的,不能淡化这个颜色。"中国特色社会主义实践至今仍在不断改革、完善和发展之中,红色文化正在坚定文化自信、推动社会主义文化繁荣兴盛中不断创新发展,爱国主义、集体主义、社会主义思想教育也在中国特色社会主义的新时代中不断发展,守正出新。

1. 新时代爱国主义教育的传承与创新

2019年11月12日,中共中央、国务院印发了《新时代爱国主义教育实施纲要》(以下简称《纲要》)。《纲要》指出:中国共产党是爱国主义精神最坚定的弘扬者和实践者,90多年来,中国共产党团结带领全国各族人民进行的革命、建设、改革实践是爱国主义的伟大实践,写下了中华民族爱国主义精神的辉煌篇章。《纲要》还指出:当前,中国特色社会主义进入新时代,中华民族伟大复兴正处于关键时期。新时代加强爱国主义教育,对于振奋民族精神、凝聚全民族力量,决胜全面建成小康社会,夺取新时代中国特色社会主义伟大胜利,实现中华民族伟大复兴的中国梦,具有重大而深远的意义。《纲要》明确了爱国主义教育的指导思想是马克思列宁主义、毛泽东思想、邓小平理论、"三个代表"重要思想、科学发展观、习近平新时代中国特色社会主义思想;鲜明主题是实现中华民族伟大复兴的中国梦;爱国主义的本质就是坚持爱国和爱党、爱社会主义高度统一;爱国主义以维护祖国统一和民族团结为着力点和以立为本、重在建设,立足中国又面向世界。

《纲要》在强调"营造新时代爱国主义教育的浓厚氛围"时,特别提出"涵养积极进取开放包容理性平和的国民心态",这是在"强起来的伟大飞跃"时代倡导理性爱国。中国作为当今世界崛起的大国,需要培育与之相适应的国民心态和精神状态。"只有国民心态成熟了、健康了,才能成为一个名副其实的大国。教育和引导全体人民正确认识世界和中国发展大势,正确认识中国特色和国际比较,既不妄自尊大也不妄自菲薄,涵养自尊自信、理性平和、积极向上的国民心态,倡导更加'理性、务实、包容'的爱国

主义。"①

"新时代的爱国主义基本要求是：坚持爱国主义和社会主义相统一、维护祖国统一和民族团结、尊重和传承中华民族历史和文化、坚持立足民族又面向世界。"② 爱国主义是历史的、具体的，新时代的爱国主义，既承接了中华民族的爱国主义优良传统，又体现了鲜明的时代特征，内涵更加丰富。弘扬新时代的爱国主义，要把国家富强、民族振兴、人民幸福作为不懈追求，为实现中华民族的伟大复兴努力奋斗；同时也要促进人类和平与发展的崇高事业，共同推动人类文明发展进步。

2. 新时代公民道德建设的守正与创新

2001年，中共中央颁布《公民道德建设实施纲要》，这份纲要对在社会主义市场经济条件下加强公民道德建设提供了重要指导。过去18年，我国在公民道德建设上取得了很多经验和成就，但同时，18年间，我国的国内外形势也已经发生变化，特别是中国特色社会主义已经进入新时代，对新时代公民道德建设提出了更高的要求。2019年10月，中共中央、国务院印发了《新时代公民道德建设实施纲要》（以下简称《新纲要》）。《新纲要》指出：中华文明源远流长，孕育了中华民族的宝贵精神品格，培育了中国人民的崇高价值追求。中国共产党领导人民在革命、建设和改革历史进程中，坚持马克思主义对人类美好社会的理想，继承发扬中华传统美德，创造形成了引领中国社会发展进步的社会主义道德体系。坚持和发展中国特色社会主义，需要物质文明和精神文明全面发展，人民物质生活和精神生活水平全面提升。中国特色社会主义进入新时代，加强公民道德建设、提高全社会道德水平，是全面建成小康社会、全面建设社会主义现代化强国的战略任务，是适应社会主要矛盾变化、满足人民对美好生活向往的迫切需要，是促进社会全面进步、人的全面发展的必然要求。

《新纲要》坚持以习近平新时代中国特色社会主义思想为指导，培养和造就担当民族复兴大任的时代新人；强调以为人民服务为核心，以集体主义为原则，以爱祖国、爱人民、爱劳动、爱科学、爱社会主义为基本要求；坚持以社会主义核心价值观引领道德建设各方面；把社会公德、职业道德、家庭美德、个人品德建设作为着力点；把"筑牢理想信念之基""培育和践行社会主义核心价值观""传承中华传统美德""弘扬民族精神和时代精神"

---

① 张智：《今天，我们需要怎样的爱国主义教育》，载《光明日报》2019年10月22日第14版。

② 本书编写组：《思想道德修养与法律基础》，高等教育出版社2018版，第57页。

作为重点任务。

在国际国内形势深刻变化、我国经济社会深刻变革的大背景下，人民群众的利益诉求呈现多层次多样化，思想观念多元化，拜金主义、享乐主义、极端个人主义仍然比较突出。《新纲要》坚守住"以为人民服务为核心，以集体主义为原则"的正道，旗帜鲜明地反对拜金主义、享乐主义、极端个人主义的错误思想，引导公民道德境界的提升。马克思在《关于费尔巴哈的提纲》中指出："人的本质并不是单个人所固有的抽象物，在其现实性上，它是一切社会关系的总和。""像其他许多社会主义思想家一样，马克思认为，'权利'意识的核心在于原子式的和个人主义的道德体系。它强调个人需求，却忽略了个人赖以生存的社会的普遍利益。"① 在强调个性和权利的今天，更应该认识到个性和权利的实现是依赖于社会普遍利益之上的，服务人民、奉献社会是社会主义公民应有的道德境界。

时代不同，对道德的要求也随之变化。《新纲要》既继承了 2001 年纲要的主要内容，又从新时代新形势新任务出发，增加了符合时代要求的新内容。网络空间、法治保障、生态文明、对外交往这些新内容的出现和阐述，是符合新时代的创新创造，增强了道德建设的吸引力、感染力。《新纲要》塑造新时代中国之国民性、深化人们对新时代中国之真善美的认知，推动新时代全民道德素质和社会文明程度达到了一个新高度。

3. 新时代社会主义核心价值观的自信和引领

文化的力量，归根到底来自凝结其中的核心价值观的影响力和感召力；文化软实力的竞争，本质上是不同文化所代表的核心价值观的竞争。社会主义核心价值观是当代中国精神的集中体现，凝结着全体人民共同的价值追求。"一个民族、一个国家，必须知道自己是谁，是从哪里来的，要到哪里去，想明白了、想对了，就要坚定不移朝着目标前进。"② 这种坚定不移朝着目标前进的精神状态，就是一个民族、一个国家高度自觉自信的状态。坚定核心价值观自信，才能坚定中国特色社会主义道路自信、理论自信、制度自信和文化自信。

党的十九大报告强调：发挥社会主义核心价值观对国民教育、精神文明创建、精神文化产品创作生产传播的引领作用，把社会主义核心价值观融入

---

① ［英］西蒙·布莱克本：《我们时代的伦理学》，梁曼莉译，译林出版社 2013 年版，第 92 页。

② 习近平：《青年要自觉践行社会主义核心价值观》，见《习近平谈治国理政》外文出版社 2014 年版，第 171 页。

社会发展各方面，转化为人们的情感认同和行为习惯。2019年10月，中国共产党第十九届四中全会提出坚持以社会主义核心价值观引领文化建设制度，强调坚持依法治国和以德治国相结合，完善弘扬社会主义核心价值观的法律政策体系，把社会主义核心价值观要求融入法治建设和社会治理，体现到国民教育、精神文明创建、文化产品创作生产全过程。2019年颁发的《新时代公民道德建设实施纲要》也强调：坚持以社会主义核心价值观为引领，将国家、社会、个人层面的价值要求贯穿道德建设各方面，以主流价值建构道德规范、强化道德认同、指引道德实践，引导人们明大德、守公德、严私德。同时还强调：推动社会主义核心价值观融入法治建设，将社会主义核心价值观要求全面体现到中国特色社会主义法律体系中，体现到法律法规立改废释、公共政策制定修订、社会治理改进完善中，为弘扬主流价值提供良好的社会环境和制度保障。

如今，在政府、学校、街道、公园、商场、影院，"富强、民主、文明、和谐，自由、平等、公正、法治，爱国、敬业、诚信、友善"的社会主义核心价值观的文明标语随处可见。2018年3月，社会主义核心价值观被写入《中华人民共和国宪法》第二十四条："国家倡导社会主义核心价值观，提倡爱祖国、爱人民、爱劳动、爱科学、爱社会主义的公德，在人民中进行爱国主义、集体主义和国际主义、共产主义的教育，进行辩证唯物主义和历史唯物主义的教育，反对资本主义的、封建主义的和其他的腐朽思想。"2020年5月通过的《中华人民共和国民法典》第一条规定："为了保护民事主体的合法权益，调整民事关系，维护社会和经济秩序，适应中国特色社会主义发展要求，弘扬社会主义核心价值观，根据宪法，制定本法。"社会主义核心价值观正在国民教育、文化建设和法治建设方面发挥着重要的引领作用。

习近平总书记指出："领导干部要胸怀两个大局，一个是中华民族伟大复兴的战略全局，一个是世界百年未有之大变局，这是我们谋划工作的基本出发点。……更加主动办好自己的事情。"① 做好自己的事情，就要坚定不移朝着自己的目标前进。有学者认为，中国的发展面对的是"复杂现代性"——当下中国正处于"现代化运动与中华文明复兴""社会主义与资本主义""民族国家与全球化趋势"这三大张力之中。② 面对复杂的国内外形

---

① 习近平：《习近平谈治国理政》第三卷，外文出版社2020年版，第77页。
② 冯平、汪行福等：《"复杂现代性"框架下的核心价值建构》，载《中国社会科学》2013年第7期，第23页。

势，更需要全体人民在理想信念、价值理念、道德观念上紧密团结。社会主义核心价值观对我们要建设什么样的国家、建设什么样的社会、培育什么样的公民等重大问题给出了深刻解答，这是有着丰厚的历史底蕴、坚实的现实基础和强大的道义力量的。坚定社会主义核心价值观的自信和引领，中国特色社会主义定能克服重重困难，实现中华民族的伟大复兴。

"文化具有构建民族心理、造就民族性格、形成民族传统、塑造民族精神的作用。文化及其认同是维系民族团结统一、国家稳定发展的纽带。共同的文化、理想和价值追求，将一个群体紧密团结起来，超越血缘、种族、地域的差异而构成稳固的共同体。"① 从"十月革命一声炮响，给我们送来了马克思列宁主义"，到今天走进社会主义新时代，红色文化走过了百年发展历程。"爱国主义的本质就是坚持爱国和爱党、爱社会主义高度统一"已被写入课本，学习红色经典、唱红色歌曲、看红色电影、参观红色纪念馆展览馆博物馆、参加红色旅游等已经成为国人共同的行为模式。从五四精神、红船精神、铁人精神、雷锋精神等到抗击新型冠状病毒感染的抗疫精神，这些爱国主义、集体主义、社会主义思想和精神在不同时代表现出来的具体精神形态，国人耳熟能详，塑造并丰富了人们的精神世界。爱国主义、集体主义、社会主义成了社会共同的思想道德观念核心，当代中华民族共同体的共同意识。红色文化的"大德"特质已经在培育中华民族共同体意识，建设中华民族共有的精神家园中熠熠生辉，未来将继续发挥重要的作用。

---

① 韩震：《坚定文化自信提高国家文化软实力》，载《光明日报》2019 年 7 月 4 日。

电影《风声》的红色革命叙事特征分析

莫春艳[*]

摘要: 电影《风声》无疑是红色革命叙事的成功范本。其以乐与悲、大与小、前与后的对比手法勾勒了压抑阴森的故事环境,以复杂化、对立化、立体化的叙事方式塑造了鲜明的人物形象,以悬念设置、内倒叙、内聚焦的叙事技巧构造了险象环生的故事情节。共产党员勇敢、智慧、信仰等宏大精神主题在影片独具特色的叙事中层层递进,获得升华,不仅给观众带来了前所未有的视觉盛宴,更带来了精神洗礼与熏陶,充分发挥了影视文化的育人功能。

关键词: 视角;环境;人物;二元对立;情节

习近平总书记在《推动社会主义文化繁荣兴盛》关于文艺的论述中提道:"文艺是时代前进的号角,最能代表一个时代的风貌,最能引领一个时代的风气。文运同国运相牵,文脉同国脉相连。实现中华民族伟大复兴,需要坚韧不拔的伟大精神,需要振奋人心的伟大作品。"[①] 这为我们文艺创作提供了很好的指引方向。在影视界,好的作品不仅能以视觉的盛宴为观众带来极佳的视听体验,更能予大众以精神的洗礼与熏陶,成为我们文化自信强有力的助推剂。近年来,如《集结号》《特殊使命》《亮剑》《暗算》《建国大业》《战狼》《金刚川》等系列红色革命文化主题的影视作品呈现在大众眼前,以其鲜明的思想性、政治性和道德性获得了广大受众的好评。在激烈的全球化经济市场竞争中,红色革命文化主题的影视作品创作迎来了一个又一个春天。其中,电视剧《伪装者》不仅收视率高,在豆瓣上也获得了很

---

[*] 作者简介:莫春艳,女,广东海洋大学文学与新闻传播学院辅导员,讲师,研究方向为思想政治教育。

通信地址:广东省湛江市麻章区海大路1号广东海洋大学。邮编:524088。

① 中共中央宣传部:《习近平新时代中国特色社会主义思想三十讲》,学习出版社2018年版,第203页。

高的赞誉。电影《风声》更是收获不俗的票房成绩及革命题材电影影评史上前所未有的盛誉。

  研究分析发现，在众多日剧、韩剧、美剧的竞争下，我国以红色革命文化为主题的影视作品能在全球化影视市场上牢牢把握自己的话语权，得益于各方面的助力。从宏观层面而言，它的繁荣离不开党和国家对时代文艺的重视与支持；从微观层面，即作品文本艺术层面而言，与过去传统的红色革命题材影视作品相比，其在叙事上也实现了很大的突破和创新。以电影《风声》为样本，它对环境、人物、情节等方面进行了叙事方式上的创新，生动诠释了什么是中国共产党员的勇敢、智慧、信仰，也为红色革命题材的影视作品的叙事内容、形式提供了重要的参考意义。

一、剧情概述

  电影《风声》以 1942 年汪伪政府时期为故事的时间背景。在汪伪政权举行盛大的国民政府庆典之际，中共地下党员为了在国家生死存亡之际挽救民族，潜伏在各日军占领区，执行暗杀日军高级军官及亲日分子的行动。面对层出不穷的暗杀事件和新闻报道，日本军政后裔武田不断给为日本人做事的特务处处长王田香施加压力，让王田香如坐针毡，急于找出关键线索——"老鬼"。王田香在日军头目武田的授权下，将顾晓梦、吴志国、李宁玉、白小年、金生等五名在汪伪政府情报部门任职的可疑人员带到裘庄，并布下圈套——通过散布假消息、监听、严刑逼供等系列手段逼"老鬼"现身。中共党员顾晓梦在吴志国哼《空城计》之时，确认了彼此的党员身份。面对王田香的软硬兼施、不择手段，顾晓梦、吴志国通过制造矛盾混淆敌人视听。为了在有限的时间里将真正的情报传出去，"老枪"吴志国命令"老鬼"顾晓梦揭发自己。最终，顾晓梦为了革命，在最后关头，将真实身份告知同样被困裘庄的李宁玉，并让李宁玉揭发自己。顾晓梦的壮烈牺牲不仅救了吴志国，让吴志国及时将正确情报传出，也以牺牲为代价，换取了革命的胜利。影片将中共党员在革命中的智慧、勇气、忠贞、信仰诠释得淋漓尽致、深入人心，也让每一位观众从中感受到了信仰的崇高、革命精神的伟大。

二、全知视角下的环境叙事

  与以往红色革命题材的影视作品不同，电影《风声》在环境的叙事上做了寓言式的艺术化处理，通过对比的手法，赋予环境描写更深层的寓意。

（一）环境叙事的乐与悲对比

电影将故事开篇的时间设为1942年"双十节"。镜头下的场外是烟花、游人、锣鼓，外国人坐车去娱乐区等一派歌舞升平的繁华景象，镜头下的场内则是严肃紧张、风声鹤唳的刺杀场面。短短五分钟的环境叙事，在气氛的对比中，让观众能快速捕捉到故事的大环境。环境叙事表面上是场外歌舞升平与场内腥风血雨的环境对比，实则是中国共产党员与汪伪政府不同做派的对比。环境叙事的实际寓意：一边是国家饱受侵略，民族于生死存亡间的亡国恨；另一边却是汪伪政府不顾国家命运，掩耳盗铃式庆祝节日的"商女犹唱后庭花"。让我们看到中国共产党的忧国忧民，欲拯救国家民族于危难间的使命与自觉，也看到汪伪政府卖国求荣的令人不齿的做派。

（二）环境叙事的大与小对比

影片时长130分钟左右，在大环境的叙事上仅用时10分钟左右，篇幅不及全片十分之一，相反，裘庄的镜头却占据很大一部分。对于裘庄的叙事，电影《风声》采用一镜到底的摄影方式，故事情节的发展全在裘庄中完成，如王田香以武田的名义，召集在电报局工作的五名"嫌疑人"进入裘庄、放出假消息、严刑逼供、监听；顾晓梦错放假情报、伪装，顾晓梦与吴志国相认、故意制造矛盾、牺牲自己传出正确情报等系列行动全部在裘庄完成。这样的叙事方式既是为了适应剧情发展的需要，更是为了叙事环境的去杂化。其效果显著，让情节变得更加紧凑，人物的心理特征通过环境的衬托，更加合理，更加真实地还原了中国共产党员在革命时期面临的艰险处境。大环境与小环境的交错呼应，推动故事情节的发展。

（三）环境叙事的前与后对比

影片在裘庄环境的叙事上并非始终如一。而是通过剧初、剧中、剧末不同阶段的环境氛围的变化以寓示事态的发展方向。在电影《风声》中，虽然故事发生的环境集中在裘庄，整个电影是以暗色调为基本基调。但不同的时期，影片环境又呈现出不同的氛围。从汪伪政府工作人员王田香将顾晓梦等五名泄露情报的"嫌疑人"带到裘庄中，五名"嫌疑人"对环境条件的不满和挑剔,到顾晓梦同志提出还要回去睡觉的要求,森严环境中带有一点轻松与不屑的意味,为后面剧情的展开埋下了伏笔。随着剧情的发展,日军头目抛出假线索,逐一怀疑在场的五名"嫌疑人",他们开始变得不安与烦躁,氛围逐渐由刚开始的不屑转为压抑。到此片段,故事的叙事巧妙采用全知视角的叙事手法,借武田和王田香的望远镜展示五名"嫌疑人"在房间里的不同状态。此时的环境既是压抑的,也是忧愁的。这种忧愁很好地展现出顾晓梦因自己错传假情报担心害死革命党员的心情。到剧末,矛盾爆发,五人中的两人一个接着一个因被怀疑而处死,最后剩下顾晓梦、李宁玉、吴志国三人的相互对峙,吴志国被严刑逼供、顾晓梦被告发处死等一系列剧情高潮,将环境的恐怖氛围推向极致。

这种环境描写法呈现出两种效果:环境越是恐怖,越是衬托出反动派的残忍可恶;环境越是艰险,越是衬托出党员的坚强勇敢。在这里,环境与党员的精神相互交融,人物的形象在环境的衬托下变得更加高大。

三、平行视角下的人物叙事

一部影视的视听效果取决于画面与情节,而主题的深刻性取决于人物形象的塑造。关于形象,从定义层面理解,其属于关系的范畴,即我们对一个人物形象的理解与判断是基于对该人物的外在表现,以及透过该人物所感知到的东西做出的判断。正如研究者傅栋在《智慧与勇气、精神与信仰——电影〈风声〉中共党员顾晓梦、吴志国形象分析》中提道:"形象是事物本质的外在表现,为事物本质所决定。"[①] 可形象又非事物本身,更是主客体关系的体现,是主体对客体的判断与感知。换言之,电影《风声》里通过平行视角的叙事方式,在人物形象的塑造上,一是将中共党员的本质透过党员顾晓梦、吴志国等人物面对艰险时的态度和行为展现出来,如智慧、勇敢等;二是将中共党员的品质透过反派角色武田、王田香的反衬凸显出来。具体可以从三个方面分析该影片人物塑造的特色。

(一)人物形象的复杂化

传统红色革命题材电影,为了突出正面人物的高大形象,倾向于采用负

---

① 傅栋:《智慧与勇气、精神与信仰——电影〈风声〉中共党员顾晓梦、吴志国形象分析》,载《大众文艺》2011年第7期,第137页。

向反衬法，即将反派角色进行去智化、脸谱化、扁平化的处理，使得正派的英雄形象很快展现在观众面前。虽然起到很大的教育作用，但在叙事上缺乏一定的艺术性，人物形象的塑造也缺乏深刻性。受故事环境的限制，电影《风声》中设置的人物并不多，但与过去红色主题的电影或电视剧相比，它在反派人物的叙事上也使用了很大的力度和篇幅。这里不管是正派人物诸如顾晓梦、吴志国，中立人物如李宁玉，还是反派人物如武田、王田香，其形象都是复杂的。该影片的突破在于采用正向反衬法来衬托出党员的光辉形象。

　　从反派人物的塑造上而言，诸如日本政军后裔武田，这个人物不再是过去传统的、简单的、残暴的、缺乏智慧的日本侵略者形象。影片一开始就给了武田特写的镜头，通过他与上级的沟通，以及在会议上与日军头目发生争执等两个镜头的特写，直截了当叙述武田的悲剧命运——一个急于洗清家族耻辱的人物。这样一个悲剧人物又是凶狠果断的，在日军头目侮辱武田的家族尊严时，武田随即不顾后果将刺刀扎在日军头目的嘴上。同时，这样一个残暴人物又是城府深、诡计多端的。在逼供方面，他有着自己的一套技术：先通过散布假消息，从字体的线索，挖出白小年；后来意识到错杀白小年的时候，又从女性身体的角度，通过对女性身体的凌辱以摧毁李宁玉的意志，最终通过观察李宁玉的反应排除了李宁玉"嫌疑人"的身份。但具有反讽意味的是，这样一个冷漠、变态、凶横的反派人物，正在为自己最后抓到"老鬼"顾晓梦而洋洋得意的时候，却不知道自己已经被英勇的中共党员完全掌控，最后他也死在了中共党员吴志国的刀下。通过镜头的对比，武田看似聪明凶狠，实则愚蠢可悲，而中共党员的智慧形象在反派角色武田的衬托下变得更加立体可信。

　　再如，王田香手段阴狠毒辣，处事不惊，又具有耐性，是典型的两面派——他代表着汪伪政府，对日军点头哈腰，对自己的同胞残忍无情，这样一个卖国求荣的人物形象，在最后得知自己难逃一死时却又敢奋力抗争。影片通过对王田香复杂化的处理，很好地把汉奸的形象勾勒出来。在这里，反派仍然起到正向烘托的作用，主要体现在：王田香那跳梁小丑般的英勇是为了保护自己的性命，顾晓梦等一批中共党员的英勇却是为了保家卫国，保护整个民族。这种形象的对比不仅展现出中共党员的智慧，更展现出中国共产党的宗旨——全心全意为人民服务，展现中共党员的使命——随时为党的事业献出一切，包括牺牲生命。这也正是该电影最打动人的地方。

(二) 人物形象的对立化

关于叙事的艺术，法国叙事学家格雷马斯曾提出著名的语义结构，他指出，所有的文本皆存在主导因素，与之对立的是负主导因素，一个文本的基本矛盾由这两种因素构成。而除了主导因素与负主导因素外，还有一个从属因素，这个因素与主导因素构成非冲突的关系。（图1）

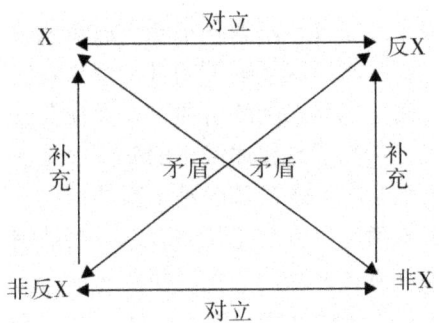

图1　格雷马斯的语义结构关系

格雷马斯的语义结构理论在叙事学中得到推行，也被广泛应用于文本的叙事分析中。如罗威在《谍战影片的叙事表达——解读电影〈风声〉》中就运用到这一理论①，并绘制了人物关系图（图2）。

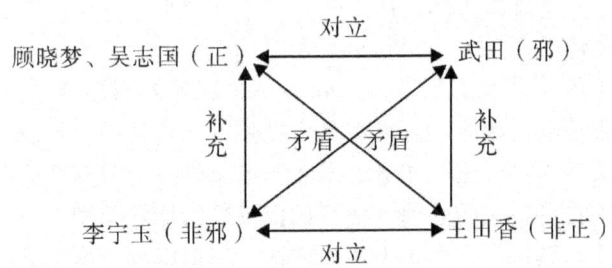

图2　《风声》人物关系图

在图2中，中共党员顾晓梦、吴志国与武田、王田香均构成了对立关

---

① 罗威：《谍战影片的叙事表达——解读电影〈风声〉》，载《文学理论》2015年第10期，第152页。

系，而李宁玉则是中共党员顾晓梦、吴志国的补充，李宁玉隶属于从属因素。这样的语义结构让读者一目了然。但该影片的创新点不仅是上图的人物对立和从属关系，在文本的开始也创造了误读型的语义结构。

首先，从隐性对立的角度分析，顾晓梦，传统富家大小姐出身，家族皆在汪伪政府下做事，甚至资助汪伪政府，她本人八面玲珑、娇纵洒脱，俨然一副只能在夜场作乐、不吃半点艰苦的做派，这样一个人物，让人怎样都无法将她与中共党员的身份联系起来。吴志国是为汪伪政府做事的吴大队长，为汪伪政府卖过命，挡过子弹，这样一个为汪伪政府卖命的人也让人无法将他与共产党员的身份联系起来。这是地位与身份的对比。其次，从显性角度，影片中人物关系的对立是吴志国与顾晓梦的二元对立。两个人物的显性对立是从顾晓梦与吴志国在审讯室对峙时开始的，经由"顾晓梦吴志国争吵—吴志国打顾晓梦—吴志国'侵犯'顾晓梦"的线性发展，将全影片中两个人物的对立推向高潮。事实上，在一天夜里，听到吴志国哼了一曲《空城计》，顾晓梦已经确定吴志国是革命党人，而在最后一次制造"侵犯"、混淆敌人视听的对立中，双方确立"老枪""老鬼"的身份。通过人物显性的对立以及隐性的合作，让中国共产党人的革命友谊与牺牲精神更加震撼人心。

（三）人物形象的立体化

影片中人物形象立体化的叙事手法，将红色革命的艰难与中共党员的革命精神展现得淋漓尽致。通观全影片，影片并没有用单一化、固定化和扁平化的传统叙事风格，而是通过对人物形象立体化的处理，让人物的性格和命运一直处于不断变化之中。

反派人物武田：剧初是家族耻辱的背负者—剧中是胸有成竹的逼供者—剧末是死在吴志国刀下的日军战败者。

亲日分子王田香：剧初是点头哈腰的亲日分子—剧中是冷漠变态的施刑者—剧末是惨死于日本人刀下的丧命者。

共产党员顾晓梦：剧初是享受荣华富贵的富家千金、电报专员（伪装者）—剧中是故意揭发吴志国以混淆视听的地下党员"老鬼"—剧末是保护革命战友、保护母亲、救国于危难中的革命英雄。

共产党员吴志国：剧初是盛气凌人的吴大队长—剧中是佯装有勇无谋、暴跳如雷的暗杀总策划人"老枪"—剧末是被施针灸毒也面不改色的爱国者。

高才生李宁玉：剧初是思念久未归来男友的闺中怨女—剧中是被凌辱、被蒙在鼓里的愤怒者—剧末是被顾晓梦打动的同盟者。

这里面有负主导因素命运的变化，有主导因素身份的变化，有从属因素态度的变化，正是在变化中让人物形象更加立体化。尤其是李宁玉这个中立者态度的转变，让中国共产党的形象更加高大和具有信服力。

四、内视角下的情节推动

（一）悬念设置

悬念是文本叙事能够吸引读者或观众兴趣的关键因素。

在电影《风声》中，悬念有很多，包括人物的命运、真正的情报能否传出、谁是"老鬼"等，其中推动情节发展的关键悬念是"谁才是老鬼"。全剧围绕着"谁是'老鬼'"的主线展开了叙事，这个悬念既是困扰汪伪反动派和日军已久的难题，也是李宁玉等其余四名"嫌疑人"的困惑，更是影片外所有观众最关注的焦点，让场外观众也不知不觉陷入影片的环境中，被影片节奏带着走。

围绕"谁是'老鬼'"的悬念，全剧剧情层层递进，由最先通过武田散发假消息，中途截取到的信件，通过笔迹，引导观众一起怀疑白小年，王田香、武田发现白小年被误杀。为了推动情节的发展，影片开始将悬念转向李宁玉，由于李宁玉的男友是被捕的地下党员，武田怀疑李宁玉，因深知李宁玉心高气傲，不可轻易问出内容，武田采用凌辱李宁玉身体的方式，摧毁李宁玉的意志。最终，武田通过对人性心理状态的分析，排除李宁玉的"嫌疑人"的身份。李宁玉"嫌疑人"身份被排除后，武田等人假装不知道清洁工的身份，以清洁工来送餐企图引出真正的"老鬼"。武田观察现场人物的表情，排除金生，最后将嫌疑人锁定为吴志国和顾晓梦。从叙事特色而言，全影片采用的是"设置悬念—破除悬念—设置悬念—破除悬念"的模式，使全影片的气氛紧张不已，但也正是悬念的剥洋葱式的结构，彰显出共产党人临危不乱的强大的心理素质。

（二）倒时序叙事

为使悬念得以保持，电影《风声》的处理方式是打破传统文本的故事时间，而有技巧地采用顺时序与倒时序结合的表达方式，既能保持影片的悬念，也能顺利推动情节的发展。

所谓故事时间，是指故事发生的自然时间状态；而所谓叙事时间，则是它们在叙事文本中具体呈现出来的时间状态。[①] 而倒时序叙事技巧，在叙事学领域中又称为内倒叙，即对影片过去已经叙述过的情节重新加以描绘。内倒叙最大的特点就是重复。该影片重复的三个片段如下：一是吴志国唱《空城计》时，顾晓梦在与吴志国闲聊；第二个片段是在审讯室里顾晓梦与吴志国的对峙；第三个片段是吴志国深夜闯入顾晓梦的房间与之争吵和决裂。这三个片段采用重复的倒时序叙事手法，给观众还原事件的真相：首先，第一个片段，吴志国哼唱完《空城计》后与顾晓梦看似在闲聊，实则是顾晓梦与吴志国以暗语确认对方的战友身份；第二个片段，看似是顾晓梦为了自保，一口咬定吴志国就是日军要找的"老鬼"，实则是因得知形势紧张，情报必须及时送出，顾晓梦和吴志国故意采用人物对立的方式，混淆敌人视听，实现"二保一"的目标，让其中一方能顺利出去；第三个片段，两人看似对立的高潮，实则是吴志国告诉顾晓梦自己"老枪"的身份，让顾晓梦揭发自己，以护送顾晓梦送出情报。在这三个片段的重复下，结果是顾晓梦为了救吴志国，最终让李宁玉揭发自己，以牺牲自己生命为代价完成任务。

故事时间让观众对剧情的发展深信不疑，倒时序的叙事方式又彻底颠覆了观众的认知，通过前后两者的强烈对比，不仅展现出共产党员坚强勇敢、富有智慧，也让我们对共产党员的入党宣言有了更深刻的理解，真正实现了影视育人的效果。

（三）内聚焦叙事

人物推动情节的发展，而情节也塑造了人物。

影片通过"谁是'老鬼'"悬念的设置，以及倒时序的重复手法，使悬疑被破解，人物形象也在这样的情节处理中被立了起来。在影片的末尾，吴志国去到工厂找到李宁玉，和她坦露身份，并谈起了顾晓梦。李宁玉在吴志国的提醒下，拿出了顾晓梦缝的旗袍，熟悉摩斯密码的李宁玉通过摩斯密码得知顾晓梦的遗言。在该情节的处理上，影片又采用了内聚焦的第一人称的叙事方式，借顾晓梦的第一人称叙事，导出党员的崇高信仰："我不怕死，

[①] 罗钢：《叙事学导论》，云南人民出版社1994年版，第132页。

怕的是爱我者不知我为何而死。我身在炼狱留下这份记录,只希望家人和玉姐原谅我此刻的决定,但我坚信你们终会明白我的心情。我亲爱的人,我对你们如此无情,只因民族已到存亡之际,我辈只能奋不顾身,挽救于万一。我的肉体即将陨灭,灵魂却将与你们同在。敌人不会了解,'老鬼''老枪'不是'个人',而是一种精神,一种信仰。"

内聚焦的叙事模式让情节的高潮逐渐落幕,在落幕中升华了影片的主题,在森严的环境中,在狡猾的敌人面前,在生命堪忧的生死关头,为什么革命能取得胜利?正如顾晓梦说的,敌人不会明白,"老鬼""老枪"不是"个人",而是一种精神与信仰。这种信仰是为人民献出一切。电影在此处戛然而止,留给观众的是深深的沉思与思想的洗礼。

五、结语

在《文脉和国脉相连——中国何以文化自信》一文中曾讲道:"自信源于浴火淬炼。艰难困苦,玉汝于成。中华文化之所以坚韧勇毅,就在于它有着经过血与火的考验,苦和难的磨砺,用无数先烈鲜血染红的精神底色。"[①]今天我们的文化自信教育需要贯穿在各个领域,影视文化是有效的育人途径。

作为谍战片,电影《风声》无论是从环境的设置、人物的塑造,还是情节的设置上,都巧妙采用了叙事手法,使影片具有很强的艺术性和观赏性。但作为中国共产党的红色革命教育片,它无疑具有更重要的地位。它为我们立体展现出中国共产党在革命时期的压抑恐怖的大环境下,革命党人面对困难与危险时所展现出的民族气节以及勇敢、智慧,这正是我们共产党一路走来,取得革命胜利的重要保障,电影《风声》的教育意义的深刻之处在于让处于和平时代的我们更加深刻明白和理解中国共产党的入党宣言,从而有效实现爱国主义教育、爱党教育,让我们对"不忘初心、牢记使命"获得前所未有的领悟。

---

① 中共中央宣传部理论局编:《新中国发展面对面》,学习出版社2019年版,第63页。

湛江创文背景下南路革命红色资源价值及开发研究

梁笑莹* 余卓玲**

摘要：湛江作为南路革命的活跃地，有着众多革命旧址以及可歌可泣的革命事迹，其作为红色旅游资源蕴含着重要的精神价值和经济价值。如何更好地开发红色文化资源，发挥更大的综合效益，仍面临着诸多制约因素，主要体现在：革命旧址小而散、残旧且归属权模糊；革命旧址保护与发展形式单一；革命旧址历史考证不足。在新的历史起点上，开发红色文化资源应勇于创新。具体建议：以旧址为依托，打造高质量南路革命文化学习线路；以互联网为依托，加快南路革命红色资源数字化建设；以当地旅游发展为依托，注入红色旅游精神内核；以学校为依托，打造爱国主义研学教育实践基地。

关键词：湛江；创建文明城市；南路革命；红色资源开发

创建全国文明城市（以下简称"创文"），是推动物质文明和精神文明协调发展的重要抓手，是提升人民群众生活质量的重要内容，亦是提高城市竞争力的重要途径和手段。城市精神是一座城市的灵魂，精神文明建设是一个城市凝聚昂扬向上精神的发展力量，这股力量助推着城市经济社会的发展，滋养着生活在这里的每个人的文明素养。红色文化开发就能以接地气的形式强化社会主义核心价值观引领，塑造社会百姓精神风貌，推动社会思想道德建设。同时，红色旅游业的发展有助于促进城乡优秀文明沟通互鉴、协同发展，尤其是经历过战火洗礼的革命圣地，更具有深厚的精神价值和教育

---

* 作者简介：梁笑莹，女，广东海洋大学法政学院辅导员，讲师，研究方向为高校思想政治教育。
** 作者简介：余卓玲，女，广东海洋大学法政学院学生。
通信方式：广东省湛江市麻章区海大路1号 广东海洋大学法政学院。邮政编码：524088。

意义。但饱经风霜的断壁残垣对城市文明风貌建设有一定阻滞作用，革命旧址的保护工作对居民的居住体验也造成一定影响，这使得研究开发以革命旧址为载体的红色革命资源，助力城市文明建设具有重要的现实意义。目前，湛江仍处于创文的关键阶段，还需要继续攻坚克难和砥砺前行。研究这一主题，对于分析湛江市创文的现实形势，整合湛江创文的红色文化资源，解决湛江创文一系列软硬件的限制，具有理论及现实层面的指导意义。

一、南路革命红色资源对创文的重要价值

创建文明城市的目的是提升城市的管理水平和文明程度，提升市民群众的生活品质、幸福指数和文明素质，其中要牢固树立以人民为中心的发展思想，把社会主义核心价值观融入精神文明建设每个领域，内化为人们的精神追求，外化为人们的自觉行动。随着创建文明城市工作的推进，创文工作要不断跟上新时代的新内涵与新要求。创文只有起点没有终点，不断开创城市文明的新局面就是要不断从经济、政治、文化等层面统筹推进文明建设。红色文化是中国特色社会主义文化的重要组成部分，在新时代更需要发挥好红色文化的精神力量，不断实现红色文化的创新发展，用红色基因补钙壮骨，弘扬社会正能量，推进中国特色社会主义现代化事业不断向前发展。南路革命背景下的红色文化与浓厚的乡土文化交相辉映，其中开拓进取、不畏困难、乐于奉献、艰苦奋斗等精神风貌和文化内涵熠熠生辉。城市因文化而生动，这些独特的文化丰富了城市的历史风韵以及对外的形象展示。

湛江市红色文化资源丰富，尤其是赤坎区，历史悠久，革命史迹丰富，作为历史上广州湾的一部分，地理位置重要且具有特殊的政治环境，在各个革命时期都是党领导南路革命斗争的中心。党的南路组织和兄弟区域的党组织在这里频繁活动，建立了许多重要的交通站、联络站，留下众多革命旧址。赤坎人民在中国共产党的领导下开展波澜壮阔的革命斗争，也留下了许多可歌可泣的动人故事和革命事迹。它们是赤坎宝贵的红色文化，也是激励后人继往开来的精神财富。南路革命文化的重要价值体现在政治、经济、文化方面，对社会精神文明建设也有重要意义。政治上，南路革命是新民主主义革命的重要部分。由当时以黄学增为代表的先进分子所组建的南路党组织在远离党中央主力的情况下开展革命斗争，经历了"四起三落"的曲折历程。南路革命者崇高的理想和坚定的信念，组织上与群众密切联系并获得群众支持，工作上认真贯彻党的方针路线政策，这样的优良作风和党性修养，无论是对于当时南路地区的基层党组织，还是现今社会主义现代化时期的党

的基层组织建设都有重要的作用和深远的影响。尤其在创建文明城市的工作落实上，发扬南路革命精神有利于提高基层组织服务群众的意识，避免形式主义。南路革命文化以其深厚的革命历史理论沉淀、丰富的革命实践经验积累和与时俱进的文化品质指引着党员干部的实践工作。经济上，南路革命文化凝聚整合成红色旅游精神内核，促进经济发展。红色旅游以革命活动地或革命旧址建筑物作为实体，在实地进行爱国主义教育。通过开展体验式旅游、主题式创新性旅游或并入传统自然景观旅游进而形成综合型、复合型的红色主题旅游，有利于促进旅游经济的发展。凝结了无数革命先烈的理想和事迹的南路革命红色文化资源是中国革命和建设光荣历史的见证，蕴含中国共产党人的崇高理想，展现广大人民群众的高尚道德和优良品质，是直观的爱国主义教育教材。以爱国主义为核心的南路革命文化深入人心，先烈的事迹激励着后辈不断弘扬民族精神和时代精神，积极投身社会主义现代化建设。①

二、创文背景下南路革命红色资源开发中存在的问题

创文是城市提升市民文明素质和社会文明程度，继而提高城市品位和整体发展的重要机遇。创文既是对湛江南路革命红色资源开发的强大推进器，又是对发掘南路革命红色资源的严峻考验。在湛江创文的背景下，如何高效开发、挖掘南路革命红色资源是如今面临的难题，下面以赤坎区为例进行分析。

1. 革命旧址小而散、残旧且归属权模糊

湛江特殊的地理位置和政治经济环境，使其革命旧址有着集群化的特点，其中赤坎区就有着20余处革命旧址，贯穿各个革命时期。湛江市赤坎区革命旧址保护与发展最大的障碍是其分布特点与归属权问题。新民主主义革命时期，我国南路革命主要以游击战为主要的革命战略，由于革命保密性强，革命活动范围广，因此革命活动地分布呈零散碎片化、隐秘性的特点。赤坎区革命旧址多为学习班举办地、交通站、联络站、中转站等革命活动根据地，南路革命发端于先进分子，始终紧靠农民群众，革命旧址多是住宅、商店、宗祠等地，加上革命活动地会随着革命任务以及当时局势而不断变

---

① 吴超：《红色文化资源开发面临的问题和对策》，载《红色文化学刊》2019年第3期，第84–86页。

换,这就导致了革命旧址归属权始终模糊,后又因法租界的背景,一些旧址建筑体产权所属的华侨更是难以联系上,保护工作困难重重。目前,革命旧址遭受到两大破坏:一是年久失修,由于没有刻意保护且地处沿海地区,受到降水、风蚀等自然环境因素的破坏;二是革命旧址建筑遭到私人改建,其中一些旧址甚至已经倒塌、消失或已经被改造为其他用途。如赤坎区三民路片区,有些旧址硬件已经不复存在,旧址建设不足且规模较小。据当地居民反映,这里的业主多是华侨,常年在国外,由于失联已久,无法确认归属权。

尽管随着文物保护工作的加强推进,这些革命旧址的情况已经被整理记录与建档,当地同时积极开展保护工作,但是这些旧址外观问题、建筑结构问题仍然存在,安全性与宜居性已经难以符合创建文明城市的标准,且涉及的修缮价值与归属权问题难以商酌,这对创文工作有一定阻滞。

2. 革命旧址保护与发展形式单一

湛江市赤坎区革命旧址保护与发展形势为附加说明牌,说明牌不能详细列举革命旧址所承载的革命事迹与革命精神,革命旧址内在蕴含的价值难以得到充分挖掘与发展。如赤坎区民主路中共中央华南财政工作委员会交通站旧址——南兴祥,只在说明牌提醒人们对革命旧址建筑体进行保护,没有说明南兴祥商店在革命史上曾经基本控制了湛江市海康等地方的盐业市场,为党组织筹措了一笔不少的经费。南兴祥当时的负责人叶汉生的勇敢无畏以及为共产党事业无私奉献的精神也是革命战士的精神的体现,他们讲奉献、有作为,是众人学习的榜样。说明牌的内容忽略了革命旧址背后的精神文化,这使革命旧址的观赏性以及教育意义大大减弱,市民游客也日渐对这些革命旧址产生无聊与乏味感,革命旧址逐渐成为城市建设进程中一间陌生的"旧房子",而随后的各种保护工作与发展规划也难以得到市民群众的理解与支持,甚至旧址周边居民对旧址的保护工作存在质疑,对居住环境感到不满。赤坎区作为南路革命的活动区域,说明牌不能使旧址与旧址间产生联系,不能形成系统的历史脉络,让居民难以对当时的历史背景和人物事迹有更深的掌握,不利于深刻领悟南路革命的坎坷与不易,以及革命先烈的精神信念。因此,要更好地发挥革命文化价值,就要把红色文化的政治价值、经济价值、社会文化价值融入创建文明城市建设中,这就需要丰富形式并落到具体举措上。①

---

① 张坤:《做好革命文物保护利用工作的四点认识》,载《中国文物报》2020年7月24日第4版。

3. 革命旧址历史考证不足

南路革命在革命历史上起着巨大作用，南路革命工作者以"热爱祖国、无私奉献、艰苦奋斗、开拓进取"的革命精神进行波澜壮阔的革命斗争。但是红色资源需要多方商讨，最终由官方认证确定，认证过程十分艰巨和复杂。由于南路革命在地域上是远离党中央开展的革命活动，且由于当时的历史政治环境复杂，开展革命活动具有隐蔽性，尤其是南路革命曾遭遇白色恐怖打击，为了保存革命力量，将革命组织转入农村，这使如今研究难以准确把握当时的南路革命活动踪迹。因此，在南路革命红色文化确定上欠缺革命活动的记录、革命事迹史实证据以及革命英雄的详细介绍等实证。加上南路革命文化形成发展所根植的区域相对于其他的中国特色革命文化地区来说较为狭小，这种地理空间的局限性在相当程度上降低了南路革命文化的社会知名度和影响力，削弱了南路革命文化本身的重要性及其在中国特色革命文化中所占据的历史地位，进而影响了南路革命文化的传播和发展，以及专家学者对南路革命文化开展研究的热忱。当革命旧址没有确切足够的史实证据支持，就无法深入挖掘其红色文化资源，革命旧址只会流于形式，带来的问题首先是难以开展文物保护工作，其次是旧址的影响力小，难以开发、发展红色文化价值。湛江市赤坎区部分革命旧址目前的记录也仅限于旧址在革命时期的用途、主要活动人物和旧址建筑现况，明显未达到对红色资源进行开发与发展的标准，高校联动对南路革命文化的研究成果外化到实践的转化率仍有不足。

三、湛江南路革命红色资源开发措施分析

湛江南路革命红色资源存在着革命旧址小而散、残旧且归属权模糊，革命旧址保护与发展形式单一，革命旧址历史考证不足等弊端，这不利于持续深化湛江创文工作、加快发展地方经济和持续改善民生。因此，结合地域特色，笔者认为，应从以下几个方面着手。

1. 以旧址为依托，打造高质量南路革命文化学习线路

湛江市赤坎区南路革命旧址多为南路革命斗争的指挥中心和交通联络中心。针对湛江市赤坎区的南路革命旧址"小"而"散"以及保护与发展形式单一的不足之处，采取化零为整的方式，打造高质量南路革命旧址线性路线。在新民主主义革命宏观的历史背景下，以南路革命兴衰历程为南路革命历史主线，以其中的联络站、交通站、学习班等革命旧址所蕴含的革命事迹、革命英雄等为南路革命的历史线索，将清革命活动之间的联系与规律。

革命精神不是观点与理论，不能生硬灌输，而要在背景知识的框架下，通过南路革命的活动分析南路革命的逻辑性，更加理性地认识南路革命的坎坷不易以及革命先辈为革命事业所做出的巨大牺牲与贡献。将革命旧址的地理位置、时间、事件、人物、用途等内部因素归类后，结合湛江市赤坎区的交通路线、人文社区分布、革命旧址之间的关联性等外部因素，以时间顺序、关联性强弱为主打造高质量南路革命文化学习线路。把南路革命文化以革命旧址为载体线性化、系列化有助于扩大红色影响力，同时可通过旧址间的联系，相互补充革命事迹、革命人物、革命活动等史实。南路革命旧址线路化成熟后，能将其打造成主题旅游的主要环节，在线性路线中增加体验式旅游、特色革命纪念品等，助力湛江市赤坎区红色旅游发展。

2. 以互联网为依托，加快南路革命红色资源数字化建设

随着信息化的发展，要让革命旧址永存、红色文化永不褪色，就要把红色文化积极融入信息新时代。中共中央办公厅、国务院办公厅先后印发了《关于实施中华优秀传统文化传承发展工程的意见》《关于实施革命文物保护利用工程（2018—2022年）的意见》等文件，强调要切实做好"革命文物资源目录和大数据库""适度运用现代科技手段，增强革命文物陈列展览的互动性体验性"等工作。[①] 南路革命资源数字化就是深入挖掘南路革命文化的内在文化价值，搭建南路革命红色文化资料库，其中包括收集梳理历史事件、革命人物事迹等资料，汇聚成宝贵的红色文化资源。以线上博物馆、线上展览等方式，让红色文化科学系统地"活起来"。结合现今数字化平台趋势，进一步提升南路革命红色资源的传播率以及影响力，在建立的南路革命红色文化资料库下搭建分享平台。针对湛江市赤坎区南路革命旧址碎片化、旧址间距离短的相对集群化特点，促进分享平台以"线上线路图踩点打卡""实地信息提醒""扫二维码了解革命历史""影音链接跳转"等方式，增强革命旧址的观赏性、娱乐性，寓教于乐，增强革命旧址的红色价值利用率和教育实效性。

3. 以当地旅游发展为依托，注入红色旅游精神内核

湛江市赤坎区有着作为"法租界"的历史背景，历史遗留了深厚的历史文化底蕴与有着异国风情的建筑，在城市建设中成为独特的人文风光，吸引了游客与影视界的注意，这对当地旅游业有一定的促进作用。红色旅游发展的长久之计是使红色旅游与其伴生的自然景观、人文景观共同发展，提升

---

① 中华人民共和国中央人民政府：《关于实施中华优秀传统文化传承发展工程的意见》，见中华人民共和国中央人民政府网站（http://www.gov.cn/zhengce/2017-01/25/content_5163472.htm）。

当地红色文化的影响力。针对湛江市赤坎区南路革命旧址群的特征，可以以思想政治教育、爱国主义教育、传统革命教育等教育主题为主，借助当地旅游发展，利用主题性旅游不断提升自身的红色资源价值。从红色旅游教育意义的角度看，游客主要以学生、党员干部、企事业团体和离退休干部等为主，其主要游览目的是对革命文化的缅怀与学习，进行重温初心使命教育，一般以集体组织学习较多，尤其是在党与国家重大节日。当地旅游可以就此特点增设旅游亮点，促进旅游业发展。①

4. 以学校为依托，打造爱国主义研学教育实践基地

与学校联动发挥革命旧址研学实践教学作用，推进南路革命文化的宣传工作。南路革命文化的传播有助于发扬崇高的革命精神，有助于对学生群体加强爱国主义教育。以学校为依托，打造有创造性、有特色的教育阵地红色文化育人新模式。以南路革命旧址作为赤坎区中小学的红色文化协同育人的实践基地，让学生充分认识革命旧址及其革命文化，以参与式的方式构建寓教于行的爱国主义教育模式。发挥学生的主动意识，调动当地学生的积极性，学生群体不仅要作为参观者、学习者，更要发挥主人翁意识，以讲解员的身份，为红色文化传播奉献力量，同时自身能更深刻地认识南路革命文化，更进一步认可和接受自己家乡的革命文化和红色底蕴，以革命老区的优秀文化传统来要求自己，激发和促进爱国热情和爱国意识，促进学生自身的合理发展，展现学生群体文化自信的精神面貌。讲解员是红色旅游的关键，是革命文化与游客的桥梁，中小学生在学余时间，积极推进家乡红色旅游发展与南路革命文化传播，这是南路革命红色资源开发的创新形式。

四、小结

湛江市赤坎区以革命旧址为依托的南路革命红色资源由于革命旧址自身的各种特点以及发展与保护形式单一的不足，不仅阻滞了南路革命红色资源的开发与发展，还对创建文明城市的工作带来了一定的困扰。拓宽红色资源的开发与发展途径，挖掘并发挥南路革命红色资源的经济、政治、文化价值，对创建文明城市进程有重要意义。开发南路革命红色资源对创建文明城市有着积极意义，湛江市自开展创建文明城市以来，不断推进创文进程，积极举办创文活动，其中创文活动——"扣好人生第一粒扣子"——开展得

---

① 毛嘉正、李玮：《乡村振兴战略下革命老区红色旅游资源价值及开发》，载《中国经贸导刊（中）》2020年第7期，第50-51页。

如火如荼，由赤坎区新时代文明实践中心、区委组织部、区委宣传部、区委党史研究室、区委党校、区委老干部局等单位联合，通过对革命旧址、革命老村的介绍，录制中国道路宣传教育微访谈系列节目来讲好赤坎区革命故事，这为红色资源融入创文进程提供了良好开端。湛江市赤坎区内南路革命旧址约有20处，其内在的红色文化价值深厚。积极开发红色资源，加快融入创文活动中，有利于红色基因传承与精神文明建设，有利于发挥红色资源教育作用，使城市始终洋溢着坚定的道路自信，使市民积极投身于中国特色社会主义建设事业中。

红色文化传播视域下的红色旅游发展路径探析

李新慧*

摘要：红色旅游是红色文化的物质载体，红色旅游资源开发质量直接影响红色文化传播效果。当前我国红色旅游资源还存在内容碎片化、同质化，传播主体良莠不齐，传播方式亟待优化升级等发展困境，需要在内容上加以筛选、资源上加以整合，以明晰红色精神内涵，讲好奋进故事。在传播主体问题上，应引进人才、加大培训、强化管理，让专业的人做专业的事。还需要利用多样化传播方式，增加体验式内容，使红色文化入脑入心。这样，才能推动红色旅游走上精品化、创新化、多样化的良性发展轨道，也能促使中国红色文化传播深入人心，代代相传。

关键词：红色文化；传播；红色旅游；困境；发展路径

依据国务院办公厅发布的《2004—2010年全国红色旅游发展规划纲要》的定义，红色旅游是指"以中国共产党领导人民在革命和战争时期建树丰功伟绩所形成的纪念地、标志物为载体，以其所承载的革命历史、革命事迹和革命精神为内涵，组织接待旅游者开展缅怀学习、参观游览的主题性旅游活动"[①]。学者王爱华认为："红色文化是指中国共产党在领导全国各族人民进行长期革命斗争和建设实践中形成的物质文化和精神文化。"[②] 笔者认为，随着中国改革开放时间的推移，改革开放历史中典型的纪念地和标志物，也

---

* 作者简介：李新慧，女，广东海洋大学马克思主义学院副教授，主要研究方向为马克思主义中国化。

通信地址：广东省湛江市麻章区海大路1号 广东海洋大学马克思主义学院。邮政编码：524088。

① 中共中央办公厅、国务院办公厅：《2004—2010年全国红色旅游发展规划纲要》，见中华人民共和国国家发展改革委员会网站（https://zfxxgk.ndrc.gov.cn/web/iteminfo.jsp?id=112）。

② 王爱华主编：《红色文化与思想教育》，西南交通大学出版社2012年版，第108页。

应成为红色旅游的组成部分,其中形成的物质文化和精神文化,也应是红色文化,应加以总结提炼,传播传承。基于此,本文所指的红色旅游即为中国在革命、建设和改革时期卓著成就、英雄事迹等的纪念地形成的供参观学习的主题性旅游活动;红色文化也指在革命、建设和改革实践中形成的物质文化和精神文化。由定义可知,红色旅游是红色文化的重要组成部分,是红色文化的再现、可视化载体,红色旅游对于红色文化的传播具有重要推动作用。但当前红色旅游由于内容碎片化、传播手段与传播载体亟待升级等问题,影响了红色文化的传播效能,红色旅游的社会效应还有待提升。为提升红色旅游承载的红色文化传播效果,还要对红色旅游的内容进一步精炼,丰富传播手段和提升传播主体素质。

一、红色旅游资源与红色文化传播的关联度分析

红色旅游与红色文化传播的关系主要包括红色旅游是红色文化传播的物质载体、红色旅游资源开发质量与红色文化传播效果是正相关关系两方面。

一方面,红色旅游是红色文化传播的物质载体,红色旅游纪念地和标志物展示的大量实物、影像资料、数据以及情景设置等,记载了中国共产党带领全国各族人民在革命、建设和改革时期热爱祖国、勇于斗争、顽强奋斗、勇于开拓、坚定乐观等宝贵的精神和品格。以物质化、符号化的方式再现特定历史时期的场景、事件和人物,以其可视化、故事性、生动性的特征传播红色文化,同时经过一定的文字、视频、音频等传播手段或讲解员的讲述与解读,将事件和人物展现出来的各种宝贵精神传递给参观者,达到传承革命、建设和改革精神的目的。这种借助多样化物质载体的传播形式给予参观者的视觉冲击、感官感受和情绪影响要优于单纯的文字、视频、音频等单一传播方式。例如,井冈山红色旅游景区通过井冈山革命博物馆陈列的革命者生活用品、文字、影像及英雄人物旧居、医院等机构、烈士墓及大型实景演出等形式,真实、直观和形象地再现了20世纪20年代井冈山革命根据地艰苦卓绝的斗争,形象传播了革命者在极端艰苦的条件下信念坚定和依靠群众、实事求是、勇于创新、勇于胜利的精神,激发参观者对中国共产党的执政合法性的强烈认同,给参观者带来坚定理想信念的心灵冲击,让参观者留下深刻的印象。

另一方面,红色旅游资源开发质量与红色文化传播效果呈正相关。依据情绪评价理论,个体经过外部环境刺激,通过对刺激信息估量和评价,进而产生不同的情绪。美国心理学家阿诺德将情绪与行为的反应过程描述为刺激

情景—评估—情绪。依据阿诺德的理论,当个体思考和评估的结果不同,个体的情绪和行为就会出现差异。如果个体认为外部环境的信息"有利",会引起积极的、肯定的情绪;如评估为"有害",即会产生否定的情绪,引发躲避刺激物的行为;如果思考的结果是外部刺激信息与自己"无关",则予以忽视。可见,"情绪具有驱动和诱发相应行为发生的能力"[①]。具体运用到红色旅游活动上,当游客在红色旅游地参观时,景区通过对遗址的仿真、历史人物和理论的故事化、体验式和仪式化的活动等,使历史鲜活起来,将参观者带入历史情境,这种情境会刺激参观者身体和心理上的变化,产生感动、激动、惋惜、悲愤等情绪,进而引发参观者的深思,加深对红色文化的认同和理解,激发爱国、爱党情怀,坚定理想信念,继承革命传统,达到红色文化教育和传播的目的。郭俊伶等学者所做的"红色旅游中敬畏情绪对游客国家认同的影响研究"表明:"红色旅游中感知红色人物的权威性、感知红色事迹的传奇性和感知红色遗迹的神圣性是游客敬畏情绪产生的重要环境刺激因素,敬畏情绪促进了游客对国家的文化依恋和功能依恋","说明红色旅游中有形的物理因素在刺激游客敬畏情绪产生的同时,也会直接促进游客对国家文化和功能的依恋"。[②] 但是,当红色旅游资源的开发粗放,设施不完善,参观者不能被有效地带入,宣传内容不能激发参观者产生积极或敬畏的情绪时,红色旅游这一载体便不能达到有效地实现红色文化传播的社会效应的目的,无法增强参观者的历史认同、国家认同和政党认同。由此,红色旅游资源开发质量与红色文化传播效果呈正相关。红色旅游资源的设置,人物的权威性、传奇性,参观流程的设置及选择都是重要的影响因素。

二、基于红色文化传播的红色旅游发展困境

尽管红色旅游资源对红色文化的传播与传承具有重要的社会本位和个体本位价值,且中国红色旅游资源丰富,对当地经济发展和乡村振兴也发挥了重要拉动作用,但当前红色旅游资源在内容选择、传播主体、传播方式和手段等方面还存在不足,影响着红色文化传播效能最优化。

第一,红色旅游资源的内容碎片化,同质化。据统计,从 1997 年至

---

① 涂红伟、熊琳英、黄逸敏、郭功星:《目的地形象对游客行为意愿的影响——基于情绪评价理论》,载《旅游学刊》2017 年第 2 期,第 33 页。
② 郭俊伶、卢东、金鹏:《红色旅游中敬畏情绪对游客国家认同的影响研究》,载《资源开发与市场》2018 年第 7 期,第 1030 页。

2019年9月，中国共产党中央委员会宣传部累计命名全国爱国主义教育示范基地473个，各地各部门建设各级各类爱国主义教育基地1.2万余个。① 中国地域广阔，红色旅游资源经过多年发展，功能逐渐完善，其蕴含的红色文化传播力和影响力也日益提升。但资源丰富的同时也存在内容碎片化、同质化的问题。由于红色旅游资源大多处于革命老区，地理位置偏僻，除了全国有较大影响力的井冈山、延安、韶山等少数红色旅游资源开发较为成熟外，大多数红色旅游存在对内容挖掘深度不够、蕴含精神不够凝练且相近区域内的红色旅游资源内容重复的问题。不仅如此，在红色旅游开发过程中，存在过于追逐经济利益而偏重于有形资源的开发，忽略了作为无形资源的红色文化和精神的凝练。这种粗放发展、同质化、碎片化的红色旅游资源，虽然也带动了革命老区的经济发展，但缺乏可持续发展的动力，而且由于挖掘不够、缺乏凝练的传播内容，削减了参观者对革命、建设和改革历史的理解和认同，也难以唤起参观者的敬畏情绪，发挥不了红色文化应有的传播和教育功能。

第二，红色旅游资源传播主体良莠不齐。红色旅游资源中的红色文化传播，除了通过图片、资料等载体，主要还通过专业讲解人员的解说，将发生在革命战争年代和建设、改革时期的革命者和建设者艰苦奋斗、勇于牺牲、勇于开拓的先进事迹介绍给参观者，通过解说过程富有感染力的语言描述和情境再现，将先辈们的精神传递给参观者，以解说者的敬畏、惋惜、悲愤等情绪感染参观者，达到影响参观者，传播红色文化的目的。这种传播效果有时更能引起参观者的共鸣，引发参观者的深思，增强认同感，因此，传播主体的专业水平高低，将直接影响红色文化的传播效果。但是，当前我国红色旅游地除了革命纪念馆官方的专业解说人员外，还有大量主要从事旅游业务的导游或由当地居民转型而来的导游，由于目前我国红色旅游地已取消门票收费制度，参观人员呈逐年上升趋势，在周末和旅游旺季，参观人员众多，专业解说人员远远满足不了参观需求，便有大量外地导游和由当地居民转型的导游加入参观讲解队伍中来，但这些导游往往对红色旅游资源的内容了解不够深入、泛泛而谈，有时甚至为了迎合参观者加入一些猎奇、迷信等庸俗化的内容，不仅不利于红色文化的传播，还削弱了历史的严肃性和真实性，更谈不上达到教育效果了。

第三，红色旅游资源的传播方式亟待优化升级。研究表明，红色旅游对

---

① 《建设中华民族共有的精神家园——全国爱国主义教育示范基地建设综述》，见中华人民共和国中央人民政府网站（https://www.gov.cn/xinwen/2019-09/16/content_5430309.htm）。

参观者的教育功能决定了参观者以机关事业单位工作人员和大中小学生为主，"32.54%为21～30岁青年，23.92%为11～20岁，18.18%为31～40岁，红色旅游群体年轻化趋势明显"①。这就决定了红色旅游资源的传播应以更多生动且互动性强的方式再现当年的战斗、生产和建设场景，才能符合年轻化群体的需求。蒋长春的调查研究也证明了这一点："游客期望景区通过图片展示和文化陈列的方式认同率最高，占到样本总数的45.9%，这与游客对文化真实性的认同有关（46.2%）；同时，游客希望通过情景再现（35.3%）、影视和歌舞（34.3%）、声光结合的全景图（29.7%）这样生动性的形式展示红色文化；另外，游客也希望通过模拟当年战斗、生产的场景（20.4%）这种互动性的形式来感受红色文化。"② 中国共产党带领全国人民经过艰苦卓绝的斗争，以无数革命先烈的鲜血和生命换来了革命的胜利；经过艰难曲折的探索，建立了社会主义制度，在一穷二白的情况下取得了社会主义建设的成就；以卓越的胆略和实事求是的精神开辟了中国特色社会主义道路、理论、制度和文化。这决定了中国红色旅游资源丰富多样，但如何以多样化且参观者喜闻乐见的形式，将这些经典的故事传播给当下的年轻群体，达到最佳的传播效果，而不是让参观者抱着旅游的心态"到此一游"、拍照打卡，是红色旅游开发亟待解决的问题。但当前红色旅游的展示方式还不能满足参观群体的需求，大多数红色旅游地的展示主要靠图片、实物展示，解说也多流于说教，情景再现、声光电结合的展示一般在较大型的红色旅游地才会有，影视歌舞活动更是全国知名的红色旅游地才有实力举办，而模拟当年战斗、生产的场景等让参观者体验互动的形式在很多红色旅游地也往往良莠不齐，不能起到有效地传承红色文化的效果。甚至有些红色旅游地不仅为游客提供红军或解放军服装，也提供国民党服装甚至日本侵略者的服装，而有的游客穿上这些服装仅仅是为了拍照效果，这完全背离了红色旅游承载的传承红色文化的初衷。

三、基于红色文化传播的红色旅游发展路径

面对红色旅游资源发展不能满足红色文化传播最优效果的困境，红色旅游资源需要在内容上加以整合，增强其典型性和生动性，并且将邻近区域的

---

① 龚娜：《我国红色旅游经济亟待转型升级》，载《人民论坛》2017年第32期，第112页。
② 蒋长春：《国内游客对红色文化感知的差异性研究——以延安红色旅游为例》，载《河北大学学报（哲学社会科学版）》2013年第4期，第77页。

红色旅游资源整合，避免碎片化和同质化；对传播主体则应加大专业人才引进力度和对现有人员的培训力度和监管力度，增强解说内容的权威性和感染力；对于传播方式亟待优化的问题，则应借助现代网络技术和影像技术等多样化的手段，增加体验式内容，使英雄的事迹更加入脑入心，激发参观者的爱国热情和坚定信念，达到传承红色文化的目的。

第一，筛选内容，整合资源，明晰精神内涵，讲好奋进故事。中国的红色旅游丰富多样，不缺资源，但是很多红色旅游地缺少把资源转化为经典的奋进故事的能力，因此，解决红色旅游资源内容碎片化、同质化的问题，需要转变观念，不能仅仅把红色旅游作为创造经济效益的手段，而应把社会效益放在第一位，应联合当地的高校或研究机构深入研究当地的革命建设和改革历史，筛选并整合其中的经典内容，选择典型人物和典型故事，将临近地区的红色旅游资源加以整合，实现区域融合，提炼出一定的主题，将分散又临近的红色旅游地贯穿起来，既可避免同类资源的竞争又能实现高质量发展。同时，应明确红色旅游资源蕴含的红色精神，给参观者以明确的信息提示，增强参观效果，达到传播红色文化、传承先辈精神的目的。例如，湖南省以"毛泽东成长之路"为主题，将"韶山毛泽东故居、湘乡东山书院、东台山、毛泽东曾经做学徒的湘潭市宽裕米行、毛泽东到过的窑湾古码头、长沙岳麓山、橘子洲头、'第一师范'等地为重点，以串起一条爱国主义教育和励志教育的旅游线路，规划范围包括长沙市、韶山市、湘乡市、湘潭市城区及周边"。[①] 这种方式不仅实现了红色旅游资源的整合，"旅游路线内的名景区也根据其不同的叙事位置而进一步明确了自身定位"[②]，避免了同质化，增强了异质化和吸引力。这一做法值得借鉴。

第二，引进人才、加大培训、强化管理，让专业的人做专业的事。研究表明：良好的旅游目的地形象能够积极影响游客的行为意愿，提升游客的满意度、重游意愿以及促使其向其他人推介旅游目的地。而良好的旅游目的地形象不仅仅指旅游地的基础设施、场馆建设等硬件，还包括服务人员的素质及相关服务的质量等软环境。其中，如果导游或解说人员对旅游地的介绍足够专业和生动，就能够感染游客，促使游客增加对旅游目的地的了解、提升满意度。提高导游及解说人员的礼仪修养，同样适用于红色旅游目的地的软

---

① 王春晓：《可参观性：消费主义下红色文化空间的生产》，载《贵州社会科学》2020 年第 4 期，第 111 页。

② 王春晓：《可参观性：消费主义下红色文化空间的生产》，载《贵州社会科学》2020 年第 4 期，第 111 页。

环境建设。解说人员或导游的仪容干净整洁、行为端庄得体，语言表达流畅、语调适中，往往是参观者抵达红色旅游目的地后除了硬件设施外，希望获得的第一印象，解说人员或导游温暖的微笑、优雅的举止、动听的语言，会成为催化剂，增强参观者的愉快体验。因此，加强对解说人员及导游的礼仪修养培训是红色旅游目的地管理部门的首要任务。另外，研究表明，游客的新奇感与形成对旅游目的地形象的积极情绪呈显著正向关系。对于红色旅游资源，专业解说人员或导游对红色旅游目的地的历史、人物及事件有充分的了解，生动、深入地将这些信息传递给参观者，调动参观者的好奇心，促使参观者有兴趣全面深入地了解历史和英雄人物的事迹而不是走马观花，并且能够联系参观者的生活实际将历史人物和事件中蕴含的精神落地，转化为参观者之后工作、生活的动力，而不是过后就忘，这是对解说人员或导游专业的考验和要求。因此，对现有解说人员或导游加强专业培训和监管，确保解说内容的客观、真实、生动，是提升红色旅游资源承载的红色文化传播功能的核心内容。不仅如此，加大历史、文化等相关专业人才的引进，充实解说人员队伍，也是解决当前红色旅游目的地专业解说人员数量不足的有效途径。总之，让专业的人做专业的事，才能达到通过红色旅游传播红色文化的效果。

  第三，利用多样化传播方式，增加体验式内容，使红色文化入脑入心。鉴于红色旅游目的地参观者年轻化的特点，红色旅游资源设计应根据年轻群体的性格特点。首先，红色旅游主办方可以在场馆设计上增强仿真性、穿越性及全景展示，让参观者能沉浸式体验红色文化教育。其次，在物质实体上，将展品整合并赋予其意义，尤其是对于蕴含革命、建设及改革精神的英雄书信、诗词、民谣、遗书及照片等，可以将内容通过歌曲、影视、小品、戏剧、实景演出等艺术形式展示出来，吸引参观者深度了解、传唱，使展品背后的历史活起来、人物立体化，英雄的故事更富有感情和感染力，而不再只是无声地淹没在众多陈列品中，这势必能增强红色旅游资源的典型性和深刻性，也能更生动地将红色文化、红色精神植入参观者的记忆中。在这方面，中央电视台的《国家宝藏》及黑龙江电视台的《见信如面》栏目的做法值得借鉴。针对典型的事例、故事进行整理并以生动的方式再现，是增强红色旅游资源异质性的必要举措。再次，在参观流程上，增加体验式参观内容，例如，对烈士的祭拜、献花，重温入党誓词，模拟战斗体验，演唱红色歌曲，演讲红色故事，制作红色微视频，设计红色文创产品等，这些体验式设计会在特定场景下引起参观者的心理变化，唤起参观者对英雄的尊重、惋惜，对历史的认同等情感，实现将历史的记忆具体化、私人化，形成参观者的深刻记忆,实现教育效果。例如,安源路矿工人运动纪念馆设置的模拟煤矿工人工作环境的煤矿井道,可以使参观者在幽暗的灯光、狭窄的通道中,体会当时矿工危险的工作环境和压抑的心情,加深对 20 世纪初中国工人运动发生的历史背景的理解,增强珍惜现实生活的感受。另外,井冈山红色旅游胜地的红歌会,通过传唱红色歌曲的方式,将井冈山精神润物无声地传递到参观者的记忆深处;而该地的重走"红军挑粮小道"的体验式参观设计,也有利于参观者对当时残酷的斗争环境有更加深刻的体会。最后,还可以采取线上、线下结合的方式,创新红色文化的传播路径,当前可以利用 5G 技术,将红色旅游资源丰富的内容,快速地传递给参观者,实现红色文化的传播手段智能化,可以使参观者在做攻略时就较为全面地了解红色旅游目的地的内容,使参观者在参观时的体验更加具象化,深化认识和体会;或者让参观者在参观后仍感意犹未尽时,可以继续通过网络了解其感兴趣的内容,延长红色文化的传播时效。

综上所述,中国丰富的红色旅游资源,经过内容提炼、人力加持、花样翻新、科技赋能,定能使英雄的故事更生动、奋斗的历史更具体,成功地吸引当下年轻的参观群体,引发其相应的情绪体验,加深对中国近现代历史、中国共产党革命史、社会主义建设史、改革开放史的理解和认同,增强自豪感和使命感,传承先辈的斗争精神、爱国情怀、创新品质,使中国红色文化传播深入人心,代代相传!唯此,红色旅游才能走出同质化、泛娱乐化的怪圈,走上精品化、创新化、多样化的良性发展轨道,实现社会效益和经济效益双赢,助力乡村振兴战略!

本文原载《边疆经济与文化》2023 年第 3 期。

新媒体视角下南路革命精神传播的困境及路径探究

李 琦* 刘俊显** 罗贵榕***

摘要：南路革命曾对广东南路地区的解放有巨大影响，南路革命精神作为红色精神的重要内核之一，它拥有丰富的历史价值和新的时代内涵。当前南路革命精神传播面临新媒体快速发展的重大机遇，有望迎来新的繁荣局面，但是，南路革命精神面临着内涵提炼不足、传播方式单一和传播主体存在缺陷的问题，这就需要从深化南路革命精神内涵研究、创建红色精神媒体矩阵、创建旅游与红色文化相结合的新模式和精准传播、及时调整传播方式等路径来解决，从而提升南路革命精神的影响力。

关键词：南路革命；红色精神；困境；新媒体传播

红色精神是中华人民共和国和中国共产党历史上重要革命精神的组成部分，习近平总书记在看望参加全国政协十三届二次会议的文化艺术界、社会科学界委员时表示，共和国是红色的，我们不能淡化这个颜色。① 近年来党和政府非常重视红色精神的传播，红色精神逐渐成为思想政治教育的一部分。随着互联网的发展，现代社会迎来了新媒体时代，红色精神拥有更多的宣传途径，但是也同时面临着传播方式单一、内容整合力不足和受众差异化的困境。所以本文从创建红色精神媒体矩阵、创建旅游与红色文化相结合的新模式和分层宣传的路径探讨传播红色精神，扩大红色精神传播范围，提高

---

* 作者简介：李琦，女，湛江徐闻县烟草专卖局（分公司）纪检监察员，主要研究方向为马克思主义中国化。

** 作者简介：刘俊显，男，安徽大学马克思主义学院博士生，主要研究方向为马克思主义中国化。

*** 作者简介：罗贵榕，女，广东海洋大学法政学院教授，博士，主要从事马克思主义理论、思想政治教育、政治哲学研究。

① 方兰：《扎根田野 守望初心》，载《中国社会科学报》2019年3月12日第8版。

人民对红色精神的认同感。

一、南路革命精神的内涵及时代价值

1. 南路革命精神的内涵

南路革命文化是伴随着南路革命的兴起和发展而形成的。新中国成立前，广东西部地区为南路公署管辖，故称南路地区，现统称为粤西地区。中国共产党在南路地区领导的革命活动，统称为南路革命，这是狭义上的南路革命。广义的南路革命是指南路地区及在解放战争时期扩展到滇、桂、黔等地的革命活动。南路革命的影响力不仅涉及广东、广西、云南与贵州等地，而且辐射到越南境内。南路革命自发生以来，其高潮与低潮交替呈现，历时20多年，谱写了一部可歌可泣的红色文化历史长卷，逐渐形成了宝贵的南路革命文化，并逐渐孕育了独特的南路革命精神。由于中华人民共和国成立后对南路革命的研究不够重视，故并未就南路革命精神的内涵形成共识。近些年来，南路地方各界才开始关注这一问题。已有的研究及对南路革命精神的提炼并不尽如人意，不能很好地表达南路革命的时代精神价值。

南路革命精神主要表现为"敢为人先，以弱胜强；务实求真，忠诚为民；坚定信念，奋斗不息"的爱国主义精神。南路革命精神作为中国红色革命精神的一部分，它展示了中国共产党在粤桂边地区长期进行抗日战争、土地革命、根据地建设所形成的英勇无畏的精神气质，是中国共产党百年历史上红色革命文化精神中的重要组成部分。

2. 南路革命精神的时代价值

（1）南路革命精神的时代意蕴。

红色文化是一种特殊的历史文化，其产生和发展有着特定的历史渊源和时代背景。南路革命红色精神是红色文化精髓的提炼，其内涵以爱国主义为突出特征，这是中华民族精神谱系中的一部分。在当代的思想主流中，南路革命红色文化的精神内涵正在激励中国共产党人奉献于中国革命奋斗和事业建设中，具有重要的历史和现实价值。① 在当代，南路革命精神依旧对人们的生产生活产生着深刻影响。南路革命精神被赋予了强烈的意识形态和突出的政治性，它蕴含着中国特色社会主义核心价值观的时代内涵。在以爱国主义为核心的民族精神和以改革创新为核心的时代精神影响之下，南路革命文

---

① 陈学红：《红色文化的精神内涵与弘扬渠道研究》，载《新西部》2020年第17期，第102页。

化精神在被挖掘的过程中逐渐形成了具有历史与时代内涵的文化谱系①。随着时代的发展，南路革命红色精神不断与当代中国特色社会主义核心价值观相契合，是十分宝贵的革命精神财富，也是跨越时空的精神桥梁。

（2）南路革命精神可对当代思想传播发挥引领作用。

如今，源自媒体世界的各种各样的信息充斥着人们的生活，其中许多杂乱无章甚至是有危害性的信息对人们产生了不良的影响，因此，积极加强对南路革命精神的宣传和引导，有利于将红色精神所蕴含着的价值观通过新媒体的手段融入人们的日常生活，提高人们对主流价值观的认可度，使其在新时代中继续保持不断发展的活力。加强对南路革命精神的宣传和引导，还有利于贯彻党全心全意为人民服务的宗旨，坚持党对一切工作的领导；同时，有利于引导当代青年树立正确的政治信仰和价值观。

南路革命精神是中华民族精神和革命历史遗产的重要瑰宝，其表现形式具有浓厚的中国特色，在人民群众中源远流长。南路革命精神经过时间的锤炼，被时代赋予了政治宣传价值和精神价值，它既重现了早期南路地区党的艰苦斗争史，也展示了中国革命成功的成果。在南路地区，南路革命精神是党领导中国人民取得革命建设和改革事业成功的强大精神支柱。通过新媒体平台，南路革命精神的传播不再局限于广东南路地区。南路革命故事的广泛传播，可有效地引领时代思想潮流，塑造奋勇向前的精神作风，培育正确的思想价值判断，从而提高思想认知能力和实践能力，形成不断向前发展的价值观和推动力。

二、南路革命精神传播过程中面临的挑战与机遇

1. 南路革命精神内涵的提炼及传播需要重新审视

影视作品是大众了解红色文化的重要形式，但是"抗日神剧"的出现，颠覆或歪曲了人们关于红色精神传播的认知。这些"抗日神剧"由于对主旋律红色文化的内涵把握不足，甚至为了经济利益最大化把红色经典庸俗化，违背了传播红色精神的初衷，导致大众对红色精神的认知出现错误或偏差，这对红色精神和革命历史的传播产生了消极的影响，不利于树立大众对红色精神的正确认识。在南路革命精神的传播中，虽然相关政府部门与高校对南路革命开展了研究工作，但由于南路革命现存的史料较为欠缺及分散，导致

---

① 朱伟：《红色文化传播现状、问题与对策研究——基于济青枣之地的调查与思考》（博士学位论文），山东大学2014年。

目前针对南路革命的研究难成气候。目前，关于南路革命精神的研究尚未达成共识，这导致无法对南路革命文化的研究与传播实现整体性的有效整合，从而大大影响了大众对南路革命文化精神的理解。久而久之，零散的或不真实的有关南路革命的故事或信息影响了大众对南路革命红色文化真实性的认知。以"短、杂、碎"为标签的碎片化信息削弱了南路革命红色精神的宣传效果，不利于南路革命红色精神的主流传播，无法真正体现及传导南路革命的意义。

2. 南路革命精神传播方式单一，传播渗透力不足

一方面，南路革命精神的传播手段较为单一，传播的手段比较陈旧，以党政新闻报道和政府召开座谈会为主，新媒体平台上很少见到对南路革命红色精神的宣传，也没有在新媒体平台形成固定的栏目和更新频率，导致南路革命及其精神文化的传播在现实生活中呈现边缘化的状态。另一方面，由于南路革命中的革命人物及其事迹主要发生在经济欠发达的地区，或是消息比较闭塞的农村地区，所留存的历史资料比较少，尚没有很好地形成对广东南路革命精神系统化整体化的研究，没有提炼出富含时代内涵和人民喜闻乐见的南路革命精神，所以广大人民群众缺乏对南路革命红色精神充分的认知及认同，媒体上南路革命文化相关报道的点击率和关注度不高，可见受众的兴趣并不大。

3. 南路革命精神的传播主体存在的问题与缺陷

广东南路革命主要发生发展于偏远的农村地区。这些地区，目前还没有彻底改变交通不便、信息闭塞、经济发展较为落后的面貌，这导致了该地区的革命故事难以有效地传播出去。新媒体能够跨越时间和空间，加强信息的对外交流，将南路革命故事从消息闭塞的农村地区传播出去。在新媒体平台上，人们因身份、职业、生活背景和阅读习惯等的差异，对新媒体的南路革命精神的信息需求有所差异。一是不同年龄层次的人群对南路革命精神认识不同。中老年群体虽然距离革命年代较近，但是由于年纪较大，他们当中许多人不善于使用新媒体工具，不了解现代的新媒体平台，他们了解南路革命精神时依旧使用较为传统的形式，使得南路革命精神的传播较为困难，难以获得较好的宣传效果。而青年群体，他们距离红色精神较远，缺乏设身处地的场景想象力，很难对红色精神产生强烈的共鸣。因此，如果只是以讲授的形式宣传南路革命文化，效果可能不佳。二是不同地区的人对南路革命精神的认识具有差异。广东南路地区的人因为身处南路革命所发生的地区，他们对南路革命的认识较为全面；而广东南路地区以外的人对南路革命的认识则较为片面。三是职业不同，对南路革命精神的认识则不同。学生与白领对红

色文化的认识存在着差异。面对广泛的受众群体时，可借助新媒体的手段，推陈出新，对受众进行差异化分析，以不同的方式对不同的受众进行合理化传播，提高受众对南路革命精神的接受度，从而进一步加强南路革命精神的传播。

4. 新媒体时代南路红色精神传播迎来新机遇

伴随着互联网时代的快速发展，新媒体技术不断发展革新，具有时效性、多样性。新媒体时效性的特点对传统媒体造成了巨大的冲击，极大地改变了人们从媒体中获得信息的方式。如今短视频行业蓬勃发展，利用短视频等新媒体手段，人们能够生动地将红色精神与短视频结合起来，对红色精神的宣传起到有效作用。一是短视频受众广，人们对短视频的接受度更高。如今抖音、快手等视频平台拥有巨大流量，活跃用户较多。巨大的用户基数覆盖各个年龄阶段的人群，使南路革命红色精神的传播拥有一定的用户基础。二是短视频的制作周期短、时间短，更符合现代人们利用碎片化时间快速获取信息的生活习惯。三是国家政策对短视频行业的大力支持。在2019年国庆假期，抖音短视频联合人民日报新媒体中心发起"中国发展有你有我"话题征集以及联合央视新闻等多家媒体发起"我爱你中国"话题征集，活动一经上线就有广大用户参与，反响强烈。"中国发展有你有我"征集得到了超过25万条视频，累计播放量超15亿。[①] 在红色精神传播中，红色主题与新兴的传播媒介相结合，将南路红色精神与人民喜闻乐见的形式结合在一起，增强了南路革命红色精神对人们日常生活的影响。

三、新媒体视角下南路革命精神传播的路径探索

1. 深化南路革命精神的内涵研究

对于南路革命精神本身，南路革命文化的精神内涵是在长期革命斗争中不断形成发展的，它的内涵不仅体现了南路地区地方革命的特点，还体现了南路地区人民英勇抗争的历史过程。但是由于革命发生的位置偏远，史料留存较少，相关政府部门及高校对现存的南路革命史料研究不足，无法深入挖掘更多的革命故事和提炼出其价值内涵。不过，新媒体的发展为南路革命文化的精神内涵研究带来了机遇。一是通过新媒体平台，举办线上线下南路革命研讨会，有利于加强人们对南路革命的了解和深入思考，解决对南路革命

---

① 李嘉嘉：《抖音短视频中红色文化传播的新路径》，载《新闻研究导刊》2019年第23期，第44页。

史料研究不足的问题。二是利用新媒体平台，广东南路地区的人们可以"走出去"，展现新时代下广东南路地区的革命精神文化，加深对南路革命精神的认识，同时南路革命精神的时代新内涵也得以不断丰富发展。三是在新媒体平台加强与其他红色地区的对话。红色文化作为中国特色文化，它既具有共同性也具有地方独特性，每个革命老区都具有其独特的红色文化。通过新媒体平台加强与其他革命老区的对话，激发南路革命精神的活力，才能使南路革命精神不断传播，不断发展。

2. 创建南路红色文化新媒体矩阵，多元化传播红色精神

随着新媒体平台的逐渐发展、日渐成熟，文化的传播不再拘泥于传统的纸媒，各种新媒体平台为文化的传播提供了更丰富的传播方式。在网络世界中，人们既是网络信息的传播者，又是信息的受众，他们改变了现代信息的传播结构。打造新媒体多元化传播矩阵，不妨从以下方面入手。

一是依据南路革命中发生的许多感人的革命故事，打造一系列鲜活的南路革命人物故事，将其投放在 B 站、微博等年轻用户较多的媒体平台，让更多的年轻人在媒体平台上了解南路革命中的感人故事。二是拍摄以南路革命红色精神为主题的短视频，并投放在抖音、快手等以短视频为主流的平台。短视频需从人文关怀的角度出发，以不同的视角讲述当年战斗的艰苦，鲜明地突出红色精神的内涵，引起观众思考和共鸣。三是拍摄南路红色革命故事的微电影，以革命先辈为主角，重述当年的革命故事，回顾当年的革命岁月，重现当年的残酷战争，赋予其新的时代内涵，进一步扩大南路革命精神的影响力。

3. 开创红色旅游与南路革命精神宣传相结合的新型传播模式

广东南路地区拥有丰富的南路革命红色文化资源，在传播的过程中，应积极利用新媒体传播方式，创新性地推动红色文化的发展。在当代，红色文化旅游项目也是备受欢迎的经济、文化与社会活动形式，实现红色旅游与红色文化、革命精神传播的紧密结合与同向发展，是必须考虑的现实问题。互联网技术尤其是 5G 技术的普及，使得与外界的距离在不断缩小，人们利用新媒体平台便可以了解更广阔的世界。一是通过新媒体平台对南路革命地区红色文化旅游项目加以宣传，实现红色文化旅游与新媒体技术相结合，使传播的速度更快、范围更广、效果更好。二是南路地区由于地处偏远，经济发展落后，因此利用红色文化产业带动当地发展也是时代赋予的好机遇。短视频平台上的电商直播带货逐渐成为未来的销售模式，可以邀请专业的电商直播带货团队，为南路革命老区的文创产品带货，利用线上与线下结合的方式，更直观地带动南路红色文化产业的发展，提高受众对南路革命文化的认可度。

4. 根据受众差异，采用不同的传播方式，精准传播

传播的过程中应根据不同的受众需求准确提炼出不同的信息传播重点，精准传播南路革命精神。一是针对不同的年龄群体。面对中老年受众，在宣传南路革命文化时，通过新媒体平台，有组织地举办红色文化活动，并在媒体上及时给予反馈，为以后红色文化的传播积累素材和经验。面对青年受众，可以将南路革命相关的纪录片投放在年轻用户较多的平台，例如抖音、微博等；开展新媒体直播活动，宣讲南路革命精神，以年轻人的视角用演讲的形式讲述南路革命故事，不断促进青年群体加深对南路革命的认知，体会南路革命精神的精髓。二是针对不同地区的人群。面对广东南路地区的受众，在微博、快手等新媒体平台上发起收集南路革命故事的活动，吸引他们的关注与分享，深化他们对南路革命精神的认知；面对广东南路地区以外的受众，相关政府及高校可以拍摄有关南路革命的宣传片，讲述南路革命中发生的英雄事迹，将宣传片投放在微信公众号、今日头条等新媒体平台，促进南路革命精神的传播。三是针对不同职业的受众。面对学生群体，以学校教育宣传为主要手段，引导和鼓励学生课后加强对南路革命精神的学习；面对社会工作人员，加大以南路革命精神为主题的短视频、微电影在新媒体平台的投放力度，鼓励他们在新媒体平台上参与政府和高校举办的相关网络活动，使他们了解南路革命，进一步学习南路革命精神。

5. 加强传播主体与传播受众的互动，根据反馈信息及时调整传播方式

新媒体有互动性强、时效性强等特点，能够及时与受众进行互动交流和快速吸引大众的注意力。一是在新媒体平台宣传南路革命时可以结合网络热词，把南路革命故事讲述得更加生动有趣，使南路革命文化更通俗易懂，大众更容易理解南路革命文化的内涵。二是大众更倾向于在新媒体平台了解信息，及时的互动可加深大众对红色精神的认同感。利用新媒体这一特点，在传播南路革命文化时，应加强与受众的互动，及时关注他们对南路革命文化传播内容的真实反馈，对他们的反馈进行汇总分析，制订积极有效和实施性强的传播策略，调整南路革命宣传手段。

广东南路革命文化是广东革命历史的瑰宝，是马克思主义中国化的重要成果，广东南路地区的人民群众一代又一代传承着革命精神，他们不畏艰险、开拓进取、艰苦奋斗。当今借助新媒体技术与平台，可以解决南路革命红色精神内涵研究不足、传播方式单一、传播主体存在缺陷等难题，通过深化南路革命红色精神内涵研究、创建红色精神矩阵、开创红色文化与旅游相结合的新模式、精准传播和及时调整传播方式的路径，实现南路革命精神广泛传播，让大众了解更多的南路革命文化，了解革命年代的历史背景。在未

来，应不断开拓与探索南路革命文化的传播渠道与方法，将南路革命红色精神发扬光大。

本文原载《广东省社会主义学院学报》2021年第2期。

后　　记

本文集的缘起，一为支撑马克思主义学院"马本红特"学科建设，亦为广东海洋大学师生们的教学、科研建设提供总结与交流机会。虽然文集的筹划与出版工作经历了艰难的过程，但终于有了好的结果，文集得以顺利面世，承担起交流与推介使命，我们颇为欣慰。

本文集得到马克思主义学院老师们及学校部分辅导员老师的支持及赐稿，他们的大力支持使出版工作得以顺利完成，尤为感谢！学院的研究生们也踊跃投稿，积极参与，展现了学术的传承，颇为可喜！相关学院的师生也积极参与了书稿的编写，体现了我校"大思政"格局建设的相通相融性，亦是值得肯定！

文集的征稿工作、初稿的编撰及相关出版工作，主要由罗贵榕教授完成。文集的特色凝练、名称的拟定、章节的编排、内容的审定，由罗贵榕教授、宋玉忠教授与吴琼博士反复商议，共同完成。研究生池玉华、李琦、刘俊显参与完成了文集的校订工作。

本文集从征稿到付梓，各位老师、同学及辅导员都给予了最大的热心与耐心，我们在此表示衷心的感谢！文集交付出版社之后，经历了一个较为漫长又艰辛的过程，对中山大学出版社的支持与帮助，尤其是各位编辑的辛勤工作，我们在此一并致以衷心的感谢！

由于时间紧迫，水平有限，书稿仍有许多不尽如人意的地方，希冀各方专家学者及各界人士批评指正。

编者

2023 年 8 月 20 日